WYBIERAJ wystarczająco DOBRZE

Agnieszka JUCEWICZ

Tosi, Frankowi i Tomkowi

Redakcja: Mariusz Burchart
Korekta: Danuta Sabała
Projekt okładki, ilustracje: Ula Pągowska
Opracowanie graficzne: Elżbieta Wastkowska

AGORA
ul. Czerska 8/10, 00-732 Warszawa

WYDAWNICTWO KSIĄŻKOWE:
Dyrektor wydawniczy: Małgorzata Skowrońska
Redaktor naczelny: Paweł Goźliński
Koordynacja projektu: Katarzyna Kubicka

© copyright by Agora SA 2016
© copyright by Agnieszka Jucewicz 2016

Zebrane wywiady były publikowane w „Gazecie Wyborczej", „Dużym Formacie"
i „Wysokich Obcasach" w latach 2013-16.

Wszelkie prawa zastrzeżone
Warszawa 2016
ISBN: 978-83-268-2332-9
Druk: Drukarnia Perfekt

prawolubni Książka, którą nabyłeś, jest dziełem twórcy i wydawcy. Prosimy, abyś przestrzegał praw, jakie im przysługują. Jej zawartość możesz udostępnić nieodpłatnie osobom bliskim lub osobiście znanym. Ale nie publikuj jej w internecie. Jeśli cytujesz jej fragmenty, nie zmieniaj ich treści i koniecznie zaznacz, czyje to dzieło. A kopiując ją, rób to jedynie na użytek osobisty.

Szanujmy cudzą własność i prawo!
Polska Izba Książki

WYBIERAJ
wystarczająco
DOBRZE

Agnieszka JUCEWICZ

WSTĘP

Niby wszyscy są zgodni, że wolność wyboru to dobra rzecz, ale co się dzieje, kiedy możliwości rosną? Zjawisko przytłoczenia wyborem coraz częściej widać nie tylko wtedy, kiedy decydujemy się na dżem czy płatki śniadaniowe. Kiedy przychodzi wybierać nam partnera na życie, szkołę, pracę, sposób wychowania dzieci, coraz częściej czujemy się sparaliżowani. Bo a nuż wybierzemy „źle"? Bo może za rogiem czeka nas coś lepszego, bardziej wartościowego? Bo po co decydować „na zawsze", kiedy już jutro możemy być kimś innym, kto ma inne potrzeby i wartości?

Kłopot z wyborem dotyczy nie tylko ludzi młodych. Przeżywają go i czterdziestolatki, i starsi. Nawet ci, którzy już podjęli decyzję i się zaangażowali – w związek, pracę, inne zobowiązanie – często przeżywają dziś żal za tym, z czego zrezygnowali, oraz frustrację, że być może to, co mają, jest gorsze od tego, co mogliby mieć.

Współczesna kultura wcale nam wyborów nie ułatwia. Ani radości z nich. „Bo dzisiaj nie porównujemy się już tylko do sąsiada, kolegi z pracy czy koleżanki ze studiów, ale do całego niemal świata" – jak powiedział mi prof. Barry Schwartz. Codziennie mamy okazję zobaczyć, jakich wyborów dokonali inni. Wystarczy się zalogować do Facebooka. I choć rozsądek podpowiada, że ludzie prędzej się dzielą tymi wyborami, którymi mogą się pochwalić, to wcale nie uspokaja – lawina porównań już ruszyła, chociaż nie lubimy się do tego przyznawać.

Pokutuje też przeświadczenie, że zawsze można wyżej, szybciej, lepiej, dalej, a ci, którzy nie dają rady – widocznie niewystarczająco się starają. To przeświadczenie, rodem z amerykańskiego snu, coraz mocniej wdziera się i w nasz polski sen. „Twoje życie jest nieudane? Widocznie dokonałeś złych wyborów!". Stąd taka popularność poradników, które obiecują, że nauczą nas, jak wziąć los we własne ręce, co rzekomo uczyni z naszego życia raj na ziemi. Kto by tak nie chciał.

„Wybieraj wystarczająco dobrze" na pewno nie jest takim poradnikiem. Poczucie sprawczości to jeden z filarów udanego życia. Ale niejedyny. Ważna jest też zgoda na to, czego nie można zmienić, oraz zrozumienie tego, czego sami sobie nie wybraliśmy. W tej książce rozmawiam z polskimi i amerykańskimi psychologami i psychoterapeutami między innymi o tym, na co rzeczywiście mamy wpływ (na więcej spraw, niż nam się zdaje, ale niekoniecznie tam, gdzie byśmy się tego spodziewali), gdzie nasza próba wpływu jest daremna (na przykład kiedy na siłę próbujemy kogoś zmienić), dlaczego warto wybierać to, co wystarczająco dobre, a nie to, co najlepsze, i jak wyjść z sytuacji, która wydaje się bez wyjścia.

Jeśli ktoś poszukuje odpowiedzi, jak dobieramy się w pary i dlaczego czasami trudno nam razem wytrzymać, odsyłam do poprzedniej książki z tego cyklu pod tytułem „Kochaj wystarczająco dobrze", w której razem z Grzegorzem Sroczyńskim pytaliśmy o to najlepszych polskich psychologów i psychoterapeutów.

Rozmowy z bohaterami tej książki pomogły mi rozwiązać również mój własny kłopot z poczuciem bezradności. Przez większą część życia wydawało mi się, że dzieciństwo naznaczyło mnie na zawsze, że poczucie bezpieczeństwa, własnej wartości i radość są poza moim zasięgiem. Myliłam się. Ale dotarło to do mnie dopiero wtedy, kiedy zrozumiałam, że pomiędzy poddaniem się przeszłości a kompletnym zaprzeczeniem jej mam wybór. Czy chcę jednak zobaczyć w niej coś dobrego. Dzisiaj jestem przekonana, że gdyby nie tamte doświadczenia, rozmowy, które Państwo przeczytają, by nie powstały.

Życzę Państwu wystarczająco dobrych wyborów – bo te najlepsze tak naprawdę nie istnieją.

Agnieszka Jucewicz

PSYCHOTERAPEUCI I PSYCHOLOGOWIE, Z KTÓRYMI ROZMAWIAM

ALAN BERNSTEIN – amerykański psychoterapeuta i doradca zawodowy z wieloletnim doświadczeniem, autor „The Princeton Review's Guide to Your Career" i „Your Retirement, Your Way". Wspólnie z dziennikarką Peg Streep napisał również bestsellerowy poradnik „Mastering the Art of Quitting" (wydaną w Polsce pod tytułem „Daruj sobie. Przewodnik dla tych, którzy nie potrafią przestać", PWN, 2015). Były wykładowca New York Medical College i New York University.

EWA CHALIMONIUK – certyfikowana psychoterapeutka Polskiego Towarzystwa Psychologicznego (PTP) związana z Laboratorium Psychoedukacji w Warszawie. Prowadzi terapię indywidualną, rodzinną i grupową. Specjalizuje się w pracy z osobami po stracie i z doświadczeniem traumy. Prowadzi autorskie grupy wyjazdowe „Rodzeństwo – brzemię czy dar?". Więcej informacji na stronie www.lps.pl

ROMAN CIEŚLAK – psycholog, profesor w SWPS Uniwersytecie Humanistycznospołecznym, prorektor ds. nauki. Zajmuje się planowaniem, wdrażaniem i oceną interwencji psychologicznych dotyczących radzenia sobie z depresją, traumą, stresem i wypaleniem zawodowym.

WOJCIECH EICHELBERGER – psycholog, psychoterapeuta, autor książek, m.in. „Zdradzony przez ojca", „Kobieta bez winy i wstydu", „Mężczyzna też człowiek", i felietonów. Współtwórca i dyrektor

Instytutu Psychoimmunologii w Warszawie. W szkoleniach i terapii odwołuje się do koncepcji terapii integralnej, która oprócz psychiki bierze pod uwagę ciało, energię i duchowość człowieka.

AGNIESZKA IWASZKIEWICZ – certyfikowana psychoterapeutka i superwizorka Polskiego Towarzystwa Psychologicznego (PTP), pracuje w zespole Laboratorium Psychoedukacji w Warszawie, gdzie prowadzi psychoterapię indywidualną i grupową oraz autorskie seminaria na temat pracy terapeutycznej z pacjentami homoseksualnymi i postrzegania ciała i płci w procesie psychoterapii. Prowadzi autorskie grupy wyjazdowe „Inny. Doświadczenie i rozumienie odmienności seksualnej". Więcej informacji na stronie www.lps.pl

DR MAGDALENA KACZMAREK – psycholog, adiunkt w SWPS Uniwersytecie Humanistycznospołecznym w Warszawie. Interesuje się różnicami indywidualnymi, które mają znaczenie w radzeniu sobie z wyzwaniami, zarówno pozytywnymi, jak i negatywnymi, autorka licznych tekstów popularyzujących psychologię.

ZOFIA MILSKA-WRZOSIŃSKA – certyfikowana psychoterapeutka i superwizor psychoterapii, współzałożycielka i szefowa Laboratorium Psychoedukacji, kierownik Studium Psychoterapii, autorka książek i artykułów popularyzujących psychoterapię, prowadzi psychoterapię indywidualną i par.

ANNA SREBRNA – psycholog, coach. Pracuje w Laboratorium Psychoedukacji. Prowadzi zajęcia w Podyplomowym Studium Coachingu i Mentoringu. Jest certyfikowanym coachem International Coaching Community, superwizorem akredytowanym w Izbie Coachingu, posiada certyfikat psychoterapeuty Polskiego Towarzystwa Psychologicznego.

PAWEŁ PILICH – psychoterapeuta, coach i trener. Pracuje w Laboratorium Psychoedukacji. Prowadzi psychoterapię indywidualną i grupową w podejściu psychodynamicznym. Zajmuje się również coachingiem i szkoleniami, głównie w obszarze biznesu. Jest wykładowcą w Podyplomowym Studium Trenerów Biznesu

Oświaty i Administracji oraz Podyplomowym Studium Coachingu i Mentoringu w Laboratorium Psychoedukacji.

SUSAN PINKER – kanadyjska psycholog, autorka książek popularnonaukowych, felietonistka m.in. „The New York Times", „The Economist" oraz „The Wall Street Journal". Jej pierwsza książka „Paradoks płci" została przetłumaczona na 17 języków. Najnowsza „Efekt wioski. Jak kontakty twarzą w twarzą mogą uczynić nas zdrowszymi, szczęśliwszymi i mądrzejszymi" była w Kanadzie bestsellerem. W Polsce wydało ją wydawnictwo Charaktery (2015).

BARRY SCHWARTZ – profesor psychologii, wykładowca na Swarthmore College w Pensylwanii (USA), autor 10 książek i ponad 100 artykułów naukowych. W 2004 roku opublikował bestsellerową książkę popularnonaukową „Paradoks wyboru. Dlaczego więcej oznacza mniej", którą przetłumaczono na 25 języków, m.in. na polski (PWN, 2013). Jego wystąpienie na konferencji TED w 2005 roku dotyczące trudności z podejmowaniem decyzji obejrzało ponad 8 milionów ludzi. W 2015 roku wydano nową książkę Schwartza „Why we work" (Simon & Schuster) – „Dlaczego pracujemy"– nieprzetłumaczoną dotychczas na polski.

Dlaczego lepiej wybierać to, co wystarczająco dobre, niż to, co najlepsze?

Książę z bajki cię wykończy

Rozmowa z **BARRYM SCHWARTZEM**

Bardzo wielu ludzi stoi dziś w miejscu, odkładając w nieskończoność nie tylko wybór kariery, ale też np. życiowego partnera czy decyzję o założeniu rodziny. Młodzi wiążą się ze sobą, lecz cały czas rozglądają się na boki, bo może przypadkiem gdzieś tam przechodzi ktoś fajniejszy.

Rośnie grupa osób, które boją się dokonać jakiegokolwiek wyboru, by nie mieć poczucia, że źle wybrały. Wolą niczego nie wybierać, niż czuć się przegranymi.

Ale ci, którzy się na coś zdecydują, wcale nie mają się lepiej. Często czują niedosyt, a nawet żal i poczucie winy, bo zaczynają się rozwodzić nad tym, co by było, gdyby wybrali jedną z możliwości, które właśnie odrzucili.

Im więcej masz do wyboru, tym bardziej jesteś nieszczęśliwy. Uspokój się i doceń to, co masz. Inaczej zwariujesz.

Wie pan, co robi mój sześcioletni syn, gdy go pytam, w co by się chciał pobawić albo co ma ochotę zjeść?
Co?

Rzuca się z rozpaczą na kanapę, wykrzykując: „Nie wiem!".
Zwykle doprowadzało mnie to do szału, ale po lekturze pana książki „Paradoks wyboru. Dlaczego więcej oznacza mniej" zrozumiałam, że on naprawdę cierpi.

A razem z nim wielu dorosłych, którzy są równie nieszczęśliwi, stając w obliczu tysiąca decyzji dziennie. Może już nie rzucają się z płaczem na kanapę, za to żyją w potwornym napięciu i lęku. Dokonywanie wyboru przez dzieci to zresztą szalenie ciekawy i kompletnie zaniedbany obszar badań naukowych. Niesłusznie, bo problem będzie się pogłębiał. Dzieci uczą się od dorosłych, a dorośli są coraz mniej sprawni, jeśli chodzi o umiejętność wybierania.

Na czym właściwie polega ten problem z wyborem?
Na tym, że dzisiaj jest on po prostu zbyt duży! Liczyła pani kiedyś, ile jest rodzajów płatków śniadaniowych w supermarkecie, w którym robi pani zakupy? Ile sosów do makaronów, ile win?

To źle, że tak dużo? Przecież każdy może znaleźć coś dla siebie.
Przez długi czas duży wybór kojarzył się z wolnością, autonomią i samostanowieniem. W świecie, w którym istnieje praktycznie nieskończona liczba opcji, każdy znajdzie, jak to pani określiła, „coś dla siebie". Tyle że okazało się, że kiedy mamy tysiąc możliwości, pojawia się podstawowy kłopot z określeniem, czym to „coś dla

13

siebie" tak naprawdę jest. Wtedy wybór przestaje już być błogosławieństwem.

W 2000 roku Sheena Iyengar i Mark Lepper, amerykańscy naukowcy, w sklepie z luksusowymi towarami wystawili słoiki z egzotycznymi dżemami do degustacji. Każdy z klientów dostał bon uprawniający do jednodolarowej zniżki, gdyby zdecydował się na kupienie któregoś z tych dżemów. Gdy wystawiono sześć rodzajów smaków, na zakup zdecydowało się aż 30 procent klientów. Ale gdy zwiększono asortyment do dwudziestu czterech smaków, odsetek kupców zmalał do 3 procent. Większy wybór paraliżował ludzi. Praca Iyengar i Leppera opisująca ten eksperyment nosi tytuł „Kiedy wybór demotywuje" i jest bodaj pierwszym naukowym dowodem na to, że za dużo dobrego może szkodzić.

Dlaczego tak się dzieje?

Moje długoletnie badania nad tym zagadnieniem pokazują, że rośnie grupa osób, które boją się dokonać jakiegokolwiek wyboru, by nie mieć poczucia, że źle wybrały. Wolą niczego nie wybierać, niż czuć się przegranymi.

Ale ci, którzy się na coś zdecydują, wcale nie mają się lepiej. Często czują niedosyt, a nawet żal i poczucie winy, bo zaczynają się zastanawiać nad tym, co by było, gdyby wybrali jedną z możliwości, które właśnie odrzucili. „A może któryś z tych pozostałych dwudziestu trzech dżemów byłby lepszy?".

Ten stan swoistego paraliżu coraz częściej dostrzegam u moich studentów. Chociaż to bardzo zdolni ludzie, z ogromnym potencjałem, kończą studia i kompletnie nie wiedzą, co ze sobą począć. Lądują więc w byle jakiej pracy, żeby tylko opłacić czynsz i mieć na jedzenie. I tak sobie trwają. Wie pani, że Starbucks ma najlepiej wykształconą kadrę w Stanach Zjednoczonych?

Może czują się tam szczęśliwi? Szczęśliwsi niż gdyby z dyplomem prestiżowej uczelni mieli zabiegać o prestiżową pracę?

Nie czują się szczęśliwi. Starbucks jest tylko bezpieczną przystanią, grą na przeczekanie.

Na co czekają?

Aż któregoś dnia się obudzą i już będą wiedzieć, co mają robić. Tylko że ten dzień nigdy nie przychodzi. A rodzice, którzy dali im „wszystko", rwą włosy z głowy. Nie dlatego, że ich dzieciom trudno się utrzymać, tylko dlatego, że one marnują swoje talenty. Rodzice boją się, że przebimbają tak całe życie. Problem bierze się stąd, że nikt tych młodych ludzi nie uczy dokonywania wyborów, a prawie wszyscy podtykają im pod nos coraz więcej możliwości. A do tego poprzeczka jest ustawiona wysoko. Pytała pani kiedyś rodziców, czego chcą dla swoich dzieci?

Większość chce „tego, co najlepsze".

No właśnie! Najlepsze jedzenie, najlepsza szkoła, najlepsze zajęcia dodatkowe, najlepsze wakacje. Dzieci to widzą i nasiąkają tym. Intuicja mówi mi, że kiedy przychodzi im decydować o sobie, są przekonane, że też powinny wybrać to, co najlepsze. Więc kiedy zaczynają studia, to, po pierwsze, oczekują, że będą miały duży wybór, i my go im rzeczywiście zapewniamy. Po drugie zaś, mają bardzo wysokie standardy. Efekt jest taki jak w eksperymencie z dżemami.

Kiedy ja studiowałem, program był dość sztywny, a liczba kierunków ograniczona. Nie miałem jednak poczucia, że to mnie czegoś pozbawia. Wręcz przeciwnie: z perspektywy czasu widzę, że dzięki temu nad wieloma nieistotnymi sprawami nie musiałem się w ogóle zastanawiać. Dzisiaj studenci, zwłaszcza na wydziałach humanistycznych, mogą bez końca łączyć kierunki, wybierać przedmioty, rezygnować z nich, przerzucać się z jednej specjalizacji na drugą. Żyjemy w kulturze, która mówi nam, że każdy talent, każde zainteresowanie trzeba wspierać. A że ci najzdolniejsi mają wiele talentów, pomagamy im rozwijać każdy z nich. Ale w dorosłym życiu trzeba w którymś momencie z czymś się pożegnać. Ci młodzi ludzie tego nie potrafią. Wolą trzymać wszystkie drzwi otwarte.

Ale przecież, tkwiąc w miejscu, nawet z tych otwartych drzwi nie korzystają.

Bo nie umieją się ruszyć! Kryzys 2008 roku na chwilę wybił ich z tego marazmu. Do wielu absolwentów dotarło, że luksus szukania „pracy marzeń" się skończył. Zamiast szukać tej najlepszej, godzili się na tę „wystarczająco dobrą", która może nie spełniała wszystkich oczekiwań, ale była w porządku. Ale teraz widzę, że znowu powoli wracamy do sytuacji sprzed dziesięciu lat. Wśród młodych wraca to poczucie, że mogą jeszcze poczekać, porozglądać się.

Dziwi pana, że rodzice chcą dla nich jak najlepiej? A czego mieliby chcieć?
– W ogóle mnie to nie dziwi, lecz to „jak najlepiej" to nie jest klucz do zdrowia psychicznego. Ja to nazywam strategią maksymalizowania. Ta strategia mówi: „To, co wybiorę, ma być najlepsze z możliwych". Ale to nie ma sensu, bo jak wybrać coś takiego w świecie nieograniczonych możliwości? Skąd będzie wiadomo, że wybrałeś właśnie „to"? Kto ma o tym zdecydować? Do czego to porównywać? Moja córka jest maksymalistką i widzę, jak się miota, mając do wyboru same najlepsze opcje i nie mogąc wybrać żadnej, bo a nuż nie będzie idealna. Młodzi ludzie, których znam, przeżywają katusze, próbując wybrać „najlepszy" college.

Są przecież rankingi.
Oczywiście, ale czy pani naprawdę wierzy, że jest jakaś różnica pomiędzy college'em z pierwszego miejsca a tym z trzeciego, a nawet z dziesiątego? Rankingi mówią tylko o tym, jak zamożna jest uczelnia. Im zamożniejsza, tym więcej jest w stanie studentom zaoferować.

Gdy są zawody lekkoatletyczne, to można precyzyjnie zmierzyć wynik: X przebiegł dystans w czasie 30 minut i 30 sekund, a Y w czasie 30 minut i 36 sekund. Ale uczelnie to nie bieżnia! Nie ma takiego narzędzia, które by pozwoliło dokładnie zbadać, która jest lepsza. Precyzyjniej byłoby powiedzieć: „Tu macie piętnaście najlepszych szkół". Wtedy mielibyśmy szansę zmienić podejście rodziców i studentów do wyboru „najlepszej" uczelni, bo to mogłaby być którakolwiek z tej piętnastki.

Strategia maksymalizowania sprawia, że bardzo wielu ludzi stoi dziś w miejscu, odkładając w nieskończoność nie tylko wybór kariery, ale też na przykład życiowego partnera czy decyzję o założeniu rodziny. Młodzi ludzie wiążą się ze sobą, lecz cały czas rozglądają się na boki, bo może przypadkiem gdzieś tam przechodzi ktoś fajniejszy.

To jaka strategia jest lepsza?
Zgoda na to, co „wystarczająco dobre". Ludzi, którzy w taki sposób dokonują wyborów, nazywam satysfakcjonalistami. Nie poświęcą miesiąca na gorączkowe przeglądanie ocen hoteli w internecie, żeby wybrać miejsce na wakacje. To maksymaliści tak robią, a potem są tak wyczerpani rozważaniem wszystkich za i przeciw, że często nigdzie nie jadą. A jeśli nawet pojadą, to przez dwa tygodnie się męczą, bo przecież gdzie indziej na pewno byłoby lepiej.

Ja ciągle jeżdżę w to samo miejsce. Uwielbiam je, ale chyba jeszcze bardziej przeraża mnie, że miałabym szukać innego. Jaka to strategia?
Satysfakcjonalisty. Witam w klubie.

Ale to chyba mało elitarny klub, bo często słyszę takie zarzuty: „Co ty, eksplorować nie chcesz?", „Ambicji nie masz?".
Bo żyjemy w kulturze, która promuje maksymalizm. Wybieranie tego, co „wystarczająco dobre", kojarzy się z lenistwem, brakiem standardów, a czasem wręcz z ograniczeniem umysłowym. Wielu ludzi nie czuje, ile taka strategia oszczędza zmartwień, czasu i energii, które maksymaliści poświęcają na podejmowanie decyzji nieistotnych. Zgoda na „wystarczająco dobre" nie oznacza wcale, że decydujemy się na byle co. Przecież miejsce, do którego pani jeździ na wakacje, podoba się pani, prawda?

Ubrania też kupuję w jednym sklepie, a moja lista zakupów spożywczych jest praktycznie niezmienna.
To źle?

Przed przeczytaniem pana książki myślałam, że to niezdrowe. Ale teraz myślę, że ta strategia pozwala mi oszczędzić energię i czas na te sfery życia, w których moja decyzyjność jest kluczowa, na przykład te związane z pracą czy dziećmi.

O to chodzi. Wie pani, o co w wywiadzie zapytał prezydenta Obamę słynny dziennikarz Michael Lewis? „Panie prezydencie, dlaczego ciągle ubiera się pan tak samo?". A prezydent odpowiedział: „Czy ma pan pojęcie, ile ważnych decyzji muszę podejmować od wstania z łóżka do momentu, kiedy kładę się spać? Nie chcę dodatkowo zastanawiać się nad kolorem koszuli".

Pana szafa też podobno jest skromna.
Są w niej głównie T-shirty i dżinsy. Jestem daltonistą i gdy eksperymentowałem z ubiorem, moja żona bladła i krzyczała: „Nie możesz tak wyjść na ulicę!". Uznałem więc, że bezpieczniej będzie codziennie zakładać dżinsy i T-shirt. Na specjalne okazje ubranie dobiera mi żona.

Satysfakcjonaliści tak właśnie często sobie radzą: delegują wybór na innych. Ja to nazywam strategią „Wybierz, kiedy wybierać".

Jak to wygląda w praktyce?
Powiedzmy, że chce pani kupić komputer. Zamiast spędzać dwa tygodnie w internecie na przeglądaniu sklepów ze sprzętem komputerowym i śledzeniu recenzji, może pani zadzwonić po radę do przyjaciela, którego uważa pani za eksperta w tej dziedzinie. Albo do przyjaciela, który nie jest ekspertem, ale właśnie kupił sobie nowy laptop. I po sprawie. Czy to będzie „najlepszy" laptop z możliwych? Może i nie. Czy będzie „wystarczająco dobry?". Pewnie, że tak.

Do mnie ludzie dzwonią, kiedy potrzebują dobrego psychologa.
No widzi pani. Jeden przyjaciel może być „ekspertem" od restauracji, inny od wakacji, a jeszcze inny – od lekarzy.

Żona panu dobiera garnitury, ale dżinsy kupuje już pan sam i podobno to właśnie wyprawa po nową parę spodni skłoniła pana do zainteresowania się kwestią wyboru.
To gruba przesada, ale rzeczywiście od tej anegdoty zaczynam książkę. Gdzieś pod koniec lat 90. poszedłem do GAP-a po nową parę dżinsów, bo stare się już wytarły (co oznaczało, że nie byłem tam kilka lat). Wszedłem, poprosiłem o dżinsy w swoim

rozmiarze i usłyszałem z ust młodziutkiej ekspedientki: „Jaki fason? Zwężane nogawki, rozszerzane, dopasowane, luźne, marmurkowe, zwykłe, postarzane? Na zamek czy na guziki?". Oniemiałem, bo do tej pory sprzedawali tylko jeden rodzaj. „A nie ma takich, które kiedyś oferowali państwo tylko w jednym fasonie?" – wydukałem. Teraz to sprzedawczyni opadła szczęka. W końcu dałem się namówić na przymierzanie tych wszystkich „innych", co zajęło mi dwie godziny.

Wyszedłem ze sklepu z parą najlepiej dopasowanych dżinsów, jakie miałem w życiu, ale czułem się mniej szczęśliwy niż kiedyś. Po pierwsze, dlatego że kupowanie dżinsów nie powinno zabierać dwóch godzin z życia, a po drugie, bo zacząłem sobie robić wyrzuty: „A może źle wybrałem? A może trzeba było iść do innego sklepu?".

Dlatego maksymaliści mają większą skłonność do depresji?

To moja spekulacja. Nie mam na to twardych dowodów poza tym, że ci, którzy osiągają wysokie wyniki na skali „maksymalizowania", mają też wysokie wyniki w testach na depresję. Ja to wiążę właśnie z obwinianiem się. Bo proszę zobaczyć: kiedy przyniesie pani wino na kolację do znajomych, które kupiła pani w sklepie, gdzie było tylko sześć rodzajów, to kto będzie odpowiedzialny za to, że wino było niesmaczne?

Sklep?

Brawo! „Mieli taki mały wybór!". Ale kiedy przyniesie pani wino ze sklepu, w którym jest kilka tysięcy win, a wybrane przez panią okaże się paskudne, to czyja to wina? Pani! Jeśli wybierze pani „źle" w świecie niekończących się możliwości, to będzie pani obwiniać o to siebie. Bo świat zrobił wszystko, żeby dać pani wybór. A pani „poniosła klęskę".

Czy to, o czym rozmawiamy, to nie jest tak naprawdę bolączka ludzi zamożnych?

Większość ludzi na świecie dałaby się pokroić za to, żeby mieć takie dylematy. I kiedy wygłaszam wykłady na temat paradoksu wyboru, to zwykle zaczynam tak: „Zaraz opowiem państwu o pewnych problemach, ale miejcie na uwadze, że to będą problemy związane z dostatkiem".

Chociaż problem z wyborem nie wynika automatycznie z ilości posiadanych pieniędzy. Poza tym dzisiaj nie tyle chodzi o kasę, ile o zasoby i dostęp. Nawet ludzie bardzo biedni mają w domu komputer, internet, muszą zdecydować, z jakich portali newsowych będą korzystać. Pięćdziesiąt lat temu, nawet jeśli było się nieziemsko bogatym, to nie miało się takich możliwości, jakie ma teraz przeciętny człowiek. Pamiętam czasy, kiedy nie kupowało się telefonu, tylko wypożyczało aparat od jednego jedynego operatora. Robili to i bogaci, i biedni. Dzisiaj wybór komórki to jakiś obłęd, który również dotyka ludzi mniej zamożnych.

„Kluczem do szczęścia są małe wymagania"?

Widzi pani tył mojej koszulki? Studenci ozdobili mi ją takim hasłem na zakończenie roku. To cytat z mojej książki. Kiedy masz mały wybór, masz też małe wymagania. Ale kiedy liczba opcji wzrasta, to i wymagania zaczynają rosnąć. Bo nabierasz przekonania, że jedna z tych opcji musi być idealna. Niech pani sobie przypomni czasy komuny w Polsce. Gdy były tylko dwa gatunki chleba do wyboru, tylko idiota mógł pomyśleć, że jeden z nich jest „idealny". Cieszył się, że w ogóle będzie mógł zjeść kanapkę.

Sugeruje pan, że lepiej by nam było w komunie?

Nie nawołuję do zmiany systemu. Jest oczywiste, że ludzie, którzy w ogóle nie mają wyboru albo którym jest on znacznie ograniczony, też są zagrożeni depresją. A już na pewno są bardzo nieszczęśliwi, bo tracą poczucie kontroli nad swoim życiem. Ja namawiam do zmiany strategii. Chodzi o umiar.

Maksymaliści mają się stać satysfakcjonalistami? Czy to możliwe?

Tak, dla własnego dobra, ale też dla dobra tak zwanego ogółu. Nie sądzę, że jest możliwe, byśmy wrócili do świata ograniczonego wyboru. Myślę, że jeśli chodzi o poszerzanie opcji, to będzie coraz gorzej. Dziesięć lat temu tylko promil ludzi kupował w internecie, dzisiaj sieć to główne miejsce zakupu dla rzeszy ludzi. Proszę zwrócić uwagę, jak portale randkowe zmieniły sposób poszukiwania życiowych partnerów. Nie tak dawno kogoś takiego

szukało się na uczelni, we własnym środowisku, przez znajomych, w klubie sportowym. Dzisiaj można go znaleźć wszędzie.
Czy maksymalista może stać się satysfakcjonalistą? Amerykańska dziennikarka Lori Gottlieb swego czasu napisała bestseller „Wyjdź za niego za mąż" („Marry Him"). Opisała tam swoje poszukiwania idealnego partnera. Dobijając czterdziestki, zdała sobie sprawę, że jest sama i jeśli chce mieć rodzinę, jest to ostatni dzwonek. Zaczęła więc pytać różnych „ekspertów", co ma zrobić. Na koniec trafiła do doradcy matrymonialnego, który poprosił ją, by sporządziła listę pożądanych cech partnera. Zobaczywszy tę długą listę, roześmiał się i rzekł: „Załóżmy, że na całym świecie jest pięciu mężczyzn, którzy spełniają pani kryteria. Załóżmy nawet, że uda się pani odnaleźć jednego z nich: jaką ma pani gwarancję, że on panią zechce?". Wtedy ją olśniło. Zrozumiała, że strategia szukania „ideału" w niczym jej nie pomoże i że może pora zacząć rozglądać się za tym, co „wystarczająco dobre".

Jak to zrobić w praktyce?

Trzeba ćwiczyć. Na początku nowe wybory będą uwierać, bo z tyłu głowy będzie myśl: „A mogłem lepiej...". Ale nie wolno się poddawać presji. Powiedzmy, że komuś jest obojętne, jakie płatki je na śniadanie, byle były bez cukru. Idzie do sklepu, bierze pierwsze z napisem „bez cukru" i wrzuca do koszyka. Nie musi czytać spisu składników na każdym z trzystu pudełek. Natomiast wielką trudność sprawia mu kupowanie garnituru. Wtedy zaproponowałbym, żeby podszedł do kupna garnituru podobnie jak do płatków. Co jest kluczowe? By był wygodny i z dobrego materiału? I teraz już wiadomo, co trzeba robić.

Ale to nie jest bezbolesny proces. Nie da się w jednej chwili zmienić nawyków, którym się hołdowało latami. Z czasem zaczną się jednak pojawiać korzyści: podejmowanie decyzji stanie się mniej stresujące i okaże się, że to, co „wystarczająco dobre", naprawdę takie jest. Starsi ludzie to wiedzą, dlatego często są bardziej zrelaksowani od młodszych!

Czy zna pan jakieś firmy, które ograniczyły klientom wybór, bo zorientowały się, że zbyt wiele opcji im nie służy?

Są takie, ale zwykle nie robią tego, by uszczęśliwić klientów. Chodzi im głównie o pieniądze. Niedawno jeden z największych amerykańskich deweloperów zaprosił mnie na prezentację. Kiedy zgłasza się do nich klient, oferują mu zwykle sześć typów domów do wyboru. Klient wybiera model, a potem przechodzi do centrum projektowania wnętrz i wybiera dalej: podłogi, wykładzinę, glazurę, okna, hydraulikę itd. W sumie w każdej kategorii jest z milion opcji. Wybieranie zajmowało około dwudziestu godzin. Deweloper stwierdził: za długo; nie stać nas na to, by pracownik tyle czasu poświęcał jednemu klientowi. Po dramatycznej redukcji liczby opcji decydowanie o wyglądzie domu zajmuje około czterech godzin.

Coś jeszcze z tego wyniknęło?

Okazało się, że większość klientów, mając mniejszy wybór, decyduje się na droższe rzeczy. Przychody firmy więc wzrosły. No i klienci po zmianie byli bardziej zadowoleni z usług.

W Stanach istnieje też sieć supermarketów o nazwie Costco. Konkurują z Walmartem, z tym że w Costco klienci bardzo lubią robić zakupy; traktują je jak piątkowe wyjście na miasto, by się rozerwać. A Walmartu nie znoszą. Dlaczego? Między innymi dlatego, że Costco oferuje znacznie mniejszy wybór towarów. Wątpię jednak, żeby takie ograniczanie opcji dla uszczęśliwienia klientów stało się globalnym trendem.

Jeśli chodzi o wybór, jest coraz gorzej. Taki internet na przykład, poza niewątpliwymi plusami, pogarsza samopoczucie nie tylko maksymalistom, ale też tym, którzy mają skłonność do porównywania się, zwykle na swoją niekorzyść.

Chodzi panu o media społecznościowe? O to licytowanie się, kto gdzie był, co kto osiągnął?

Między innymi. Kiedyś mogliśmy porównywać się z sąsiadem, z kolegą z pracy czy ze studiów, dzisiaj porównujemy się z całym światem. I coraz więcej ludzi gorzej to znosi. Cała ta cudowna technologia czyni nasze życie bardziej skomplikowanym i mniej satysfakcjonującym.

Nie można jakoś uciec od porównywania się?

Nie można. To się dzieje automatycznie. Co gorsza, zwykle mamy skłonność, by porównywać się do tych, którzy mają lepiej.

Przez to sami czujemy się gorzej. Chociaż... może mam jeden taki patent...

Jaki?
Praktykowanie wdzięczności. Codziennie wieczorem można wypisać trzy, cztery rzeczy, które wydarzyły się w ciągu dnia i za które warto podziękować. To może być coś skromnego, na przykład ta rozmowa, którą teraz prowadzimy. Taki nawyk pozwala się koncentrować na tym, co dobrego nam się przytrafia, a nie na tym, co nas rozczarowuje albo czego nam brakuje.

Pan robi te ćwiczenia?
Ja ich nie potrzebuję. Należę do tych szczęściarzy, których nigdy nie interesowało, jak wypadam w porównaniu z innymi czy jak inni mnie oceniają. Jestem za to bardzo wdzięczny losowi, choć może raczej powinienem podziękować rodzicom. Na pewno nie ma w tym mojej zasługi.

Nie myślał pan nigdy o tym, żeby zrobić dużą kampanię społeczną wokół wystarczająco dobrego życia? To by zdjęło ciężar z tylu ludzi.
Świetny pomysł, choć mało realny. Pojęcie „wystarczająco dobre" jest szalenie nieamerykańskie! Poza tym z kim miałbym to zrobić? Moich studentów bardzo trudno przekonać, że maksymalizowanie to droga do cierpienia. Zwykle słyszę, że jestem stary i może ja mam z tym problem, ale oni wiedzą, jak to się robi.

I co pan na to?
Odpowiadam im: „Tak świetnie wam idzie! Jeszcze nigdy statystyki studentów korzystających z terapii nie były tak wysokie. Brawo!". To zwykle zamyka im usta.

Jak pożegnać się z trudnym dzieciństwem?

Zerwane więzi

Rozmowa z **EWĄ CHALIMONIUK**

Urodziłam cię, spłodziłem cię, więc jesteś moją własnością. Kiedy tak się myśli, trudno przyjąć, że **dziecku też należy się szacunek,** że ono też ma jakieś prawa.

W grupie, w której pracuję, ktoś powiedział, że po każdej wizycie u rodziców czuje się, jakby mu upuszczano krew. **Wycofanie się z takiej destrukcyjnej relacji sprawia, że przestaje się żyć w napięciu.**

Dorosłe dzieci w pewnym momencie zbierają się na odwagę i przypominają rodzicom o krzywdach, których doznali w dzieciństwie, albo upominają się o szacunek dla swoich wyborów. Liczą na to, że ich krzywda zostanie w końcu uznana.

Może kiedyś będziemy w stanie dostrzec, że jednak coś od tych rodziców dostaliśmy, że tak zupełnie nas nie zniszczyli. I to będzie oznaczało, że patrzymy już na nich oczami osoby dorosłej, a nie skrzywdzonego dziecka.

Co takiego sprawia, że dorośli ludzie zrywają kontakt ze swoimi rodzicami?
Najczęściej decydują się na to osoby z rodzin dysfunkcyjnych, wobec których dochodziło do emocjonalnych, fizycznych albo seksualnych nadużyć. Ale też ludzie, którzy czują się nieprzyjmowani przez rodziców takimi, jacy są – bo na przykład nie chodzą do kościoła albo mają inną orientację seksualną. To są również ci, których rodzice w ogóle nie widzieli.

Jak to?
Miałam pacjentkę, której matka nigdy „nie pamiętała", ile ona ma lat, „nie wiedziała", co studiuje, i za każdym razem, kiedy się z nią widziała, stawiała na stół mięso, chociaż córka była wegetarianką. Nic się nie zmieniło, kiedy pacjentka miała lat sześćdziesiąt, a jej matka – osiemdziesiąt pięć. Matka nigdy nie była zainteresowana tym, żeby kochać, tylko wyłącznie tym, żeby ją kochano.

Zresztą takie dzieci potem w dorosłym życiu często doświadczają powtórnego, a nawet wielokrotnego odrzucenia przez rodziców.

Jak takie powtórne odrzucenie wygląda?
Na przykład ludzie ci w pewnym momencie zbierają się na odwagę i przypominają rodzicom o krzywdach, których doznali w dzieciństwie, albo upominają się o szacunek dla swoich wyborów. Liczą na to, że ich krzywda zostanie w końcu uznana, że zostaną przez tych rodziców wreszcie przyjęci – ze swoim żalem, złością, poczuciem opuszczenia. Im już nie chodzi o słowo „przepraszam", ale o akceptację...

Chcieliby usłyszeć: „Kocham cię takiego, jaki jesteś"?

To jest to największe marzenie, ale chyba w takich przypadkach nadzieja na to, że to się usłyszy i że to będzie szczere – jest niewielka. Oni chcieliby przynajmniej usłyszeć: „Masz rację, było tak, jak mówisz" albo „Tak, to prawda, nie widzieliśmy ciebie, nie zdawaliśmy sobie sprawy, że ty tak przeżywasz. Widzieliśmy tylko swoje wyobrażenia, swoje potrzeby, swoje lęki, swoją złość". To nie muszą być dokładnie te słowa. Chodzi o przekaz, intencję.

A co zwykle słyszą?

„A co ty mi opowiadasz!", „Wymyślasz sobie!", „Chyba nie wiesz, do kogo mówisz?!". Pamiętam pacjentkę, która była wykorzystywana seksualnie przez ojca, a kiedy po latach terapii, wspierana przez męża i jego rodzinę, zdobyła się na to, żeby się z nim skonfrontować, usłyszała: „Sama się o to prosiłaś!". Zresztą matka powiedziała jej to samo. Wina po raz kolejny została przerzucona na nią.

Zerwanie więzi jest dla takich osób rodzajem ratunku?

Nie w sensie życia, chociaż i tak się dzieje. Ale w sensie ochrony elementarnej godności, szacunku do siebie, poczucia własnej wartości, a przede wszystkim – kondycji psychicznej. Osoby, które decydują się na ten krok, mówią, że kontakt z rodzicem, który bez przerwy je odrzuca, powoduje chaos emocjonalny. One nie wiedzą, co mają myśleć, kto ma rację, czy mają prawo tak się czuć. Po takim kontakcie czują się wręcz „chore" i muszą długo dochodzić do siebie. W grupie, w której pracuję z takimi osobami, ktoś powiedział, że po każdej wizycie u rodziców czuje się, jakby mu upuszczano krew. Coś w tym jest. Wycofanie się z takiej destrukcyjnej relacji sprawia, że przestaje się żyć w napięciu, w ciągłym oczekiwaniu, że może rodzice wreszcie mnie usłyszą.

A co z nadzieją, że oni się jednak zmienią?

Ona jest wiecznie żywa. W tym pierwszym odruchu zerwania kontaktu zwykle o to chodzi, żeby rodzic przejrzał na oczy, zobaczył, co traci. I przez tę stratę zobaczył mnie.

Z taką nadzieją chyba trudno się pożegnać?
A ja myślę, że czasem właśnie trzeba. To nie oznacza, że koniecznie musimy się pożegnać z tym konkretnym rodzicem, ale właśnie z nadzieją, że on będzie inny.

Bo nie będzie?
Mała szansa, że on się diametralnie zmieni, że pójdzie na terapię, zobaczy swoją odpowiedzialność. Chociaż czasem takie radykalne cięcie sprawia, że ten rodzic się reflektuje, coś na miarę swoich możliwości zaczyna rozumieć – i tę więź można próbować odbudować na nowych zasadach, jeśli jest wola z obu stron. I jeśli on nie udaje, że się zmienił, wyłącznie z lęku, że zostanie sam. Ale ta relacja nigdy nie będzie taka, jak ją sobie wymarzyliśmy.

Co pomaga nam zaakceptować to, że ten rodzic się już nie zmieni?
Dostrzeżenie, że on być może nie potrafił inaczej, że może sam był ofiarą nadużyć. Tak samo jak on krzywdził nas, jego krzywdziła na przykład matka, a wcześniej matka matki. Takie wzorce często są przekazywane z pokolenia na pokolenie nieświadomie. Nie chodzi o to, żeby tego rodzica usprawiedliwiać, tylko żeby zobaczyć go w całym kontekście.

Jeśli krzywda jest wielka, to trudne.
Czasem to wręcz niemożliwe. Trzeba się bardzo wzmocnić, żeby umieć i chcieć to zobaczyć, ale to się dzieje. Ludzie to robią przy pomocy terapeutów, wspierających przyjaciół albo kiedy założą rodzinę i znajdą w niej oparcie. Zaczynają widzieć, że owszem, mają swoje ograniczenia i wady, ale to nie oni są zaburzeni, to nie oni zawinili, chociaż wciąż to słyszą. Znajdują w sobie tyle siły, że umieją postawić rodzicom granicę i nie dają się dłużej ranić. Przeżywają stratę tego, czego nie dostali, a co im się należało „jak psu micha", ale też umieją się dokopać do tych – jak to nazywam – „wysepek dobra", na których da się zbudować coś pozytywnego.

Co może być taką „wysepką dobra"?
To może być nawet poczucie wdzięczności, że ja żyję dzięki nim, że dzięki nim mam męża, dzieci, które są dzisiaj dla mnie

najważniejsze na świecie. Może oni nigdy mnie nie przytulili, nigdy nie powiedzieli „kocham", ale za to zawsze byłam syta, ubrana, miałam książki. To już coś. To nie muszą być wielkie rzeczy.

Miałam pacjenta, który miał dramatyczną relację z ojcem katem, był po próbie samobójczej. Czuł, że zawiódł w roli męża i syna, i to było dla niego nie do zniesienia. Na początku wydawało się, że w jego historii rodzinnej są tylko zgliszcza, że nie uda mu się zobaczyć w tym ojcu niczego dobrego, ale po jakimś roku zaczęło mu się przypominać, jak ojciec pękał z dumy, kiedy on zwyciężał w walkach na pięści na podwórku z innymi chłopcami. Bo ojciec z kolegami wymyślili sobie taką rozrywkę, że synów wystawiali do „walk kogutów".

I to wspomnienie naprawdę pozwoliło mu jakoś ocalić tę relację w pamięci?

Paradoksalnie – tak, chociaż na początku musiał wyrzucić z siebie całą tę żółć, nienawiść i złość na ojca, ale też ulgę, którą poczuł, kiedy ojciec zapił się na śmierć. Kiedy te emocje się w nim przewaliły, zaczęło do niego wracać to, co dobre. Te chwile dumy ojca z syna, ale też to, że ojciec był oczytany, inteligentny, mimo że był jednocześnie przemocowcem i alkoholikiem.

Czy jeśli uda się znaleźć te „wysepki dobra", to można spróbować kontakt odnowić?

To zależy, na ile człowiek czuje się mocny, na ile będzie umiał stawiać granice. Bo może się okazać, że nie jesteśmy jeszcze tacy silni, jak nam się wydaje, i pierwsza czy kolejna próba skończy się jak zwykle – awanturą i cierpieniem. Bo w takich dysfunkcyjnych relacjach ten taniec jest trudno przerwać, pracowało się przecież nad jego choreografią latami.

Myślę też, że stawianie granic nie może być jedynie pustym szantażem emocjonalnym.

Co to znaczy?

Jeśli ktoś na przykład jedzie do matki, która całe życie wyrzucała mu, że źle żyje, źle wybiera, i od progu jest witany tym samym pytaniem co zawsze: „Wyszłaś już za mąż? Dlaczego nie wyszłaś?", a później dalej: „Nic ci się nie udało, dzieci nie masz, rodziny nie masz" – to taka osoba może odpowiedzieć matce: „Jeśli jeszcze raz tak powiesz, to wychodzę i długo mnie nie zobaczysz". Jednak jeśli zostanie mimo wszystko, to będzie tylko szantaż. I to niczego tej matki nie nauczy. Ja bym była za tym, żeby się zachować w takiej sytuacji konsekwentnie i jak się mówi, że się wyjdzie – wychodzić. Tylko w ten sposób można dać temu rodzicowi do zrozumienia, że jeśli zależy mu na utrzymaniu więzi, to pewnych rzeczy nie wolno mu robić. I już. To wymaga determinacji i przypomina, brzydko mówiąc, tresurę zwierzaka.

Ale samo wyjście też może nie wystarczyć?
No, nie. Trzeba się nauczyć nie brać tego do siebie. Odebrać poczuciu winy i odpowiedzialności za rodzica władzę nad nami. Jeśli mamy oparcie w innych bliskich ludziach, którzy nas utwierdzają w przekonaniu, że jesteśmy coś warci, to się może udać.

Dlaczego dajemy się przygnieść przez poczucie winy i odpowiedzialność?
Bo w sytuacjach, o jakich rozmawiamy, często mechanizm jest taki, że to dziecko bardzo wcześnie zamienia się rolami z rodzicem i zaczyna być rodzicem swojego rodzica.

Kiedy to się dzieje?
Już w pierwszych miesiącach życia, kiedy ta relacja się dopiero kształtuje. Zwykle to są takie sytuacje, gdy rodzic jest nieempatyczny, ślepy na potrzeby dziecka. Z różnych powodów – bo jest chory, depresyjny, bo jest zajęty piciem albo skoncentrowany przede wszystkim na relacji małżeńskiej z alkoholikiem. W każdym razie on nie ma już w sobie przestrzeni, żeby empatycznie reagować na płacz dziecka, żeby zobaczyć, co temu dziecku jest potrzebne, co ono tak naprawdę mówi, co lubi, jakie w ogóle jest. Karmi je nie dlatego, że ono jest głodne, ale dlatego, żeby uspokoić siebie i mieć poczucie dobrze wykonanego obowiązku. Takie dziecko szybko uczy się zgadywać i zaspokajać potrzeby rodzica, bo wie, że bez niego nie przeżyje. Dostraja się do niego i staje się przedwcześnie dojrzałe. Rezygnuje z bycia dzieckiem, żeby zapewnić sobie, rodzicom, czasem i rodzeństwu, podstawowe bezpieczeństwo – a to przecież nie jest rola dziecka! Kiedy stanie się

dorosłe i wreszcie uda mu się powiedzieć: „Dość! Nie będziesz mnie znowu szantażowała tym, że umrzesz, jeśli ja się nie pojawię" albo „Nie będziesz mnie więcej upokarzał!", to wtedy po raz pierwszy w życiu odwraca ten wzorzec i mówi: „Teraz zadbam o siebie, nie o ciebie!".

To, co pani mówi, ma w sobie moc, ale przecież często temu zerwaniu kontaktu wcale nie towarzyszą pozytywne emocje.

Oczywiście, bo to jest proces. Na początku często pojawia się zdziwienie: „Jak to? To ja to zrobiłem? Miałem odwagę?". Często towarzyszy temu duma, ale też strach – i co teraz będzie? Jest poczucie straty, smutek. Ale z tej mieszanki różnych emocji wyłania się też jakaś prawda. To dorosłe dziecko zaczyna wreszcie nazywać rzeczy po imieniu, odzyskuje prawo do swoich potrzeb, uczuć, do wyrażania emocji, głównie złości i żalu, bo one są często zablokowane. Warto też dopuścić do siebie myśl, że może już nigdy nie będziemy razem, może tej relacji w żaden sposób nie da się naprawić, chociaż nie wiemy tego, bo to jednak nie jest jeszcze śmierć. Ale warto być na to przygotowanym i pamiętać, że większość rodziców stara się dbać o dzieci najlepiej, jak potrafi, choć to niekoniecznie się przekłada na bycie „wystarczająco dobrym rodzicem" z powodu ich własnych ograniczeń i problemów. Małe dziecko nie musi rozumieć tych zawiłości, nie odpowiada za nie, ale dorosłe dziecko jest już w stanie uwzględnić to w całościowym stosunku do rodziców.

Jeśli się zrobi ten porządek w emocjach – co dalej?

Może wtedy będziemy w stanie dostrzec, że mimo wszystko coś od rodziców dostaliśmy, że tak zupełnie nas nie zniszczyli i że może jesteśmy im w stanie coś dać. To będzie znaczyło, że patrzymy już na nich oczami osoby dorosłej, a nie skrzywdzonego dziecka.

Co możemy być w stanie im dać?

To zależy od tego, ile sami od nich dostaliśmy. Jeśli niewiele, to może już rozmowa z nimi przez telefon raz na jakiś czas, pytanie „jak się czujesz?" – to będzie dużo. Może wizyta raz w roku, dawanie co miesiąc pieniędzy, żeby ten rodzic nie umarł z głodu? Tyle ile czujemy się na siłach. Chociaż są też tacy, którzy dostali od rodziców tyle co nic, nigdy się nie doczekali ich akceptacji, ale na przykład dojrzewają do tego, aby z takiego poczucia, że nie są „złymi ludźmi", wziąć na siebie tę powinność – i na przykład organizują nad starymi rodzicami opiekę albo jeżdżą do nich regularnie, chociaż ich nie lubią, nie mają o czym z nimi rozmawiać, źle się u nich czują. Znam osobę, która choć ma trudną relację z ojcem, odwiedza go raz w miesiącu w rodzinnym mieście, ale zawsze przy okazji spotyka się z koleżankami z dawnych lat albo organizuje sobie tam spotkanie służbowe, by nie mieć poczucia, że jedzie wyłącznie w jednym celu.

Są też tacy, którzy w ogóle sobie tego nie wyobrażają. Myśl, co zrobią, kiedy zadzwoni telefon z informacją, że matka czy ojciec, którego nie widzieli od lat, właśnie umiera bądź umarł, ich paraliżuje.

Jechać, nie jechać?

Każdy sam musi osądzić, ile zdoła unieść. Są ludzie, którzy pojadą, są tacy, którzy dopiero po latach zapalą świeczkę na grobie. Ale znałam kobietę, której z kolei matka się wyrzekła. Kiedy córka była młodą dziewczyną, powiedziała jej, że nie chce jej więcej widzieć. Powód, który ją do tego skłonił, był nieadekwatny. Ta dziewczyna latami żyła z poczuciem skrzywdzenia i niesprawiedliwości, ale też z lękiem, że nie tylko matka ją obwinia, ale że inni także obwiniają ją o to, że jest wyrodnym dzieckiem. Kiedy matka zaczęła się starzeć, ona coraz częściej myślała, jak się zachowa, kiedy się dowie, że matka jest chora albo umierająca. Była tym przerażona.

Czego się bała?

Różnych rzeczy. Własnej wściekłości, że została tak potraktowana. Bała się, że matka znów ją odrzuci i obwini, ale też tego, że będzie od niej czegoś chciała, a ona miała do niej taką urazę, że nie czuła się na siłach, aby jej coś dać. Ale pod koniec terapii zaczęła w sobie tę siłę odnajdować i nieśmiało dopuszczać myśl, że gdyby trzeba było matce podać ostatnią szklankę wody, to ona to zrobi. Już nie dla matki nawet, nie dla innych, ale dla siebie. I będzie potrafiła się z matką skonfrontować w taki sposób, że jej to już nie naruszy, że jeśli nawet matka na łożu śmierci powie: „Po co przyjechałaś? Przecież ci mówiłam, że nie jesteś moją córką", to jej to nie zabije.

Koleżanka, która wiele lat temu zerwała kontakt z ojcem, który bił ją i całą rodzinę, a potem chciał lać jej dzieci, powiedziała, że ona się już z tym pogodziła, ale najtrudniej jest jej z tym, że wciąż jest oceniana przez innych: „Jak możesz? To w końcu ojciec!".

No właśnie, mówi się o szacunku, o granicach, ale zwykle dotyczy to jednej strony – rodziców, rzadko dzieci. To wynika z naszego uwarunkowania religijno-kulturowego; dziecko stosunkowo od niedawna ma podmiotowość i widziane jest jako autonomiczny, odrębny człowiek, który ma swoje potrzeby, emocje. Niestety, rodzice wciąż bardzo często traktują swoje dzieci jak przedłużenie siebie.

Urodziłam cię, spłodziłem cię, to mi się należy.

To coś więcej: urodziłam cię, spłodziłem cię, więc jesteś moją własnością. Kiedy tak się myśli, trudno przyjąć, że dziecku też należy się szacunek, że ono też ma jakieś prawa.

Tracąc więź z rodzicem, co naprawdę tracę?

Część siebie. Przygotowując się do tej rozmowy, pomyślałam o takiej metaforze, że to jest trochę tak, jakbyśmy się zdecydowali na amputację zainfekowanej ręki czy nogi, żeby ta gangrena już nas nie toczyła. Przeżyjemy. Będziemy zdrowi. Ale kulawi albo jednoręcy.

Myślę, że traci się też nadzieję na to, iż jest się kochanym przez najważniejsze dla nas osoby – tak bezwarunkowo, za to, że jesteśmy tacy, jacy jesteśmy. Traci się też przynależność do rodziny. Często odcinając się od korzeni, mamy też poczucie dodatkowego ciężaru – że pozbawiając nasze dzieci kontaktu z babcią czy dziadkiem, w jakiś sposób je okaleczamy.

Ale też chronimy? Przecież chodzi o to, żeby gangrena nie rozprzestrzeniała się dalej...

Oczywiście, ale to jest skomplikowane. Bo czasem może się okazać, że dziadkowie będą dla wnuków inni, niż byli dla nas

– bo są mniej przyciśnięci przez życie, przez relacje z mężem czy żoną, że ta odpowiedzialność za wnuki jest mniejsza i łatwiej ją unieść. I jest szansa, że w stosunku do wnuków będą się zachowywać bardziej przytomnie niż w stosunku do nas. Trzeba też pamiętać, że nasze dzieci chroni również to, iż to my jesteśmy dla nich najważniejsi, w nas mają oparcie. I my możemy im na przykład wytłumaczyć, że babcia ma tak, że najpierw rozkręca zabawę, angażuje się w nią, a jak się zmęczy, to robi się wściekła i wrzeszczy na nie, że zrobiły bałagan i głośno się zachowują. Możemy wyjaśnić dzieciom coś, czego nikt nam nie wyjaśniał, i je w ten sposób „odbarczyć" z poczucia winy, które znamy.

Możemy też zdecydować, że nie chcemy zostawiać dzieci pod opieką babci.
Możemy. Teraz mamy wybór.

A kiedy tego kontaktu z rodzicami nie mamy w ogóle, a dzieci o dziadków pytają?
To przecież nic nie stoi na przeszkodzie, żeby o nich opowiedzieć tak, jak się potrafi. Ile uważamy za stosowne. Można w ten sposób poszukać tych „wysepek dobra", ale też nie idealizować. Nie ma takiej potrzeby.

Co jeśli rodzic naciska na kontakt, a my wiemy, że zdrowiej dla nas będzie go nie mieć?
Jeżeli naciska, a my wiemy, że dalej będziemy to odchorowywać albo że ucierpi na tym nasza rodzina, bo ten rodzic z butami wejdzie w nasze życie, jeśli mu na to pozwolimy, nie szanując nikogo ani niczego, to niestety, musimy wytrwać w tym, co jest dla nas ważniejsze. Czy to, że będę mieć kontakt ze swoją matką, która co tydzień mówi mojej żonie, jaka jest beznadziejna, a mnie – jak się na mnie zawiodła i jak ją strasznie opuściłem? Czy to, że moja żona będzie cierpieć, że ja będę cierpieć i mieć poczucie winy, ale za to moja matka będzie zadowolona? Trzeba się na coś zdecydować i to jest bolesne. Warto jasno postawić sprawę: albo matka będzie szanować moje warunki, na których ma mieć ze mną kontakt, albo tego kontaktu nie będzie.

Są ludzie niezmiennie niszczeni przez rodziców, a mimo to decydują się trwać w tej relacji. Dlaczego?

Z lęku. Co ludzie powiedzą, ale też co ja sam będę myślał o sobie, kiedy tę relację poluźnię lub wręcz zerwę. Znam kobietę, którą matka trzymała całe życie na smyczy i zawsze uważała, że córka jest dla niej, a nie ona dla córki. Ta kobieta jest piękna, wykształcona, po czterdziestce, ale nie udało jej się ułożyć życia prywatnego. Wciąż zabiega o to, by matka wreszcie była z niej zadowolona. I wciąż jej się wydaje, że za mało dla matki robi.

A co robi?

Matka ostatnio poważnie zachorowała, więc córka znalazła jej świetny szpital, dobrych lekarzy, zagwarantowała opiekę na najwyższym poziomie – ale usłyszała, że jest wyrodną córką, że matkę w tym szpitalu umieściła. Od trzech lat nie wyjechała na urlop, bo każdą chwilę poświęca na to, żeby jechać do matki, żeby z nią pobyć, za każdym razem narażając się na stek obelg i przykrości.

A chciałaby gdzieś pojechać?

Chciałaby, ale „matki się przecież nie zostawia". Ten głos w jej głowie: „co ludzie powiedzą?", a tak naprawdę: „co matka powie?" – kompletnie ją blokuje. No a przecież w sumie wiadomo, co matka powie. Kolejny problem polega na tym, że jeśli nawet udałoby się jej z tej matni w końcu wyrwać, zdobyć się na odwagę i wyjechać, to ona nie bardzo ma nawet z kim, bo przez te wszystkie lata dbała o matkę, ale nie nauczyła się dbać o siebie. I to wcale nie są rzadkie przypadki.

Ostatnio zresztą ktoś mi opowiadał o pewnej kobiecie, którą spotkał za granicą. Też miała bardzo pogmatwaną relację z matką i z lęku przed nią zajmowała się nią do jej śmierci. Cały czas żyjąc nadzieją, że jak już matkę pochowa, to zacznie wreszcie żyć. Jej matka umarła, kiedy ona miała lat sześćdziesiąt. I okazało się, że już na wszystko jest za późno, że ona już nie ma siły spełniać swoich marzeń, już nie otworzy kwiaciarni, którą chciała mieć, z nikim się nie zwiąże, bo nie potrafi – że w pewnym sensie zaprzepaściła swoje życie.

Czyli śmierć matki od niczego jej nie wyzwoliła?

Bo śmierć sama w sobie niczego nie rozwiązuje. Jeśli my nie dokonamy tej separacji wcześniej, to śmierć niczego nie zmieni. Będziemy jeździć co drugi dzień na ten grób, jeśli nie realnie, to symbolicznie. Będziemy mieć poczucie winy, zatruwać się myślami. Będziemy na okrągło przeżywać te krzywdy, tę złość, ten żal. Bo tak naprawdę tylko dobra więź z rodzicem pozwala na dobrą separację – uzyskanie dorosłej autonomii, wzajemny szacunek. Jeśli to nie miało miejsca, musimy w dorosłym życiu, niestety, włożyć w to więcej wysiłku. W przeciwnym razie nawet wyjazd na drugi koniec świata niczego nie załatwi.

Co zrobić z niewygodną prawdą?

Lojalność dobra i zła

Rozmowa z **ZOFIĄ MILSKĄ-WRZOSIŃSKĄ**

Lojalność wymaga tego, żeby zamiast czekać, aż się samo naprawi albo druga strona coś zaproponuje, **samemu próbować coś zmienić. Więc zamiast spakować siebie lub jego, warto najpierw dać szansę.**

Wycofanie się jest bardzo częstym mechanizmem obronnym. Wydaje się łatwiejsze niż próba zmiany czy nawet rozmowy. A przecież **niekoniecznie trzeba się od razu umawiać na tak zwaną poważną rozmowę** – to wielu przerasta. Czasem wystarczy coś powiedzieć mimochodem i zobaczyć, co się wydarzy.

Siła ślepej lojalności jest tak ogromna, że zawsze się znajdzie argument, który ją uzasadni. Ludzie wychowani w rodzinach, które ich ranią czy frustrują, cały czas tylko do dobrego się odnoszą, np. „dawał mi jeść", „czasami bawiła się ze mną". Zło albo głęboko wypierają, albo obwiniają o nie siebie.

Poczucie więzi i przynależności jest tak silne, że ludziom wydaje się, że jak je zerwą albo przynajmniej bardzo osłabią, to tego nie przeżyją, nie tylko zostaną samotni, ale ich wewnętrzny świat będzie całkowicie spustoszony.

Lojalność – co to takiego?

To taka więź z drugim człowiekiem, która sprawia, że nasz własny interes nie jest bezwzględnie priorytetowy, czyli że jesteśmy gotowi w imię relacji z kimś ponieść stratę, zrobić coś dla nas niekorzystnego. Począwszy od drobiazgów, skończywszy na rzeczach zasadniczych.

Te drobiazgi to co na przykład?

Powiedzmy, że w pracy grupa obgaduje koleżankę, a ktoś psuje przyjemność, mówiąc: „Nie przesadzajcie, czepiacie się. Przecież to nieprawda, że ona zawsze wychodzi wcześniej, bo musi odebrać dziecko. Zostawała dłużej, kiedy ty, Asiu, chodziłaś na rehabilitację kolana. I to jakaś bzdura, że przedstawia szefowi wspólne projekty jako swoje. Pomogła mi przygotować sprawozdanie na ostatnią chwilę i nie chwaliła się ani przed szefem, ani przed nikim".

Taka osoba zachowuje się lojalnie wobec nieobecnej koleżanki, ale naraża się na niechęć pozostałych, ponieważ zakłóca wspólną rozrywkę, powoduje, że grupa czuje się skrytykowana, obwiniona o nielojalność.

Po co ona ryzykuje takie wykluczenie? I to, że sama stanie się ofiarą plotek?

Może być lojalna wobec koleżanki albo wobec jakiejś wartości (na przykład żeby nie dawać fałszywego świadectwa) i ze względu na to jest gotowa zrezygnować z korzyści, jakie daje przynależność do grupy.

To z powodu lojalności żyrujemy znajomemu pożyczkę, jeśli wiemy, że bez naszej pomocy sobie nie poradzi, mimo że boimy się ryzyka.

To lojalność skłania nas do odwiedzin u chorego przyjaciela w szpitalu, chociaż oddział szpitalny wywołuje w nas panikę ze względu na własne wspomnienia.
Idziemy tam, ponieważ przyjaciel nas potrzebuje.

A jeśli to nie przyjaciel? W dodatku ktoś, z kim się często nie zgadzamy? Co sprawia, że zachowujemy się wobec niego lojalnie – wykonujemy zadania, które nam zleca, nie donosimy na jego decyzje przełożonym?

U niektórych lojalność jest selektywna – dotyczy wybranych osób czy grup („swoich"), a wobec pozostałych nie obowiązuje. Inni starają się być lojalni w ogóle – tyle że czasem różne lojalności mogą być w konflikcie. Chcąc nie chcąc, stosuje się hierarchię lojalności – jeśli dowiadujemy się, że nasz przyjaciel zdradza żonę albo próbuje wygryźć szefa, niekoniecznie powiadomimy szefa lub żonę, chociaż ich cenimy i zasadniczo jesteśmy wobec nich lojalni.

Co mamy z lojalności?

Pyta pani o zyski? Lojalność nie zakłada żadnych dodatkowych korzyści. Jak pisał Leśmian, wprawdzie w zupełnie innej sprawie: ona „…w całym niebie nie zna innych upojeń oprócz samej siebie". Zdaniem wybitnych psychologów społecznych Baumeistera i Leary'ego potrzeba przynależenia i pragnienie więzi interpersonalnej to podstawowe motywacje ludzkie. A ich fundamentem jest lojalność – nas wobec innych i innych wobec nas.

Ja myślałam raczej o takich korzyściach jak na przykład lepsze mniemanie o sobie, poczucie, że jesteśmy „porządni".

Jeśli zachowywalibyśmy się lojalnie po to, żeby poprawić mniemanie o sobie, to lojalny byłby może uczynek, ale nie intencja, bo nie dobro drugiego człowieka byłoby dla nas najważniejsze, tylko własne.

Właściwie dlaczego jesteśmy lojalni?

Według psychologii ewolucyjnej, zachowując się lojalnie, zwiększamy nasze szanse na przetrwanie. Człowiek od zarania istnienia wie, że łatwiej obroni się przed katastrofami, zmianami pór roku czy dzikimi zwierzętami, jeśli będzie w grupie sprzyjających mu osób. Wspiera więc ich przetrwanie, w niektórych kulturach człowiek może nawet poświęcić swoje życie dla uratowania wspólnoty, bo to daje szansę, że przeżyją jego dzieci.

A jednak jest interes...

Ale to jest głęboki atawistyczny mechanizm, rzadko kiedy jesteśmy go świadomi. Z psychologią ewolucyjną można się zgadzać lub nie, ale warto znać tę perspektywę.

Nieco inne wytłumaczenie wiąże się z myśleniem o człowieku jako istocie społecznej. Jesteśmy od początku zdani na innych, wobec tego więź jest czymś niezbędnym, co widać po niemowlętach, „zaprogramowanych" tak, by wzbudzać – na przykład przez szczególnie poruszający dźwięk płaczu czy bardzo wcześnie pojawiający się uśmiech – tendencje do bliskości i opieki. Badacze, w tym twórca teorii przywiązania John Bowlby, twierdzili, że orientacja na więź z innymi jest wrodzona. A z więzi wynika lojalność.

Jaką jeszcze funkcję może pełnić lojalność?

Umożliwia nam powstrzymanie się od natychmiastowego zdewaluowania czy porzucenia obiektu, z którym jesteśmy związani, jeśli coś w tej relacji zaczyna szwankować.

Obiektu?

Bo wiążemy się przecież nie tylko z pojedynczymi osobami, ale również z małymi grupami, jak rodzina, większymi grupami, jak naród, instytucjami, organizacjami, wartościami. Słowo „obiekt" mieści je wszystkie.

Jeśli człowiek kierowałby się tylko impulsami, to nawet drobne rozczarowanie powodowałoby natychmiastowe odrzucenie obiektu i szukanie następnego.

Są i tacy.

To prawda. Lojalność skłania jednak do przeczekania lub zaakceptowania niedoskonałości.

Dotyczy to spraw istotnych, na przykład lojalnego głosowania na tę samą partię, chociaż wielokrotnie nas rozczarowała, albo pracy w firmie, która powoli wypada z rynku i nie stwarza już żadnych perspektyw.

Bywamy też lojalni – wydawałoby się – nieracjonalnie w kwestiach nie tak ważnych. Znam rodzinę, która od trzydziestu lat jeździ na wakacje w to samo miejsce. Gospodarz nic nie zmienił od tych trzech dekad – jedna łazienka na korytarzu, pokoje takie sobie, możliwości żywienia brak. Nie inwestuje, nie jest przedsiębiorczy. Ta rodzina swobodnie mogłaby wybrać kwaterę o wyższym standardzie, jej status materialny przez te trzydzieści lat się zmienił, ale nie robi tego. Dlaczego? Nie chcą porzucić starzejącego się gospodarza, z którym nawiązali bliską relację. Wolą poczekać, zobaczyć, co będzie. Może córka gospodarza wróci do rodzinnego domu i zdecyduje się w końcu na jakieś zmiany.

Pewnie każdy mógłby podać przykład, gdy pozostaje lojalny wobec powiedzmy ulubionego programu telewizyjnego czy gazety, mimo że nie lubi nowej oprawy graficznej.

Nielojalny widz od razu przerzuci się na coś innego.

A lojalny daje szansę. Przygląda się, czy mimo tych zmian to, co wartościowe, się w tym programie ostało.

W bliskich relacjach ludzie też obserwują, wspierają, zamiast zrywać, kiedy tylko coś pójdzie nie po ich myśli. Czasami nazywamy to miłością, ale niekiedy lojalność jest lepszym wytłumaczeniem.

Powiedzmy, że zaniedbujący żonę człowiek sukcesu nagle traci pracę. Nie znajduje nowej przez miesiąc, pół roku, rok. Żona go nie opuszcza, kibicuje mu, wspiera, trwa przy nim, mimo że wcześniej odsunęli się od siebie. A przecież gdyby nie lojalność, mogłaby na to spojrzeć chłodnym okiem i z powodzeniem poszukać kogoś innego – jest młoda, atrakcyjna, ma dobrą pracę. Pytanie oczywiście, co będzie, jeśli on przestanie aktywnie szukać pracy i po dziesięciu latach nadal będzie bezrobotny.

No właśnie, są chyba jakieś granice lojalności?

Z pewnością. Ale kiedy jest ten moment, gdy mogę uznać, że moja „inwestycja" w drugiego człowieka przynosi zbyt duże straty? I jedyne, co z niej mam, to ból i rozczarowanie?

Lojalność wymaga też tego, żeby zamiast czekać, aż się samo naprawi albo druga strona coś zaproponuje, samemu próbować coś zmienić. Więc zamiast spakować siebie lub jego, warto dać szansę, na przykład powiedzieć: „Słuchaj, ja nie wytrzymuję takiego życia. Zobacz, co się dzieje między nami. Od roku jesteś kompletnie wycofany, zamknięty. Na wszystko masz jedną odpowiedź: »urwanie głowy w pracy«. Zróbmy coś!".

Mąż albo się ocknie, albo nie, ale takie postawienie sprawy jest wyrazem lojalności. I jeśli po kolejnych próbach nic się nie zmieni i zdecydujemy się odejść, to jednak lojalnie podjęliśmy próbę.

Ludzie często jednak wolą zerwać bez słowa wyjaśnienia, zamiast naprawiać. Może częściej to widać w przyjaźni. „Tak jakoś się rozeszło" – mówimy.

Wycofanie się jest bardzo częstym mechanizmem obronnym. Wydaje się łatwiejsze niż próba zmiany czy nawet rozmowy na ten temat. A przecież niekoniecznie, kiedy robi się trudno, trzeba się od razu umawiać na tak zwaną poważną rozmowę – to wielu przerasta. Czasem wystarczy coś powiedzieć mimochodem. Na przykład najbliższa przyjaciółka dzwoni tylko wtedy, kiedy ma kłopot, zarzuca nas swoimi problemami, a kiedy chcemy opowiedzieć o czymś dla nas ważnym, mówi, że musi kończyć – bo mąż wrócił, dziecko płacze. To się powtarza. Może to jest wyjątkowo trudny dla przyjaciółki czas, w którym jest w stanie mówić tylko o sobie i ewentualnie przyjmować życzliwe komentarze, a krytyczne odrzucać, ale w obliczu tego, co ją spotkało, ta reakcja jest zrozumiała? Może nasza relacja ma tak duży, zbudowany latami kapitał, że szybko się nie wyczerpie? A może właśnie wystarczy napomknąć: „Słuchaj, ostatnio jest tak, że jak ja chcę ci o czymś powiedzieć, to ty nigdy nie masz czasu", i zobaczyć, co się wydarzy.

Może się okazać, że coś się w tej przyjaźni zmieniło nieodwracalnie.

Może ta przyjaźń zawsze na tym polegała, tylko teraz coś nam otworzyło oczy. Na przykład nasze własne cierpienie i potrzeba bycia wysłuchanym.

Co wtedy?

Relacje nie są sztywne – może da się ją zmodyfikować? A jeśli nie, to trzeba rozważyć, czego chcemy. Tu powraca kwestia naszej granicy. Zresztą rozstać się można też lojalnie i nielojalnie, co widać na przykładzie rozwodzących się par. Jedni robią to z szacunkiem, inni powiadamiają cały świat o szczegółach rozstania, włącznie z seksualnymi preferencjami partnera czy drażliwymi kwestiami finansowymi. Tak jakby rozstanie zwalniało od lojalności.

Czy opowiadanie o związku poza nim to zawsze przejaw braku lojalności?

Powiedziałabym tak: dobrym sposobem oceny jest spojrzenie z perspektywy osoby, wobec której chcemy być lojalni. Czy mój mąż chciałby, żebym o naszych problemach informowała przyjaciółkę? A kolegę z pracy? Czy mój przyjaciel chciałby, żebym poszedł do wspólnego szefa i rozmawiał o jego aktualnych kłopotach? Lojalność jest bardzo związana z zaufaniem. Brak lojalności to zaufanie narusza, czasem nieodwracalnie.

A co, kiedy lojalność jest ceną, którą musimy zapłacić za to, żeby się nie rozpaść? Przecież ona nie zawsze jest szlachetna, prawda?

Bywa ślepa, irracjonalna i niszcząca dla nas samych.

Myślę teraz o „Mojej walce" norweskiego pisarza Karla Ovego Knausgårda. To autobiograficzna powieść w sześciu tomach. W trzecim tomie, poświęconym dzieciństwu i rodzicom, autor przedstawia ojca jako tyrana i przemocowca, a matkę wybiela, mimo że jest ona świadkiem tej agresji i nie reaguje na nią. Zastanawiam się, na ile taka lojalność dziecka wobec przynajmniej jednego z rodziców pełni funkcję ochronną. Wyobrażam sobie, że sytuacja, w której dziecko oboje rodziców uzna za „tych złych", byłaby nie do zniesienia.

Prawdopodobnie kiedy autor był dzieckiem, żadnego z rodziców nie uznawał za „złego". Był lojalny wobec obojga.

Jak to?

Dziecko nie wybiera sobie rodziców. Ma takich, jacy się trafili, i musi sobie z tym wewnętrznie poradzić. Jeśli przeżywałoby rodziców jako okrutnych, obojętnych czy odrzucających, to by nie przetrwało. Miałoby poczucie, że, jak to nazwał wybitny szkocki psychoterapeuta Ronald Fairbairn, żyje w świecie rządzonym przez szatana. A dziecko woli żyć w świecie rządzonym przez Boga. Wobec tego przyjmuje, że rodzice może czasami źle się zachowują, ale tak w ogóle to są dobrzy.

A zachowują się źle, bo?
Bo to przez dziecko: zrobiło coś nie tak albo w ogóle jest jakieś wybrakowane.

W książce Knausgårda ten wątek powraca – bohater czuje, że jest dla ojca rozczarowaniem.
W „trudnych" rodzinach dzieci najczęściej biorą winę na siebie i są niezwykle lojalne wobec rodziców. Paradoksalnie znacznie łatwiej buntują się przeciwko rodzicom dzieci wychowane w tak zwanych wystarczająco dobrych rodzinach.

Co by było, gdyby dziecko dopuściło do siebie myśl, że to rodzic jednak jest zły?
Straciłoby minimum poczucia bezpieczeństwa, które ma, jak również poczucie wpływu. A tak przynajmniej może myśleć: „Jak będę grzeczny, to mnie ojciec nie zbije" albo „Jak zacznę się lepiej uczyć, to matka przestanie pić".
Wiara w to, że rodzice w gruncie rzeczy są dobrzy i robią, co mogą, pozwala mieć nadzieję, że to się kiedyś zmieni.

Karlowi Ovemu Knausgårdowi udało się uwolnić w dorosłym życiu z obowiązku ślepej lojalności przynajmniej wobec ojca...
Ale w gabinecie spotykam mnóstwo ludzi, którym to się nie udało. Kiedy pada standardowe pytanie we wstępnej rozmowie: czy może pan coś opowiedzieć o rodzinie, z której pan pochodzi, odpowiedź często jest taka: „Dzieciństwo miałem zwyczajne, jak każdy. Nic tam szczególnego nie było". Gdy się uda nakłonić taką osobę do opowiedzenia więcej, okazuje się, że w tym „zwyczajnym dzieciństwie, jak u każdego" pacjent był na przykład regularnie katowany przez starszego brata za milczącym przyzwoleniem rodziców.

Ślepa lojalność każe to jakoś wyjaśnić, więc dalszy ciąg może być taki: „No, ale wiadomo, że między rodzeństwem różnie bywa. Rodzice chcieli, żebym się zahartował". Często pacjenci, kiedy zaczynają już opowiadać o swoich rodzinach, czują się przytłoczeni winą. Przychodzą na kolejną sesję i mówią: „Ja już nie chcę więcej rozmawiać o rodzicach. To jest nielojalne wobec nich". Wtedy właśnie używają tego słowa. Działa wewnętrzna cenzura: „Ja mogę dopuścić myśl, że w moim domu działo się coś złego czy bolesnego, ale nikomu o tym ani słowa". W tym przypadku lojalność oznacza, że problemów nie wynosi się na zewnątrz, a o rodzicach nigdy nie wolno powiedzieć czegokolwiek, co postawiłoby ich w złym świetle.

Czego takie dorosłe już dziecko się boi? Że jak się zachowa nielojalnie wobec rodziców, którzy je niszczyli, to co się wydarzy?

Wyobraźmy sobie dziewczynę, którą ojciec poniżał od jej okresu dojrzewania. Mówił: „Ale z ciebie grubas. Kto cię tam będzie chciał", i klepał ją po pośladkach. Ona czuła się poniżona, nie miała się do kogo zwrócić, bo matka była zajęta bratem, a brat zwykle przyłączał się do ojca. Ta dziewczyna ma dziś trzydzieści lat, jest sama i dwa razy do roku regularnie jeździ do swojej rodziny na święta, gdzie przeżywa wciąż to samo upokorzenie: „No i widzisz, nikt cię z tą dupą nie chciał".

Gdyby ją zapytać, dlaczego daje się tak traktować, pewnie powie: „Bo to są moi rodzice", „Takie rzeczy się zdarzają", „Przecież nic strasznego się nie stało, żyję, studia skończyłam".

Jeśli nic się nie stało, to dlaczego chodzi na terapię?

„Jakbym była silniejsza, to bym nie musiała na tę terapię chodzić. Po prostu za słaba jestem, mięczak taki ze mnie, galareta".

Często słyszę od pacjentów z podobnymi doświadczeniami: „Bo ja się nad sobą użalam", „Co to w ogóle za problemy są?". Dorosła kobieta, która była gwałcona przez ojca od szóstego roku życia przy milczącej aprobacie matki, mówi: „No, ale teraz rodzice są zupełnie inni. To są starzy, schorowani ludzie. Ojciec ma raka. Przecież ja ich nie mogę na starość zostawić".

Niestety przyczynia się do tego jeden z nurtów pop psychologii – skłanianie ludzi do przedwczesnego wybaczenia, pisania do rodziców-krzywdzicieli listów po latach, zrozumienia powodów, dla których rodzice tak robili... To wszystko utrudnia uznanie własnego cierpienia i doznanej krzywdy.

Siła ślepej lojalności jest taka ogromna, że zawsze się znajdzie argument, który ją uzasadni. Ten, że rodzice są starzy i chorzy, pojawia się zresztą bardzo często, bo to na ogół prawda, tyle że najważniejsza sprawa pozostaje niezałatwiona.

Nadal nie mogę pojąć dlaczego.

Bo to poczucie więzi i przynależności jest tak silne, że ludziom wydaje się, że jak je zerwą albo osłabią, to tego nie przeżyją, nie tylko zostaną samotni, ale ich wewnętrzny świat będzie całkowicie spustoszony.

Miałam niedawno 70-letnią pacjentkę, która przyszła do mnie w panice i napięciu po śmierci przeszło 90-letniej matki. Pacjentka podporządkowała jej całe swoje życie. Nie miała nic własnego – związku, dzieci. Pracowała też w firmie matki. Kiedy matki zabrakło, nie wiedziała, kim jest i co ze sobą począć.

To jest skrajny przykład czegoś, co istnieje w słabszej formie dość często – że jesteśmy na kogoś skazani i nie umiemy postawić granic, a często w ogóle nie możemy dostrzec złych stron najbliższych, nawet już będąc dorosłymi.

Nie widzimy czy dalej się oszukujemy?

Ludzie wychowani w rodzinach, które je ranią czy frustrują, nie tolerują wieloznaczności. Nie są w stanie znieść, że rodzic może być jednocześnie i dobry, i zły. Ponieważ tego dobrego jest niewiele, boją się, że zło przeważy, więc mentalnie oddzielają dobro od zła i cały czas tylko do tego dobrego się odnoszą, jakkolwiek byłoby ono niewielkie, na przykład „dawał mi jeść", „czasami bawiła się ze mną". „Zło" albo głęboko wypierają, albo obwiniają o nie siebie.

Jak takie osoby potem wchodzą w relacje?

Często nie są w stanie postrzegać rzeczywistości w sposób złożony. Na przykład wiążą się z kimś, nie dostrzegając w ogóle jego negatywnych cech. Później bywa różnie. Albo taka osoba nie widzi tego bardzo długo i pozostaje w związku z kimś, kto krzywdzi ją i dzieci. Albo przeciwnie. Kiedy tylko dostrzeże jakąś „skazę" w bliskim człowieku, natychmiast go odrzuca – nie potrafi uznać, że ukochany człowiek ma również jakieś wady, bo one niszczą wszystko, co było wartościowe. I kiedy nastąpi spadek z idealizacji do dewaluacji, to jest już nie do naprawienia. Mimo że ten bliski niczego takiego nie zrobił – tylko na przykład nie mógł się spotkać wtedy, kiedy sobie tego życzyliśmy.

I z tego powodu jest w stanie zerwać relację?
Tak. Coś nie jest idealne, więc trzeba odejść. Lojalność jest im obca właśnie dlatego, że ich możliwość znoszenia wieloznaczności jest żadna. Wystarczy, że ktoś zawiedzie w bardzo drobnej sprawie, wtedy się go skreśla i szuka innego. Tylko że każdy człowiek w jakimś momencie okaże się zawodny – będzie miał swoje sprawy, swoje obowiązki, nie będzie stuprocentowo dyspozycyjny, coś w nas skrytykuje.

A co, kiedy nasze „lojalności" się wykluczają? Na przykład idą święta. Rodzice zapraszają. Lojalność wobec nich oznacza, że trzeba się tam pojawić, ale co zrobić, jeśli żona się w ich domu nie odnajduje? Co z lojalnością wobec niej?
Oczywiście nie ma ogólnej odpowiedzi. Często jedna z tych lojalności jest ślepa, wymuszona. Bo co to znaczy, że żona się „nie odnajduje"? Rodzice na przykład mówią: „Twoja żona jest beznadziejna, po co w ogóle się z nią żeniłeś, na mieszkanie poleciała, jak przyjeżdżacie, to od razu widać, jaka to gęś", i wymagają „lojalnego" uczestniczenia w uroczystościach rodzinnych.

Oczywiście, że jak się jest ślepo lojalnym wobec rodziców, to powiedzenie: „Słuchajcie, ja ją wybrałem i będę z nią do was przyjeżdżał. Ale jeśli nie będziecie wobec niej zachowywać się przyzwoicie, to przestanę", nie jest proste.

Na pewno też nie warto po pierwszej wspólnej Wigilii, na której żona usłyszy uszczypliwe uwagi, trzaskać drzwiami, mówiąc: „To cześć, nasza noga tu więcej nie postanie".

Jeśli jednak z drugiej strony nie ma żadnej zmiany, tylko trwanie przy swoim – „ale my przecież mówimy o niej samą prawdę – że niedouczona prostaczka bez poczucia humoru" – to w zasadzie można uznać konflikt lojalności za rozwiązany.

Natomiast jeśli to, że „żona się nie odnajduje", oznacza na przykład, że chce palić, a dom rodziców jest tradycyjnie niepalący, albo że czuje się gorsza od drugiej synowej, to lojalność wobec niej raczej nie wymusza rezygnacji ze wspólnych świąt – chyba że byłaby to wspomniana „ślepa" lojalność.

Profesor Maria Szyszkowska tak mówi o lojalności: „To nieczęsto spotykana współcześnie w Polsce postawa uczciwości wobec drugiego człowieka. Wyraził ją syntetycznie Kant, nakazując, by traktować drugiego człowieka jako cel sam w sobie, a nigdy jako środek do celu, nawet najbardziej wzniosłego".

Tak sformułowana definicja lojalności ustawia poprzeczkę bardzo wysoko, bo ilu znamy ludzi, którzy ZAWSZE i KAŻDEGO będą traktować jako cel, a nie środek? I czy rzeczywiście to jedynie dzisiaj rzadko spotykana postawa, czy może było tak zawsze?

Polska od lat znajduje się na dalekim miejscu, jeśli chodzi o poziom zaufania społecznego, a zaufanie społeczne ma ścisły związek z poczuciem lojalności. Jeżeli postrzegamy innych jako tych, którym nie można ufać, to ufamy tylko tym, którzy są najbliżej – rodzinie albo bezpośredniej grupie odniesienia – ale sąsiadowi, pani w sklepie, nauczycielce dziecka już nie, nie wierzymy w ich lojalność wobec nas. Ciężko w takich warunkach zaangażować się społecznie w obronie jakiegoś ważnego celu – bo jaką mamy gwarancję, że inni pójdą z nami, kiedy postrzegamy ich jako potencjalnie nielojalnych?

Może dlatego, jeśli nie ufamy ludziom tak w ogóle, tym większe zaufanie mamy do „swoich" – którzy wierzą w to, co my, wyznają takie same wartości? To by też może trochę tłumaczyło sukces partii, jaką jest PiS?

PiS to przykład grupy, która daje kojący jednoznaczny przekaz – to jest dobre, to złe, ten jest nasz, ten nie nasz. Jeśli jesteś „nasz", to jesteś w porządku – nieważne, że byłeś przedtem w PZPR czy prowadziłeś po pijanemu, bo oddaniem dla nas odkupiłeś swoje winy. Ale jeśli jesteś „nie nasz", to twoje zasługi są bez znaczenia, a nawet pogarszają twoją pozycję – oddałeś je w służbie złej, bo nie „naszej", sprawie, a twoje kompetencje są wątpliwe – jesteś naiwny i zaślepiony. Przynależność do grupy o tak prostych wytycznych daje poczucie bezpieczeństwa.

Jak zauważył Fromm w „Ucieczce od wolności", wolność jest trudna do zniesienia dla wielu ludzi. To z tego powodu uciekają w totalitaryzm. Przestają być pascalowską „trzciną myślącą", czyli „niczym wobec wieczności i wszechświata" – są w grupie. Totalitaryzm wymaga ślepej lojalności, ale w zamian oferuje psychologiczne bezpieczeństwo.

Z lojalnością w takim kontekście społecznym jest jednak kłopot definicyjny.

Jaki?
Pytanie, kto ją ocenia.

Weźmy na przykład Snowdena i spowodowane przez niego przecieki. Czy on był lojalny? A jeżeli tak, to wobec kogo? Wobec swojego pracodawcy, czyli NSA, był skrajnie nielojalny, ale mógł sądzić, że jest lojalny wobec ludzkości.

Tak właśnie sądził.
Wygląda na to, że ujawnienie przez niego inwigilacji amerykańskiego rządu ułatwiło działanie terrorystom, więc odpowiedź na pytanie o lojalność Snowdena wobec ludzkości już nie jest oczywista.

Podzielę się osobistym doświadczeniem. Zarzucono mi kiedyś nielojalność wobec kobiet. Powiedziałam gdzieś, że żyjemy obecnie w okresie przejściowym, w którym kobiety oczekują od mężczyzn, żeby pełnili funkcje tradycyjnie kobiece (karmienie, przewijanie niemowląt, gotowanie, sprzątanie itd.), a przy tym byli ciepli i uczuciowi, natomiast w dalszym ciągu zwracają się do mężczyzn na przykład w sprawie zmiany opon, naprawy kranu, większych zarobków czy obrony przed zagrożeniem. W rezultacie wielu mężczyzn czuje się zdezorientowanych i słabo to znosi. Według niektórych polemistek wykazałam się skrajną niesolidarnością. Nie dlatego, że napisałam nieprawdę – tego mi nie zarzucano – tylko dlatego, że zaszkodziłam „sprawie kobiecej".

Na czym dokładnie polegała ta sprawa?

Na tym, że teraz wyzwalamy się z tradycyjnych ról przypisanych płci i trzeba to wspierać. Zauważając głośno, że owszem, ale nie do końca, zachowałam się według niektórych właśnie nielojalnie. Ich specyficzne rozumienie lojalności polegało na tym, że powinno się zbyć milczeniem kwestie niekorzystne dla grupy, którą się reprezentuje.

Mnie się to myślenie wydaje dość powszechne. „Co złego, to nie my". Co pani myśli dziś o tamtych zarzutach?

To samo, co wtedy, czyli że lojalność to nie powód, by pomijać niewygodną prawdę. Jak to było u Norwida? „Czy ten ptak kala gniazdo, co je kala, czy ten, co mówić o tym nie dozwala?".

Czego nas uczą relacje w rodzeństwie?

Splątane więzy

Rozmowa z **EWĄ CHALIMONIUK**

To w rodzeństwie uczymy się walczyć, godzić, przyjmować cudzą perspektywę, rezygnować ze swojej, szanować inność. Ono wpływa, jak układamy sobie relacje z ludźmi.

Większą szansę na udaną rodzinę mają ci, którzy mówią wprost, co czują, co myślą, dają innym przestrzeń na różne uczucia, nie tylko te pozytywne, i zadają pytania, np. „No dobrze, a dlaczego ty mnie nienawidzisz? Co takiego zrobiłam? Pogadajmy!".

Zaprzeczanie negatywnym uczuciom, stwierdzenia rodziców typu „Nieprawda, że go nie kochasz, to twój brat, przeproś!" mogą prowadzić do tego, że rodzeństwo w dorosłości będzie się unikać albo będzie sobie wrogie.

Amerykański fotograf Nicholas Nixon przez czterdzieści lat co roku robił jedno zdjęcie żonie i jej trzem siostrom. Na kilku pierwszych fotografiach, gdy siostry mają naście i dwadzieścia kilka lat, widać między nimi napięcie – niektóre pozują zwrócone bokiem do siebie, krzyżują ręce, mają ponure miny. Na tych z ostatnich lat, kiedy są już po sześćdziesiątce, jest między nimi czułość – przytulają się, zwracają ku sobie. Nie znam historii ich relacji, ale samo to, że co roku uczestniczą w tym projekcie, o czymś świadczy. To nie są fotografie typu „z rodziną najlepiej na zdjęciach"...

Nie widziałam tego projektu, ale ta obserwacja pokrywa się i z badaniami, i z moim doświadczeniem terapeutycznym, z których wynika, że kiedy jesteśmy dziećmi, rodzeństwo służy nam między innymi do uczenia się, jak być w relacji z innymi ludźmi, ale tak naprawdę najbardziej potrzebujemy go dopiero po trzydziestym, czterdziestym roku życia. Właściwie dopiero wtedy, albo i później, mamy największą szansę przeformułować te relacje, jeśli wcześniej nie były zbyt dobre. Zwłaszcza jeśli potraciliśmy ważne dla nas osoby – rodziców, małżonków, dzieci, przyjaciół – bo wtedy silniej konfrontujemy się z przemijaniem i pojawia się tęsknota za bliskością z kimś, kto nas zna od początku. Z kim mamy wspólną historię.

I z kim można powspominać, jak to było naprawdę?

To jest możliwe pod jednym warunkiem: jeśli każde z rodzeństwa będzie w stanie przyjąć opowieść brata czy siostry o tym, jak to jego zdaniem „było naprawdę". I zaciekawi się nią, zamiast bronić swojej prawdy na ten temat. Takie otwarcie zbliża i wzbogaca, bo wtedy możemy spojrzeć na rodzinę, ale też na siebie, innymi oczami. Dowiedzieć się na przykład, że nasza mama nas tuliła, a ojciec nosił na barana, chociaż my tego nie pamiętamy, albo że bywaliśmy złośliwi czy zazdrośni.

Czasem jednak ktoś nie chce dopuścić innej opowieści niż własna.

Bywa, że któreś z rodzeństwa jest zafiksowane na swojej wersji, bo ona pomaga mu/jej w jakiś sposób, dobry bądź nie, iść przez życie i mieć względnie przyzwoite mniemanie o sobie. Może być też tak, że rodzeństwo jest przesiąknięte narracją rodziców, ponieważ oni nadal są dla nich bardzo ważnymi postaciami, i kwestionowanie ich wersji byłoby nie do zniesienia. Wszyscy nosimy w sobie mnóstwo projekcji i zaprzeczeń, zwłaszcza jeśli coś było dla nas trudne, bolesne, i często nie chcemy usłyszeć tego, co by nam o tym bólu przypomniało. Ale żadne z dzieci, nawet w najbardziej kochającej się rodzinie, nie ma identycznego doświadczenia tej rodziny.

Jak to rozumieć?

Dzieci rodzą się na różnych etapach życia rodziny. Inna jest rodzina z jedynakiem, inna, kiedy jest brat czy siostra, a jeszcze inna, kiedy dziecko rodzi się w wielodzietnej rodzinie, na przykład w dużym odstępie czasu. Wtedy tak naprawdę chowa się jak jedynak, a jego rodzeństwo pełni raczej funkcje rodzicielskie. Podobnie jest z dzieckiem, które ma więcej niż sześć-siedem lat i dopiero wtedy rodzi mu się siostra czy brat. Ono też ma często cechy jedynaka, bo osobowość, w tym zdolności interpersonalne, kształtuje się przez pierwsze sześć-siedem lat życia. A jeśli taki „jedynak" był oczkiem w głowie całej rodziny i nie nauczył się konfrontować z odmową, to do końca życia może się nie pogodzić ze stratą związaną z pojawieniem się rodzeństwa.

Ważna też jest relacja między rodzicami. Czy dziecko pojawia się, kiedy są w sobie zakochani, czy kiedy walczą o władzę, czy dlatego, że jedno z nich chce w ten sposób zażegnać kryzys w związku. Ważna jest płeć – bo mimo iż wielu rodziców deklaruje podejście równościowe, to różnice w traktowaniu córek i synów są często silniejsze od chęci. Ważne jest, jaką historię swoich rodzin wnoszą do związku rodzice. Jakie były ich relacje z rodzicami, z rodzeństwem i jak w wyniku tego odnoszą się do swoich dzieci. To wszystko sprawia, że te dziecięce narracje mogą być różne. Pewne jest natomiast to, że kolejność narodzin jest istotna.

Pierwsze jakie jest?

Przy pierwszym rodzice chcą udowodnić, że podołali tej roli, więc często bardzo się na nim skupiają, czasem ograniczając jego spontaniczny rozwój. Do tego dochodzą świadome lub nieświadome oczekiwania, by było najlepsze, najmądrzejsze, najpiękniejsze. I pierwsze dziecko najbardziej czuje, że powinno tym oczekiwaniom sprostać. Najmocniej też się z rodzicami identyfikuje, co widać po tym, jak traktuje młodsze rodzeństwo, często bezrefleksyjnie powielając „metody wychowawcze" rodziców. Z reguły ma więcej cech przywódczych niż kolejne dzieci i dba o to, żeby coś osiągnąć. Bywa, że jest nadobowiązkowe i nadodpowiedzialne. Większość najstarszych dzieci wchodzi w tę rolę, chyba że z różnych powodów nie jest w stanie, na przykład jest chore, wtedy kolejne dziecko będzie się starało wypełnić to miejsce.

Co się dzieje, kiedy w życiu najstarszego pojawia się brat lub siostra?

Przeżywa to, że „zostało zrzucone z piedestału", bo przez jakiś czas było tym jedynym, tym ukochanym dzieckiem. Chociaż jako jedyne z dzieci nie musi walczyć o swoje miejsce. Ma to miejsce nadane – jest pierworodne. Każde następne musi swoją pozycję wywalczyć.

W odniesieniu do rodzeństwa często mówi się o rywalizacji. Czasem jest ona wzmacniana przez rodziców, o czym powiem później, ale przede wszystkim wynika ze struktury rodziny. Każde kolejne dziecko musi jakoś określić swoją pozycję w tym, co zastaje.

Środkowe?

Przy nim rodzice mają już doświadczenie, więc zwykle zostawiają mu więcej luzu, mają mniej oczekiwań, ale ono samo może się czuć mniej ważne. Często ma kompleks, że choćby się bardzo starało, to i tak nie dorówna starszemu bratu lub siostrze. Każdy chce być wyjątkowy i uznany, więc jeśli rola „idealnego" dziecka jest już zajęta przez najstarsze, to zdarza się, że środkowe może chcieć inaczej się wyróżnić i na przykład wybiera bycie dzieckiem „problematycznym".

Na ile ten wybór jest świadomy?

To nie jest tak naprawdę wybór, to się dzieje nieświadomie. Zdarza się też, że jeśli środkowe dziecko okaże się zdolniejsze, „grzeczniejsze" od starszego, to może zacząć z nim ostro rywalizować, walcząc o pozycję „pierwszego".

Czytałam, że te środkowe dzieci bywają dobrymi mediatorami.

Bo często muszą się „układać" ze starszym i młodszym rodzeństwem, a czasem mediować między nimi, mają zwykle więcej empatii i lepsze zdolności komunikacyjne.

Najmłodsze dziecko ma z reguły przypisaną rolę „maskotki". Dostaje mnóstwo uwagi i zainteresowania i od rodziców, i od rodzeństwa. W efekcie często wchodzi w życie z poczuciem, że jak czegoś chce, to to dostanie. Gdy straci pracę, to rodzeństwo wesprze je finansowo. Jak będzie potrzebna opieka do jego/jej dzieci, to dziadkowie się zajmą, itd.

Ma poczucie, że to mu się należy?

Że niespecjalnie musi się o to starać. Robiłam kiedyś warsztat o rodzeństwie dla studentek i te kobiety, które były najmłodsze w wielodzietnych rodzinach, wszystkie miały poczucie, że chcieć znaczy dostać. Nie rozumiały koleżanek, które mówiły, że może być inaczej. Nie wyobrażały sobie na przykład, że nie będą miały faceta – i wszystkie były w związkach! Te najmłodsze dzieci często też odpuszczają wyścig o sukces. Im wystarczy, że są. Nie muszą nic udowadniać, więc jak brat zostaje profesorem, a siostra lekarzem, to ta najmłodsza może być na przykład fryzjerką i będzie się z tym czuła dobrze.

Te cechy wynikające z kolejności urodzeń zawsze się sprawdzają?

To nie jest reguła, ale często tak. Tę hierarchię wywracają ważne zdarzenia w rodzinie, na przykład śmierć albo choroba jednego z rodziców. Wojna. Traumatyczne doświadczenia. Jeśli na przykład najstarsze dziecko nie jest pierwszym, bo przedtem jedno zostało poronione albo zmarło, to może wtedy wejść w życie z bagażem nie swoich oczekiwań i z nieświadomym żalem rodziców, że jednak nie jest tym, które zmarło.

Jaką jeszcze rolę odgrywa rodzeństwo w kształtowaniu naszej tożsamości?
Wpływa na to, jak układamy sobie relacje z ludźmi. To w rodzeństwie uczymy się walczyć, godzić, przyjmować cudzą perspektywę, rezygnować ze swojej, szanować inność.

A jeśli ta relacja jest trudna? Jeśli na przykład jest rywalizacyjna? Jak to się może przekładać na przyszłe relacje?
Dam przykład pacjentki, która zawsze musiała ustępować niewiele młodszemu bratu, bo – jak tłumaczyli rodzice – jest nerwowy i ma trudny charakter. Dzisiaj ona już wie, że urodziła się po to, aby jej rodzice mogli być ze sobą, bo rodzina ojca nie wyrażała na to zgody. Ona była po to, by do tego małżeństwa doszło. Dopiero jej brat mógł być dzieckiem w tej rodzinie. I był. Całkowicie absorbując matkę, która już nie miała miejsca dla pierworodnej. Kiedy między rodzeństwem były konflikty, starszej nikt nie wspierał, a brat dostawał, co chciał. Gdy dziewczynka dorosła, „psuła" relacje z innymi, bo z góry była uprzedzona, że będą chcieli jej coś zabrać.

Tak jak młodszy brat zabierał jej mamę?
Albo zabawki.

Mówiła pani, że płeć ma znaczenie. Często słyszę od kobiet, które miały braci, że czuły się mniej ważne dla matek. I że wciąż nie mogą tego przeboleć.
To wynika z kultury. W niektórych rodzinach, szczególnie tych tradycyjnych, chłopiec ma większą wartość – jest kimś, kto przenosi nazwisko, czyli nadaje ciągłość rodzinie. W czasach, kiedy kobiety nie zarabiały, w razie nieobecności ojca mógł go zastąpić, zarobić na dom. W związku z tym miał większe prawa – mógł rozrabiać, lenić się, grymasić, a kobiety, także jego siostry, miały go obsługiwać. Lepsze traktowanie syna przez matkę często wynika

z jej nieświadomego przekonania, że dopiero jak urodzi mężowi chłopca, to go zaspokoi, mimo że jemu jest wszystko jedno.

To gorsze traktowanie córek nie wynika też z tego, że matki wyżej stawiają im poprzeczkę?
Bo sobie też ją wyżej stawiają. Tak też bywa. Może być i tak, że matka miała starszych braci, którzy nosili ją na rękach, więc idealizuje chłopców, lepiej się z nimi dogaduje, a z córką jej trudniej, bo na przykład do tego rywalizowała z matką. Ale może być tak, że ta kobieta była w domu niezauważana, nieszanowana, bo wszyscy się zachwycali jej bratem, więc kiedy rodzi córkę, chce jej tej „niewidzialności" oszczędzić. Faworyzuje ją, niczego od niej nie wymaga, a w efekcie dziewczynka staje się nieodpowiedzialna. Podobnie z ojcem. Jeden będzie chronił córkę, bo z rodziny wyniósł przekonanie, że „mężczyzna stoi na straży cnoty i bezpieczeństwa kobiety", drugi będzie córkę rozpieszczał, a syna musztrował, bo „mężczyzna musi być twardy". Te układanki są bardzo skomplikowane, więc każdą rodzinę należy oglądać osobno.

Mówi pani, że rywalizacja to nieodłączny element bratersko-siostrzanej relacji. Jak powinni się zachować rodzice, żeby nie szkodzić?
Powinni przyjąć opowieść każdego z dzieci – jego krzywdę, poczucie niesprawiedliwości. Jeśli będą w stanie usłyszeć i uznać, że „on mi zabiera zabawki", „on mnie bije" czy „ona mi przeszkadza", jeśli zamiast zamykać dziecku usta, bagatelizować to, co czuje, albo rozgrywać to do swoich celów, będą umieli powiedzieć: „Ja cię wysłucham", „Współczuję ci", „Rozumiem, że masz go dość" – to w ten sposób będą wzmacniać więzi między rodzeństwem. Bo gdy ta krzywda zostanie przyjęta, a nie spacyfikowana, można usiąść, porozmawiać o tym, co się stało, poszukać rozwiązania. Dzięki temu dzieci uczą się patrzeć na daną sytuację także z cudzej perspektywy i nie zasklepiają się w poczuciu krzywdy.

A jeśli ta krzywda nie zostanie przyjęta?
Jeśli rodzice ją podsycają lub uznają na przykład, że młodsze dziecko ma prawo się skarżyć, a to starsze musi to zrozumieć i we wszystkim ustępować, albo będą mieć jedną odpowiedź na

wszystko: „Nie przesadzaj!", to spowodują, że rodzeństwo nie będzie miało możliwości się ze sobą ułożyć. A negatywne uczucia – niezrozumienia, niesprawiedliwego traktowania – będą w pierwszej kolejności adresować do brata czy siostry. Dopiero dużo później – i też nie zawsze – do rodziców. Bo małe dziecko za wszelką cenę chce rodziców chronić.

Kolejna sprawa to ocenianie i porównywanie: „Zobacz, jak siostra się dobrze uczy. A ty? Same kłopoty", „Spójrz, jak ona pięknie maluje. A ty?". Jeśli rodzice nie widzą indywidualności dziecka, tylko stosują takie metody wychowawcze do motywowania dzieci, wyrządzają im krzywdę, a na pewno nie pomagają w budowaniu dobrych relacji między dziećmi.

Wielu rodziców tym „ustąp mu" albo „daj mu spokój" chce uciąć konflikt, bo te kłótnie są męczące.

Bo to wymaga dojrzałości i czasu, a wielu rodzicom brakuje i jednego, i drugiego. Są też rodzice, którzy uważają, że takiej walki o ważność, o pozycję w rodzinie ma nie być i już. Wolą żyć w iluzji, że dzieci mają się tylko kochać i dogadywać. A przecież natura wyposażyła nas w umiejętność przetrwania – walczymy i/lub adaptujemy się do środowiska, więc ta walka między rodzeństwem jest czymś naturalnym.

Może rodzice, gdy słyszą, jak syn woła do siostry: „Nienawidzę cię!" albo „Jesteś moim największym wrogiem!", czują się zranieni, bo uznają, że się nie sprawdzili? Dlatego pacyfikują konflikt.

Może. A może się boją, że to, co usłyszeli, to prawda objawiona i że siostra czy brat naprawdę nienawidzą rodzeństwa? I że nie mówią tak tylko w tym konfliktowym momencie? Takie lęki zwykle przeżywają ci rodzice, którzy mają w głowie, że rodzina powinna być zgodna, wszystko ma być cacy, w związku z tym nie można się różnić, złościć czy w inny sposób odbiegać od wyobrażenia idealnej rodziny.

Bo to świadczy o nich?

Bo to świadczy o tym, że jesteśmy dobrą rodziną. Ale sądzę, że większą szansę na udaną rodzinę mają ci, którzy mówią wprost, co czują, co myślą, dają innym przestrzeń na różne uczucia, nie tylko te pozytywne, i zadają pytania, na przykład: „No dobrze, a dlaczego ty mnie nienawidzisz? Co takiego zrobiłam? Pogadajmy!". Negowanie tych uczuć, stwierdzenia rodziców typu „Nieprawda, że go nie kochasz, to twój brat, przeproś!" może prowadzić jedynie do tego, że rodzeństwo w dorosłości będzie się unikać albo gorzej – będzie sobie wrogie.

Wszyscy rodzice twierdzą, że kochają dzieci tak samo. Ale jak to właściwie jest, skoro tyle dzieci w dorosłości mówi, że czuło inaczej?

Mnie się wydaje, że wszyscy mają intencję, żeby kochać dzieci tak samo, ale to iluzja. Taka sama jak ta, że dobra rodzina to zgodna rodzina. Z każdym z dzieci mamy trochę inną relację, co wynika z tego, o czym już mówiłam. Jedno dziecko jest wymarzone, wyczekane i zaspokaja naszą ważną potrzebę, a kolejne się pojawia na przykład w trudnym zawodowo momencie i nieświadomie mamy do niego dużo pretensji. Albo przypomina nam ukochanego brata, siostrę czy mamę.

Może nam też przypominać nas samych.

No właśnie. Będzie nam do niego bliżej, jeśli ma te cechy czy zdolności, które w sobie lubimy, gorzej, jeśli ma te, którymi gardzimy, których się wstydzimy. Jeśli nie udało nam się ich w sobie zmienić, to możemy mieć potrzebę, żeby je zmienić w dziecku, nie biorąc pod uwagę tego, że ono jest już kimś innym, że wzrasta w innych warunkach.

W takich sytuacjach widzimy nie to dziecko, tylko siebie w nim?

Tak. Niewidzenie dziecka w jego złożoności i odrębności to, niestety, częsta przypadłość.

Dzieci czują, że są nierówno traktowane?

Czują. Nie rozumieją tego i wszystko biorą do siebie. Na tej podstawie, między innymi, kształtuje się ich osobowość.

Jak powinni się zachować rodzice, którzy przyznają sami przed sobą, że to nieprawda, iż kochają wszystkie dzieci tak samo?

Nie wyobrażam sobie, żeby mogli to powiedzieć otwarcie. To, co mogą zrobić, to nie negować subiektywnego doświadczenia dziecka, które mówi: „Ale ty mnie kochasz mniej". I zamiast odpowiedzieć: „Co ty mówisz, to nieprawda!", mogą powiedzieć: „Przykro mi, że tak czujesz. Bardzo się staram, ale widocznie nie wychodzi mi to tak, żebyś to czuł". To ma wtedy podwójną funkcję. Po pierwsze, dziecko ma potwierdzenie, że to, co czuje, nie jest „z kosmosu", po drugie, że matka nie mówi, że ona się stara, a dziecko tego nie docenia.

I to sprawi, że dziecko poczuje się jakoś lepiej?

Przynajmniej nikt nie robi z niego wariata! To jest kolosalna różnica.

Ale zdarzają się sytuacje, że poczucie bycia mniej kochanym jest czyjąś narracją na ten temat. Przypominam sobie pewien przykład z książki Richardsonów, psychologów, „Najstarsze, średnie, najmłodsze. Jak kolejność narodzin wpływa na twój charakter". Starszy z dwóch braci jest w roli tego odpowiedzialnego, który spełnia oczekiwania rodziców. Kiedy ma osiem lat, zostaje oddany do szkoły z internatem. Mimo że bardzo tęskni, nie skarży się. Potem jego brat zostaje oddany do tej samej szkoły, ale od razu podnosi larum, żeby go stamtąd zabrać, że nie wytrzyma. I rodzice go zabierają. Kiedy po latach dochodzi do konfrontacji starszego syna z rodzicami, podczas której on zarzuca im, że zawsze kochali młodszego brata bardziej i okazywali mu więcej troski, rodzice są zaskoczeni.

Zaskoczeni?

Bo oni zawsze uważali, że ten starszy syn jest wspaniały. Grzeczny, ułożony, nie sprawia kłopotów w przeciwieństwie do młodszego. Nie przyszło im do głowy, że tęskni i marzy o tym, żeby rodzice jego też zabrali ze szkoły, bo on nigdy o tym nawet nie pisnął!

Myślał, że to wiedzą i nic z tym nie robią?

Często jest tak, że najstarsze dziecko ma przekonanie, że rodzice wiedzą, czego ono potrzebuje. To młodsze rodzeństwo musi sobie różne rzeczy wywalczyć krzykiem, płaczem, a starsze myśli, że mama wie, bo przecież długo zgadywała, kiedy pierś mu podać, kiedy nauczyć jeść łyżeczką. W efekcie to najstarsze dziecko nie ma takiego doświadczenia, że jak czegoś chce, to musi to wykrzyczeć.

Podobnie się dzieje w rodzinach, w których jedno z dzieci jest chore. Można powiedzieć, że rodzice mniej kochają pozostałe, bo w pewnym sensie mniej się o nie troszczą, mniej poświęcają im czasu, a jeszcze bywa, że angażują je do opieki nad chorym rodzeństwem. A z drugiej strony choroba uruchamia w rodzicach, częściej w matkach, taki rodzaj lęku i troski, że trzeba być bardzo uważnym, żeby zobaczyć, czy nie robi się tego przypadkiem kosztem innych dzieci.

Zdarza się, że w rodzinie jedno dziecko pełni funkcję kozła ofiarnego. Czemu to służy?

Świadomie i z premedytacją tak się traktuje dzieci w nielicznych, bardzo zaburzonych rodzinach. Zwykle ten proces przebiega nieświadomie. Takie dziecko może służyć na przykład do tego, żeby reszta rodziny miała dobre samopoczucie. Ten „zły" jest wtedy kontenerem na te negatywne uczucia, których reszta w sobie nie toleruje i o których w tej rodzinie się nie mówi, żeby wszyscy mieli poczucie, że jest idealna.

Wszyscy poza kozłem ofiarnym...

„Bo z nim to same problemy", prawda? „On zawsze widzi dziurę w całym", „Zawsze się buntuje", „Nie może się dostosować". Rodzice od dziecka przyklejają dzieciom łatki. Nie tylko negatywne – „leń", „nieuk". Pozytywne też – „zdolna", „rozsądna". Tak jest im łatwiej, nie muszą się mierzyć ze złożonością dziecka. Dla kozła ofiarnego to etykietowanie jest szczególnie przykre i zwykle ciągnie się do dorosłości, i potem mamy „wujka nieudacznika", „ciotkę lafiryndę" albo „kuzynkę alkoholiczkę".

Zdarza się, że rodzeństwo uczestniczy w tym chórze, zamiast wyciągnąć rękę do brata czy siostry.

Bo przyjmują narrację rodziców. Nie rozumieją, dlaczego ten nastolatek czy młody dorosły zaczął pić, rzucił szkołę albo wdał się w złe towarzystwo. A zrobił tak, bo jakie miał wyjście, skoro wszyscy mu mówili, że jest czarną owcą? To działa jak samospełniająca się przepowiednia. Tylko nikt się nie zastanawia, dlaczego on takie miejsce zajął w rodzinie. A może przypominał matce lub ojcu kogoś z ich rodzin, kto był tym „złym", i musiał w tę rolę wejść?

Jest szansa, żeby kozioł ofiarny wyszedł z tej roli? Odbudował relację z rodzeństwem na nowych zasadach?
Przede wszystkim ważne jest, żeby nie przekazywał tego dalej – swoim dzieciom. Ale jak już będzie świadomy roli, którą odegrał w rodzinie, to jest szansa, że sam nie będzie się czuł z tego powodu gorszy i nie będzie uważał za gorsze swojego dziecka, które jest do niego podobne.

Może też spróbować namówić swoje dorosłe rodzeństwo na warsztat albo spotkanie u terapeuty, już bez rodziców, żeby sobie o tym opowiedzieć. Jeśli jest wola z drugiej strony.

A jeśli nie ma?
To trzeba się pogodzić ze stratą i przynajmniej na tym etapie życia uznać, że nie ma się rodzeństwa. Ale prędzej czy później to się zmieni, bo rodzina nie uniesie poczucia winy.

Jakiego poczucia winy? Przecież oni nie czują się winni.
Jeszcze nie. Ale to nie znaczy, że ono nie krąży po rodzinie i na przykład któreś z dzieci tej „idealnej" siostry czy brata nie będzie za to płacić. Istnieje duże prawdopodobieństwo, że oni będą popełniać te same błędy wobec swoich dzieci, a one w rezultacie zaczną przypominać „wujka nieudacznika" czy „ciotkę lafiryndę". I tu się pojawia miejsce na ponowne nawiązanie więzi ze „skozłowanym" bratem lub siostrą, którzy mogą pomóc w zrozumieniu, co takiego się wydarzyło, że bratanek albo siostrzenica powielają ten schemat. Jakie błędy popełnili ich rodzice.

Co, jeśli kontakt z rodzeństwem wykańcza nas emocjonalnie? Jeździć na te niedzielne obiady?
Przede wszystkim należy się przyjrzeć, dlaczego nas to wykańcza. Może dlatego, że nie jest tak, jak my byśmy chcieli? Może

denerwuje nas, że druga strona nagina nas do tego, byśmy przyjęli ich wartości, ich styl? A może damy radę się poświęcić, kiedy siostra zaprasza nas na wesele córki i mówi: „Tylko pamiętaj, bez faceta się nie pokazuj", i pojechać z kolegą, bo zależy nam na tym, żeby w tym ważnym dniu z nią być.

Bardziej chodzi mi o to, że przy okazji takiego spotkania rodzinnego odgrywany jest stary scenariusz – porównywanie, upokarzanie, wykluczanie. Przez rodziców, rodzeństwo.

To trzeba jasno zakomunikować, na przykład: „Słuchaj, siostra, chętnie bym przyjechała, bo to jest ważny dzień dla ciebie, ale nie przyjadę, bo rodzice będą upokarzać mnie lub mojego męża". Albo: „Przyjdę, ale tylko do kościoła, na weselu nie będę, bo nie chcę kolejny raz słyszeć, że jestem czarną owcą".

„Ale co ty opowiadasz, to bzdury".

„No, przykro mi, że ty tego nie widzisz, ale ja to tak przeżywam. A gdybyś kiedyś miała ochotę porozmawiać o tym, dlaczego się tak czuję albo dlaczego ty uważasz inaczej, to ja chętnie. Ale póki jesteś przekonana, że nie mam racji, to nie ma płaszczyzny do rozmowy".

Jak jeszcze rodzice mogą nieświadomie wpływać na to, że relacja między rodzeństwem się zrywa?

Założenie, że ta relacja ma trwać, jest taką samą iluzją jak to, że każda matka wszystkie dzieci kocha równo. Fajnie by było, gdyby nasi bracia czy siostry mogli się stać naszymi przyjaciółmi, ale nie zawsze tak się dzieje, nie zawsze musi. Z mojego doświadczenia wynika, że większość problemów między rodzeństwem polega na tym, że w domu rodzinnym nie rozmawiało się otwarcie o tym, co się czuje, co myśli. Rozmowy toczyły się na poziomie funkcjonowania: „Podaj sól", „Odrobiłeś lekcje?". A nie: „Co cię boli?", „Czego zazdrościsz siostrze?", „Co podziwiasz w bracie?". To prowadzi do tego, że więź jest pozorna, a nawet do tego, że dopiero po latach rodzeństwo zdaje sobie sprawę z tego, jak bardzo było ważne dla brata czy siostry.

Myślę teraz o pacjencie, który wychowywał się z młodszym bratem i siostrami. Jako najstarszy był chowany do tego, żeby opiekować się wszystkimi kobietami w domu, bo ojciec pracował za granicą. Młodszy brat nie miał tego obowiązku, mógł być dzieckiem. Oni byli jak z dwóch różnych światów. Nie mieli o czym ze sobą rozmawiać. Kiedy ten młodszy umarł i starszy pojechał w odwiedziny do bratowej, doznał szoku, bo zobaczył, jak ważny był dla swego brata, z którym prawie nie miał kontaktu. Brat pisał o nim w pamiętniku, wycinał fragmenty z gazet o nim. A on nie miał nawet jego zdjęcia. Nic.

Co poczuł?

Straszny żal, że już nic się nie da zmienić, że nie zdawał sobie sprawy, jakie miejsce zajmował w życiu brata, że nie potrafili do siebie dotrzeć...

Bo nigdy nie byli do tego zachęcani?

Albo byli, tylko w taki sposób: „Czemu nie dzwonisz do brata? Zadzwoń!", „Urodziny są, życzenia złóż!".

Pani mnie pytała o to, co rodzice mogą robić, że ta więź się rwie. Na przykład rozgrywają dzieci: kiedy są u jednego, nadają na drugie i jego rodzinę, a kiedy są u drugiego, robią dokładnie to samo.

Po co?

Z bezmyślności? Z tego, że nie potrafią być w relacjach i to jest ich sposób komunikowania się? Nie wprost, tylko za plecami. To powoduje animozje i niechęć do bycia razem. Czasami dopiero w dorosłości rodzeństwo ma takie szczęście – lub coś się wydarzy – że siada razem do rozmowy i dopiero wtedy się okazuje, że rodzice im obojgu robili dokładnie to samo.

Co to znaczy, kiedy życie traci dla nas sens?

Niedosyt

Rozmowa z ZOFIĄ MILSKĄ-WRZOSIŃSKĄ

Pani Bovary miała kochającego, oddanego męża, dostatnie życie, zdrowe dziecko, uchodziła za piękność i mogła spełniać swoje pragnienia. **A jednak czegoś jej brakowało, szukała tego i doprowadziła siebie i rodzinę do dramatycznego końca.**

Poczucie niespełnienia to nie jest kaprys czy fanaberia. Za tym zwykle stoi prawdziwe cierpienie.

Ciągle stajemy na jakimś rozdrożu: czy związać się z pierwszym mężczyzną, który jest nami zainteresowany, i traktować to poważnie, czy dać sobie czas na przyglądanie się? **Mieć dziecko przed trzydziestką czy po?** Budować dom na działce teściów czy wynająć małe mieszkanie, na które nas stać?

Szukając tego sensu, warto pamiętać o zasadzie dywersyfikacji, dlatego że jeżeli czerpiemy sens życia tylko z jednego obszaru, nawet bardzo ważnego, to kosztem innych, potencjalnie równie ważnych.

Czasami, zwykle między trzydziestką a czterdziestką, pojawia się taka myśl: zaraz, i to już wszystko? To już cała miłość, która mi się w życiu należała? **Związek to ma być tylko taki sojusz na przetrwanie?** A z tymi dziećmi to już tak zawsze ma być? Praca to tylko codzienne borykanie się z szefem? Z zawistnym kolegą?

Czy pani zawsze czuje sens w życiu?
Zawsze, w każdym momencie? No skąd. Musiałabym być świętą albo mieć misję. Miewałam chwile zwątpienia, złości na samą siebie, że tego sensu za mało. Ale z wiekiem czuję go coraz bardziej.

Czym w ogóle ten sens jest?
Nie chcę wdawać się w filozofię, bo się na niej nie znam, ale akurat filozof Susan R. Wolf proponuje poręczną formułę psychologiczną: sens w życiu pojawia się wtedy, gdy obiektywna atrakcyjność czyjegoś życia zbiega się z subiektywną atrakcyjnością.

A prościej?
Ktoś, żyjąc po swojemu, doświadcza przyjemności, a jednocześnie wie, że to, co robi, jest ważne i cenione. Na przykład ktoś, kto poświęca większość życia na gry komputerowe, może przeżywać wiele ekscytacji, mieć satysfakcję z tego, że osiąga kolejne poziomy, i to jest subiektywna atrakcyjność, tylko z obiektywną jest już gorzej, bo przecież niewielki jest w tym sens, co on jednak czuje i próbuje na przykład tworzyć dookoła tego zajęcia grupy czy organizacje, albo fantazjować, że już niedługo zarobi na tym wielkie pieniądze – czyli dodać mu obiektywnej atrakcyjności.

A co się dzieje, kiedy to, co robię, jest społecznie docenione, natomiast ja sama nie mam poczucia, że to jest przyjemne i ważne?
To też niezbyt zdrowa sytuacja. Poczucie braku subiektywnej atrakcyjności coś oznacza i warto się zastanowić co. Niekoniecznie

jest aż tak beznadziejnie, jak nam się w takich momentach zdaje, czyli że źle wybrałam zawód i męża, źle wychowałam dzieci, a przyjaciele nie są przyjaciółmi. Chodzi raczej o sposób, w jaki z tym mężem, dziećmi i pracą żyjemy – na co sobie pozwalamy, co jest wykluczone, do czego się od lat wbrew sobie przymuszamy.

O sensie życia w latach 90. pisał sporo amerykański psycholog społeczny Roy Baumeister, co od tamtej pory zostało potwierdzone licznymi badaniami. Baumeister uważał, że człowiek doświadcza poczucia sensu, jeśli czuje się w miarę pewnie na większości spośród czterech wymiarów życia.

Jakie to wymiary?

Po pierwsze, musi mieć poczucie celowości, czyli że to, co robi teraz, przyczynia się do czegoś sensownego w przyszłości – dla niego samego, dla jego bliskich, dla świata.

Nawet jeśli teraz może się to wydawać nużące. Na przykład jestem na stażu, zajmuję się głównie parzeniem kawy i dostarczaniem kserówek, ale wiem, że jak w tym miejscu pobędę, to się czegoś nauczę i moje zawodowe możliwości się zwiększą. Albo wybieram trudne studia, żeby za parę lat uprawiać zawód, na którym mi zależy. Wychowywanie dzieci bywa czasem irytujące i jałowe, ale mam nadzieję, że w przyszłości na coś to się przyda, wyrosną z nich fajni, niezależni, mądrzy ludzie.

Oczywiście można poczucie sensu utracić, jeśli okaże się, że nasz wysiłek nie doprowadził do tego, co założyliśmy. Czyli na przykład dobrej pracy wciąż nie ma, a dorosłe dzieci wzbudzają więcej niepokoju niż satysfakcji. I to nas prowadzi do drugiego wymiaru.

Czyli?

To poczucie własnej sprawczości. Oznacza to, że z grubsza osiągam takie rezultaty, jakie bym chciała. Akurat w rodzicielstwie często przeżywa się kryzysy w tym obszarze, dzieci pokazują nam dobitnie, że o sprawczości nie ma mowy. Poczucie braku sprawczości dotyka również wielu wykształconych młodych bezrobotnych.

Trzeci warunek to wartościowość, czyli że to, w co się angażujemy, jest co najmniej niesprzeczne, a najlepiej zgodne z naszym systemem wartości.

A czwarty wymiar to budowanie samooceny, czyli że to, co robimy, jak żyjemy, pozwala nam myśleć o sobie lepiej, niż gdybyśmy tego nie robili.

Czy jest możliwe, żeby wszystkie te warunki zostały spełnione jednocześnie?
No właśnie, zastanawiałam się nad tym i przyszedł mi do głowy przykład dość zaskakujący.

Jaki?
Stworzona przez Sienkiewicza postać Stasia Tarkowskiego z „W pustyni i w puszczy".

Faktycznie, dość egzotyczny...
Ale dobrze ilustruje te cztery wymiary.
Staś Tarkowski niewątpliwie miał poczucie celu: jak przejdzie przez Afrykę z siedmioletnią Nel, to uratuje ją i siebie też, wprawdzie jest to bardzo trudne, trzeba zabić człowieka, lwa, znieść wiele przeciwności, ale cel jest sensowny. Po drugie, poczucie sprawczości też jest zapewnione, bo Staś jest skuteczny. Po trzecie, niewątpliwie jest to zgodne z jego wartościami, bo on chroni życie dziecka, które zostało mu powierzone. I po czwarte, budowanie samooceny: Staś z pewnością mógł mieć poczucie, że się sprawdza – nie każdy, zwłaszcza w jego wieku, by sobie tak poradził, a do tego jeszcze rozsławił w świecie dzielność i rycerskość młodych Polaków, bo taki chyba był „piarowski" zamysł Sienkiewicza.

Nie każdy jest jednak Stasiem Tarkowskim i zostaje postawiony w tak ekstremalnej sytuacji.
No właśnie, na ogół w ekstremalnych okolicznościach ten sens życia czujemy. Ale sytuacje, kiedy wszystkie cztery warunki są spełnione, bywają sporadyczne i odczuwamy je jako wyjątkowe. Na co dzień borykamy się z tym, że jak jeden obszar jest w porządku, to drugi nie. Możemy na przykład być aktywistką polityczną, walczyć o prawa obywatelskie i uważać to, co robimy, za bardzo ważne, tylko doświadczamy skuteczności bliskiej zera. Albo w zgodzie z naszymi wartościami działamy na rzecz

całkowitego i bezwarunkowego zakazu procedury in vitro, tylko że cierpimy przy tym poniżenie, bo ważni dla nas ludzie uważają nasze działania za szkodliwy fundamentalizm.

Są ludzie, którzy sobie radzą z tym, że wszystkie cztery elementy naraz nie są spełnione, a są tacy, którzy z tego powodu bardzo cierpią.

To nie całkiem tak jest, że niektórzy radzą sobie lepiej, a inni gorzej. Raczej jest tak, że niektórzy bardziej zadbali o to, żeby ich życie było bliższe temu, co dla nich osobiście ma sens. Mają poczucie, że dobrze inwestują swój czas i zasoby, że mają z tego zyski.

Inwestują? Rozmawiamy o sensie życia.

Ale my przecież mamy taki ekonomiczny stosunek do życia, nie do końca może uświadomiony. Ktoś mówi na przykład: „Marnotrawisz takie zdolności!" albo „Nie inwestuj więcej w ten związek, zrób bilans zysków i strat". Mnie ostatnio powiedziała pacjentka około pięćdziesiątki, która przyszła z mężem na konsultację: „Ja byłam taka ładna, tak się podobałam, mogłam mieć każdego, a wyszłam za tego tu o! Sama pani widzi!". Ona miała poczucie, że źle zainwestowała swoje zasoby i że jej życie ma przez to mniej sensu, niż gdyby skorzystała z lepszej oferty.

Czy to znaczy, że ci, którzy lepiej „zainwestowali", lepiej znali swoje potrzeby?

Mogli być bardziej wrażliwi na to, czy żyją w zgodzie ze sobą, czy nie, brać większą odpowiedzialność za to, w którym kierunku pójdą.

Jeżeli zgłasza się do mnie kobieta, która mówi, że jej życie nie ma sensu – tamto jest niedobrze i to nie tak, ona źle się z tym czuje, ale obiektywnie wszystko ma – to sądzę, że pewnie jednak nie wszystko. Widocznie czegoś ważnego jej brakuje, tylko nie zawsze ma się tego świadomość.

I co wtedy?

Trzeba by się przyjrzeć, co takiego w jej życiu jest źródłem smutku, poczucia straty, rozpaczy.

Przychodzą do pani pacjenci z takim postulatem?
Przychodzą raczej ze skargą, że jest im ciężko, ale nie wiedzą dlaczego. Mają jakieś objawy albo chodzą rozdrażnieni, nie śpią, za dużo piją, wybuchają złością.

I jak się podrąży, to co tam widać?
Nie jest tak, że ta osoba za dużo chce albo że jest kapryśna. Tu nie chodzi o to, że zamiast być primabaleriną, ona marnuje się w marketingu, a do tego dzieci nie wygrywają olimpiad językowych i robią bałagan. To jest dojmujący brak, poczucie jałowości własnego istnienia. Ale czasem trudno jej to nawet samej przed sobą przyznać, bo uważa to za wstydliwe albo nie do zmiany.

To co to może być?
Odwołam się tutaj do kanonicznego przykładu.

Pani Bovary?
No właśnie. Miała kochającego, oddanego męża, dostatnie życie, zdrowe dziecko, uchodziła za piękność i mogła spełniać swoje pragnienia. A jednak czegoś jej brakowało, szukała tego i doprowadziła siebie i rodzinę do dramatycznego końca. Można pomyśleć, że miała niedojrzałe potrzeby, jakieś wymyślone fantazje, infantylne marzenia o narcystycznej gratyfikacji i że w związku z tym nie odnajdowała się w realnym życiu. Ale jeśli spojrzeć na to inaczej? Może jakiś rodzaj jej potencjału, na przykład artystyczne zdolności albo pragnienie bycia kochaną inaczej, niż mógł jej zaoferować mąż – postać, prawdę mówiąc, mało inspirująca – nie został zrealizowany? I nie mógł być akurat w tym małżeństwie, które ona dość młodo zawarła. Ktoś powie, że przecież mogła zająć się domem, ogrodem i rodzić dzieci, ale widocznie to nie wystarczało. Zamiast cierpieć w milczeniu i znosić kobiecy los, wybrała inną drogę – zdradę, kłamstwo, sprzeniewierzenie. Myślę, że na swoją miarę dramatycznie poszukiwała sensu życia.

To chyba dość typowa reakcja na frustracje?
Ja bym nie lekceważyła tego poczucia niespełnienia, nie sprowadzała go do kaprysu czy fanaberii, ani u Emmy Bovary, ani u współczesnych kobiet, u mężczyzn zresztą też. Za tym zwykle

stoi prawdziwe cierpienie, tylko że ono nie zawsze jest uchwytne, łatwiej potępić niegdyś wiarołomczynię, dziś na przykład infantylną gąskę, niż dostrzec ich racje i pułapkę, w którą wpadły. Można spojrzeć na panią Bovary jako na prekursorkę idei samorealizacji. Tylko że samorealizacja jest tu przeciwstawiona dobrej więzi z innymi, poczuciu przynależności.

„Ja" przede wszystkim?
Susan Johnson, chyba najbardziej znana współczesna psychoterapeutka par, mówi, że w naszych czasach samorealizacja rozumiana jest jako antyteza bycia w związku, tak jakby sens życia miał być przez każdego znajdowany indywidualnie, w oderwaniu od relacji z innymi. Zapatrzona w nadzieję samorealizacji, która nada mojemu życiu sens, odkładam to, co, jak sądzę, przeszkadza, a wiąże się z bliskością, przynależnością.

Może bliskość przyjdzie później?
Może. Byle nie za późno, bo podstawową potrzebą ludzką i najważniejszym bodźcem rozwojowym jest jednak więź z drugim człowiekiem. Coraz więcej badań na to wskazuje, również na poziomie neurologicznym.

Tych dwóch sfer – samorealizacji i bycia z kimś – nie da się pogodzić?
Często te dwie sfery przeżywa się kolizyjnie: albo realizujemy nasze pragnienia i robimy to, co chcemy, albo mamy więź i wtedy z tego rezygnujemy. Nie bardzo potrafimy znaleźć między jednym a drugim kompromis. Czują to szczególnie pary, którym rodzi się dziecko.

Większość ludzi jakoś te dylematy z czasem rozwiązuje. Rozumiem, że problem pojawia się wtedy, kiedy kompletnie rezygnuje się z samorealizacji albo z więzi?
A do tego uznaje się, że jeśli więź, to tylko jedna. Pamiętam pacjentkę, dla której w życiu z różnych skomplikowanych powodów liczyła się tylko relacja z matką. Zrezygnowała z zainteresowań literackich, skończyła liceum medyczne, a potem studia pielęgniarskie, by móc się w przyszłości matką opiekować. Jej krótkie

małżeństwo rozpadło się, gdy mąż odmówił przeprowadzenia się bliżej mieszkania mamy po śmierci jej męża. Matka była wtedy sprawna, ale dla pacjentki było jasne, że jej obowiązkiem jest zająć się mamą, kiedy została wdową. Nie miała dzieci, bo mama nie chciała być babcią. Po śmierci matki przeżyła głębokie kilkuletnie załamanie, którego głównym elementem było poczucie absolutnego braku sensu życia. Dlatego szukając tego sensu, warto pamiętać o zasadzie dywersyfikacji.

Bo po czasie może się okazać, że nic nam nie zostało?

Przede wszystkim dlatego, że jeżeli czerpiemy sens życia z tylko jednego obszaru, nawet bardzo ważnego, to kosztem naszych innych pragnień czy tęsknot, potencjalnie równie ważnych.

Inwestowanie wyłącznie w samorealizację chyba też nie jest zbyt opłacalne?

Samo uprzyjemnianie sobie życia na dłuższą metę nie jest satysfakcjonujące, bo jest związane wyłącznie z atrakcyjnością subiektywną. Sens życia jest tu mylony z ciągłą intensywnością doznań i wysoką stymulacją. Jeżeli człowiek by w życiu tylko podróżował bez żadnego celu albo zarabiał po to, by wydać wszystko w klubach w czasie weekendu, to po jakimś czasie miałby poczucie bezsensu. Ale trudno byłoby mu zmienić styl życia, bo przyzwyczaił się do wysokiego poziomu stymulacji, a wtedy trudno przestawić się na czerpanie ze świata inaczej, mniej intensywnie. Podobnie, jeśli sens życia zastąpiony jest kolejnymi fascynacjami erotycznymi.

A czy nie jest tak, że dzisiejszy świat sprzyja takiemu życiu, mówiąc kolokwialnie, „na maksa", i że to życie zwyczajnie dobre jest niedoceniane? Może my po prostu mamy nadmierne oczekiwania co do tego, co życie nam może zaoferować?

Nie jestem pewna, czy rzeczywiście mamy nadmierne oczekiwania i czy świat tak się zmienił. Ludzie, którzy szukają dziś pomocy psychoterapeutycznej, nie sprawiają wrażenia bardziej zachłannych czy wymagających niż ćwierć wieku temu. Nie myślę, żeby ludziom przestało wystarczać zwykłe, dobre życie. Ale może trudniej je osiągnąć. Jedną z przyczyn może być narastający brak poczucia przynależności społecznej.

Kiedyś wartości i sens były określone przez to, że realizuje się pewien model od pokoleń. Po pierwsze, było jasne, gdzie się urodziłam, kim jestem, kim są moi rodzice, a po drugie, co z tego dla mnie wynika i jakie życie mnie czeka, i co jest sensowne, a co nie.

Dzisiaj to już takie jasne nie jest.

Mamy znacznie większą mobilność społeczną. W Stanach Zjednoczonych ludzie przeprowadzają się po kilkanaście razy w ciągu życia, w Polsce też coraz bardziej tak to wygląda, więc poczucie zakorzenienia, więzi z grupą, którą rozpoznajemy jako naszą, się zmniejsza, w związku z czym zaczyna nam brakować oparcia, punktów odniesienia.

Częściej doświadczamy poczucia zawieszenia w przestrzeni i wydaje się nam, że powinniśmy jakoś zaistnieć, pojawiają się też pytania: co po nas zostanie? Kiedyś widziało się, co zostawało po dziadkach i co jest ważne – ludzie pamiętają, że to byli dobrzy ludzie, że on był silny, tylko trochę się awanturował, jak wypił, a do niej wszyscy przychodzili, bo znała się na leczeniu. I to było jakoś kojące. A dziś trudniej uznać autorytet kogoś starszego i bardziej doświadczonego, bo młodzi często wiedzą i umieją więcej w niektórych obszarach, więc w tej bezautorytetowej pustce o sens trudniej.

Ale Polacy nadal deklarują w badaniach, że rodzina jest dla nich ważna. Może to być źródłem oparcia, nie wspólnota, ale mąż, żona, dziecko?

W jednych badaniach deklarują, a z innych wynika, że małżeństwa się rozpadają, w rodzinach jest więcej agresji, mniej solidarnego wsparcia. Rodzina może skłaniać nas do poczucia odpowiedzialności, ale to nie jest tożsame z sensem. Ciągle stajemy na jakimś rozdrożu: czy związać się z pierwszym mężczyzną, który jest nami zainteresowany, i traktować to poważnie, czy dać sobie czas na przyglądanie się? Mieć dziecko przed trzydziestką czy po trzydzieste? Jeść ekologicznie, wydawać na to więcej pieniędzy i poświęcać uwagę czy kupować byle co w markecie i odkładać na rodzinną podróż życia? Budować dom na działce teściów czy wynająć małe mieszkanie, na które nas stać? Kiedyś części tych pytań w ogóle nie było, bo wspólnota podsuwała nam gotowe odpowiedzi. A teraz, kiedy wreszcie dokonamy jakiegoś wyboru, zastanawiamy się: no, a może jakbym poszła w lewo zamiast prosto, to byłoby lepiej? A gdybym wtedy zadecydowała inaczej? Może ja swoje zasoby zmarnowałam i teraz nic już się nie zdarzy?

Bardziej czujemy się autorami naszego życia niż poprzednie pokolenia i w związku z tym więcej mamy do siebie pretensji, że nie wychodzi tak, jak byśmy chcieli.

To nie jest przypadkiem zachłanność?

Nie, raczej trudność uświadomienia sobie, co mi się w moim życiu nie podoba. Jak szukamy sensu, to nie zaczynajmy od tego, co by tu całkowicie odrzucić i zakwestionować. Kiedy kobieta, powiedzmy, w wieku lat 40+, która odchowała dzieci, mówi nagle, że jej życie nie ma sensu, nigdy nie miało i że nie chce tego małżeństwa, na ogół ma na myśli, że coś ją boli, uwiera, ogranicza. Ale nie wierzy, że to się może zmienić, więc w desperacji chce szukać sensu poprzez wyrzucenie na śmietnik części swojego życia.

No, ale jak przeżywa jakąś frustrację, to sama powiedziała pani, że coś w tym jest.

No pewnie, każdy ma w sobie coś z Emmy Bovary. Ale może nie jest tak, że całe jej życie jest do niczego, włącznie z mężem. Byłabym ostrożna z takimi nagłymi zmianami o 180 stopni, chociaż są to ulubione tematy pism kobiecych. Bo jeśli zaczynamy od tego, czego byśmy chcieli – a niby skąd mamy tak od razu to wiedzieć, jeśli dotąd tak niewiele próbowaliśmy? – to zdarzają się zaskakujące wiraże. Pani, która pracowała w korporacji przez dwadzieścia lat, nagle zostaje pszczelarką i w tym odnajduje swój sens. Tyle że to jest opisywane, powiedzmy, rok po tym, gdy ona tą pszczelarką została. A ja bym była ciekawa, co ona powie po dwudziestu latach, i czy w dalszym ciągu będzie uważała, że to była dobra decyzja. Może tak, ale gwarancji nie ma. Sam fakt nagłej zmiany niekoniecznie przyniesie sens życia na dłuższą metę, choć ekscytacja zapewniona.

Czyli co robić? Małymi krokami próbować?

Najpierw poważnie się zastanowić, czego naprawdę szukamy. Od czego chcemy uciec i czy rzeczywiście, krzątając się między ulami, pozbędziemy się dręczącego nas bezsensu. Zanim zrobimy rewolucję, zobaczmy, co nas w życiu rozczarowuje i odbiera jego sens. Może ktoś czuje się niekochany i to wszystko by inaczej wyglądało, gdyby miał poczucie, że jest obdarzany miłością, że jest dla kogoś ważny?

Czasami, zwykle między trzydziestką a czterdziestką, pojawia się taka myśl: zaraz, i to już wszystko? To już cała miłość, która mi się w życiu należała? Związek to ma być tylko taki sojusz na przetrwanie? A z dziećmi to już tak zawsze ma być? Niby rosną, ale w gruncie rzeczy ciągle mam je obsługiwać. Praca to tylko codzienne borykanie się z szefem? Z zawistnym kolegą? Nierozgarniętymi klientami?

No i jeżeli odpowiedź brzmi: „Tak, to by było na tyle", to co wtedy?

Pytanie jest inne: „Co ja takiego zrobiłam, jak to swoje życie skonstruowałam, że pojawia mi się słowo »tylko«? Skąd we mnie tyle goryczy, rozpaczy, poczucia jałowości?".

Jeśli młoda matka spojrzy z zazdrością na swoją koleżankę ze studiów, która biega na wszystkie premiery, ma czas, żeby czytać najnowsze książki, robi karierę, i pomyśli sobie: „No tak, czasem bym się z nią zamieniła" – to jest normalne. Natomiast jeśli ta sama matka w każdej wolnej chwili myśli, że jej życie jest bezsensowne, bo nie może robić tych wszystkich pasjonujących rzeczy, to gorzej. Trzeba ją zachęcić, żeby się zatrzymała i przyjrzała, jak ona to swoje życie poprowadziła i jaki ma wpływ na to, żeby zmienić to, co może zmienić, bo bezdzietną singielką już nie będzie.

Może też wybrać uciekanie w fantazje i w tych fantazjach swój potencjał realizować.

Ale sensu życia w ten sposób nie uzyska. Takie ucieczki w marzenia mogą być nałogowe i odrywać nas od prawdziwego życia. Zmiana wiąże się z ryzykiem, wysiłkiem, konfrontacją. Część ludzi woli tkwić w tym, co mają, nawet jeśli jest to pozbawione sensu i ich unieszczęśliwia, niż się zdobyć na taką konfrontację, bo mogą usłyszeć na przykład, że to, czego chcą, to kaprys, albo że niczego nie da się zmienić.

I co wtedy? Jeśli tkwią w tym swoim poczuciu bezsensu?
Niektórzy szukają znieczulenia. Inni oczekują od otoczenia, że im ten sens zapewni. Jeszcze inni wycofują się i zapadają się w siebie. Tyle że te wszystkie strategie radzenia sobie w najlepszym wypadku działają objawowo, więc są ciągłe nawroty, a z nawracającym poczuciem braku sensu dobrze żyć się nie da.

W czym nam może pomóc pesymizm?

Czarno to widzę

Rozmowa z ZOFIĄ MILSKĄ-WRZOSIŃSKĄ

Osoby nastawione pesymistycznie rzadziej reagują głęboką depresją na dramatyczne sytuacje, na przykład na utratę bliskiej osoby. Są psychicznie lepiej przygotowane na wiszące nad nimi nieszczęścia.

Na ofertę pomocy można usłyszeć: „Co mi to da, i tak mąż odejdzie, z pracy mnie wyrzucą, zaraz się okaże, że jestem ciężko chora". Tacy ludzie nie chcą pomocy, chcą tylko opowiedzieć o swoim nieszczęściu.

Matka Polka, która obnosi się na święta ze swoim zmęczeniem, nieszczęściem i samotnością, bo „musiała" wszystko przygotować, nie myśli: zaraz, może ja dręczę rodzinę, może mogę podzielić się obowiązkami, może nie musi być aż tak posprzątane? Nie, **ona myśli raczej: oni nie widzą, jak mi jest trudno, nie doceniają, ja im muszę to wyraźniej pokazać.** I jeszcze bardziej się nakręca, a oni tym bardziej mają dosyć.

"Na pewno się nie uda", "Wszystko idzie źle" – skąd się bierze takie negatywne nastawienie?
Z tego, jak pani zadaje to pytanie, wnioskuję, że mamy polamentować, jak to niedobrze?

A dobrze?
W każdym razie nie jest oczywiste, że zawsze lepiej odwrotnie – czyli że jak się widzi świat jako obiecujący i przewiduje dobre konsekwencje swoich działań, to się na tym dobrze wyjdzie, a jak jest inaczej, to nam zaszkodzi.

A ja wciąż słyszę: "Doceń to, co masz", "Pokochaj siebie", "Skup się na tym, co dobre".
To pokłosie psychologii pozytywnej, której w mocno uproszczonej wersji pełno w poradnikach poppsychologicznych i przekazach medialnych. Tymczasem to, co zaproponował pod tą nazwą w latach 90. Martin Seligman, jest bardziej złożone. To była mała, ale pożyteczna rewolucja. Wcześniej przeważało widzenie człowieka jako istoty kruchej, słabej, nieradzącej sobie z trudnymi doświadczeniami, trochę jak pascalowska trzcina myśląca, no, może nie zawsze myśląca, ale trzcina na pewno. Czyli ponieważ od dzieciństwa nieuchronnie doznajemy rozczarowań i frustracji, a potem żyjąc tracimy życie, nasza psychika nie wytrzymuje dodatkowych trudnych doświadczeń i wymaga ciągłego wsparcia. Jednak wedle psychologii pozytywnej człowiek jest wyposażony w skuteczne

mechanizmy radzenia sobie i nie słabnie psychicznie od byle czego. Ale jest to dalekie od naiwności tak zwanego pozytywnego myślenia.

Czy to znaczy, że nie muszę w każdym zdarzeniu szukać samych pozytywów, żeby poczuć się lepiej?

W Polsce badania w tym obszarze prowadzi między innymi prof. Ewa Trzebińska, która podkreśla adaptacyjne znaczenie uczuć złożonych, czyli zawierających element emocji pozytywnej i negatywnej jednocześnie. Nawet korzystne wydarzenia mogą – a często nawet powinny – wzbudzać w nas mieszane uczucia. Na przykład awans – z jednej strony ktoś czuje przyjemność z bycia docenionym, cieszy się z perspektyw szerszego działania, z drugiej mogą pojawić się wątpliwości, niepokój, lęk. To świadczy o tym, że człowiek ma świadomość znaczenia i skutków tej zmiany. Doznając uczuć ambiwalentnych, wie, że coś traci – może czas dla rodziny czy więź ze swoim dotychczasowym zespołem.

Pesymiści to więksi realiści?

Ludzie nie są czarno-biali. Większość z nas znajduje się gdzieś pośrodku i reaguje złożonymi emocjami. Ale potoczne przekonania typu „optymiści żyją dłużej" zostały już co najmniej nadkruszone. W latach 90. zrobiono badania, które miały dowieść, że ludzie pozytywnie nastawieni do życia mają lepszą kondycję zdrowotną. I rzeczywiście często jedno towarzyszy drugiemu. Ale nie wiadomo, co z czego wynika.

Czy byli zdrowsi, bo czuli się lepiej psychicznie, czy czuli się lepiej, bo byli zdrowsi?

Właśnie. Nie mówiąc o tym, że niektórzy ludzie są tak biologicznie wyposażeni, że mają po prostu wyższy poziom energii i w związku z tym raźniej patrzą na świat.

Z takiej wiary w potęgę myślenia pozytywnego wynikły jeszcze inne, dość bolesne skutki, na przykład obwinianie osób chorych o to, że są chore. Oraz dawanie im nadziei, że mogą się swoimi myślami pozytywnymi całkowicie uleczyć.

Mówi pani o chorych na raka?

Były takie „teorie", że jak ktoś ma raka, to dlatego, że tłumił złość przez dwadzieścia lat albo źle o sobie myślał. Badania nigdy tego nie potwierdziły. Oczywiście, jak ktoś się dowiedział, że ma groźną chorobę, to mógł zareagować rozpaczą i przerażeniem, ale to nie oznacza, że przedtem był pełen negatywnych uczuć, a jeśli nawet, to że z tych uczuć mu guz wyrósł. To pomysły bezpodstawne i okrutne.

Pojawiło się też założenie, że psychika może człowieka uleczyć albo odwrotnie – utrudnić leczenie. Stąd się wzięła popularność tak zwanych wizualizacji w terapii raka czy bałamutne myślenie, że osoby cierpiące na depresję, a tak samo leczone, mają w przebiegu choroby nowotworowej mniejsze szanse na powrót do zdrowia.

A to, że generalnie optymiści żyją dłużej, to też nieprawda?

W Niemczech na przełomie tysiącleci zrobiono wieloletnie badania. Grupę 40 tysięcy osób w wieku od 18 do 96 lat badano na przestrzeni dziesięciu lat. Na początku zapytano, jak przewidują swoje samopoczucie za pięć lat, a potem zbadano, jak rzeczywiście się mają. Okazało się, że ci, którzy przeszacowali swój stan, mieli większe prawdopodobieństwo, że w ciągu kolejnych dziesięciu lat zginą albo doznają trwałego uszczerbku na zdrowiu. Czyli pesymizm co do przyszłości prowadził w rezultacie do dłuższego, zdrowszego życia. Może więc szacowanie bardziej pesymistyczne daje ochronę?

W innych badaniach ci, którzy przewidywali za kilka lat niższą satysfakcję z życia, na ogół mieli ją wyższą.

Dlaczego?

Bo dostrzeganie pewnych aspektów negatywnych czy nawet nadmierna koncentracja na nich powodowały, że nieświadomie modyfikowali swoje życie tak, że się poprawiło. Za to ci, którzy spostrzegali rzeczywistość jako sprzyjającą, a siebie jako tych, którym nic nie zagraża, mogli nieświadomie żyć w taki sposób, który generuje ryzyko. Zgodnie z przekonaniem „to zdarza się tylko innym".

Badania potwierdzają również, że osoby nastawione pesymistycznie rzadziej reagują głęboką, wyniszczającą depresją na dramatyczne sytuacje, na przykład na utratę bliskiej osoby. Są psychicznie lepiej przygotowane na wiszące nad nimi nieszczęścia.

Same korzyści z tego pesymizmu.

O tyle o ile, bo jednak nie wiadomo, co lepsze – nieustannie martwić się, że zaraz na nas coś spadnie, i w rezultacie jak spada, to nas tak nie przygniata, czy spędzać czas beztrosko, a załamać się, gdy dotknie nas cios. Z ciekawych badań Julie Norem wynika, że pesymizm to strategia radzenia sobie z lękiem. Jak się pesymiście próbuje dodać otuchy, jego sprawność się pogarsza. Jak optymiście – rośnie. Jeśli komuś, kto ma nastawienie, że raczej mu się uda, powiemy: „Słuchaj, na pewno wszystko będzie dobrze, dasz sobie radę", to będzie dla niego krzepiące, ale jeżeli w ten sam sposób będziemy chcieli wesprzeć kogoś, kto raczej przewiduje porażkę, to wcale mu nie pomoże i, jak wynika ze wspomnianych badań, wykona on zadanie gorzej.

Dlaczego?

Ponieważ sugerując, że naszym zdaniem da radę, komunikujemy mu nie wprost nasze oczekiwania, czyli podwyższamy mu poziom lęku, bo teraz on się boi, że zawiedzie nie tylko siebie, ale i nas. A osoby, które widzą świat raczej w czarnych barwach, tym między innymi różnią się od innych, że mają wyższy poziom lęku i jest on dość trudny do modyfikacji.

Bliska mi osoba przed ważnymi egzaminami mówiła mi: „Kto, jak nie ty". To mnie kompletnie paraliżowało.

Bo pani pewnie w tym momencie czuła się dodatkowo obciążona tą wiarą, którą ktoś w pani pokładał, a którą mogła pani zawieść.

Filozof i psychoanalityk Carlo Strenger w książce „Lęk przed brakiem znaczenia" pisze, że żyjemy w kulturze „Just do it!" – jak w filmiku reklamowym firmy Nike z 2008 roku, którego zwieńczeniem był (jak na ironię, zważywszy dzisiejszy los bohatera) zwycięski bieg Oscara Pistoriusa na tytanowych protezach. Ten przekaz głosi, że wszystko jest możliwe, nawet niemożliwe jest możliwe, i jeśli tylko naprawdę chcesz, to się uda. Zaczynamy żyć w świecie tych fantazji bardziej niż w świecie realnych możliwości, sukcesów i ograniczeń. Dlatego gdy pojawia się ograniczenie lub brak „oczywistego" sukcesu, często reagujemy depresją, bo to znaczy, że z nami jest coś nie tak.

Jak można dodać otuchy takiej osobie?

Ona nie chce otuchy. Chce być przyjęta i zrozumiana ze swoimi wątpliwościami, nie przekonywana na siłę. Jeśli nie wiemy, co robić, to nie polemizujmy, tylko po prostu pytajmy albo neutralnie komentujmy. Na przykład: „Dwie klasówki jednego dnia? Jak ja chodziłam do szkoły, to tak nie było wolno. I co, obu tak samo się boisz?" albo „Obawiasz się tej prezentacji, bo tam będzie dużo ludzi, których nie znasz?" czy „Mówisz, że za grubo w tej spódnicy wyglądasz? Mnie się nie wydaje, ale najważniejsze, jak ty się czujesz". Mówienie: „Wszystko będzie dobrze, poradzisz sobie", „Świetnie ci w tym" – raczej zaszkodzi, niż pomoże.

Podobnie z tak zwanymi afirmacjami, sztandarową ideą pozytywnego myślenia. Osobie, która ma w miarę stabilną samoocenę, powtórzenie przed lustrem pięćdziesiąt razy: jestem inteligentna, jestem piękna – nie zrobi krzywdy, chociaż sądzę, że inteligentny człowiek mógłby w tę swoją inteligencję jednak zwątpić, gdyby z jakichś nieodgadnionych powodów odprawił taki rytuał. A osoby, która źle się ze sobą czuje, takie deklamowane lub przychodzące z zewnątrz zapewnienia raczej nie przekonają.

Bo i tak w to nie uwierzy?

Bo będzie się czuła sparaliżowana tym, że nie jest w stanie tego wyobrażenia spełnić. Słyszy, że jest ładna i może się podobać, a w lustrze widzi nieciekawą kobietę z ziemistą cerą i myszowatymi włosami. Mówią, że jest bystra i zaradna, a przecież może przywołać sześć niedawnych, dotkliwie pamiętanych sytuacji, kiedy zachowała się jak kretynka. To jest tak jak z anorektyczką, która zawsze, gdy patrzy w lustro, widzi odstręczającą grubaskę.

Porozmawiajmy o tych z tego skrajnego bieguna, u których dominuje negatywna ocena.

Takie myślenie o sobie: nie mam wartości, nie uda mi się, wszyscy mnie odrzucą – na pewno nie sprzyja dobremu życiu. Ale ma funkcje obronne – wielokrotnie zawiedziona nadzieja powoduje wielkie cierpienie, więc lepiej ją zagłuszyć i nie wierzyć, że cokolwiek dobrego mnie czeka.

Czy to jest częściowo wrodzone?

Wrodzony może być „podkład" temperamentalny, poziom lęku, ogólna energia, witalność. Ale kluczowe znaczenie mają oczywiście wczesne doświadczenia. To szczególny paradoks – człowiek najbardziej się boi powtórzenia przykrych przeżyć, i to im najbardziej stara się zapobiec, a jednocześnie tym zapobieganiem ściąga je na siebie. Działa samosprawdzająca się przepowiednia – nieświadomie prowokujemy to, czego najbardziej się boimy.

Na przykład?

Ktoś czuł się w dzieciństwie pomijany, niekochany. Dostał od rodziców komunikat, że w zasadzie miał się nie urodzić, przyjęto go trochę jak zło konieczne, w przeciwieństwie do starszej siostry i brata, którzy mają uwagę i troskę rodziców, mimo że sprawiają kłopoty. Takie dziecko zabiega o miłość rodziców, ale im bardziej się stara, tym bardziej jest niezauważane, bo przecież nie ma z nim problemów. Widzi, że sprawianie kłopotów daje uwagę, ale z drugiej strony czuje, że rodzice nie mają siły na kolejne trudne dziecko, więc stara się wyróżnić grzecznością i potulnością. Taka osoba idzie z tym dziedzictwem w dorosłe życie i najbardziej chce uniknąć sytuacji, w których czułaby się niekochana i gorsza.

Więc co robi?

Z domu pamięta, że dostawała pozytywne sygnały tylko wtedy, kiedy była przymilna i nie sprawiała kłopotu, więc kiedy wchodzi w relacje z ludźmi, stara się być pomocna i sympatyczna. Zawsze pierwsza rezygnuje, kiedy na przykład nie starczy miejsca dla kogoś w samochodzie, ustąpi, powie: „Nic się nie stało, ja mam bliziutko", weźmie na siebie zakupy na klasową wigilię w szkole dziecka i jeszcze makowiec upiecze. Bo jest w niej marzenie, że wreszcie ją ktoś doceni, wreszcie powie: „Jaka ona jest serdeczna, uczynna!".

Ale tak się nie dzieje.

Przeciwnie – jest lekceważona i pomijana, bo zaprasza do tego. Nieświadomie prowokuje to, czego najbardziej się boi. Niechby kiedyś spróbowała tego makowca nie upiec, dopiero by ludzi zirytowała! I tak to się zaczyna kręcić. Ona myśli: miałam rację, jestem niewarta miłości, można się ze mną nie liczyć, ludzie to widzą i traktują mnie jak moi rodzice, którzy wiedzieli to od początku. Ale może jakbym się bardziej postarała... Koło się zamyka.

Inny przykład: ktoś się nauczył, że jedyny sposób, by nie być karanym, to radzić sobie, stać się silnym, przydatnym i samowystarczalnym. To są te dzieci, które sprzątają całe mieszkanie w wieku lat dziewięciu, licząc na to, że mama, zamiast wrzeszczeć i szarpać, wreszcie je pochwali i przytuli, a mama i tak mało co widzi, bo jest zajęta na przykład piciem czy kochankiem. Ktoś taki potem może funkcjonować w życiu jako osoba bardzo zaradna, mocna. Idzie w świat z przekonaniem: muszę sobie radzić, bo inaczej oberwę.

A na co ma tak naprawdę nadzieję?

Że ktoś dostrzeże w niej tę część słabą i opuszczoną, zaopiekuje się nią, ale w rezultacie, oczywiście, doprowadza do czegoś przeciwnego. Bo jak ktoś świetnie sobie radzi, to po co mu pomagać? Później taki człowiek myśli: ludzie nie widzą, że mi ciężko, mnie to nikt nie pomaga – i rzeczywiście, bo te bardzo zaradne osoby potrafią być onieśmielające, trudno dostrzec ich słabość i potrzeby.

Można wytropić wiele takich samospełniających się przepowiedni, które na ogół polegają na tym, że próbując czegoś uniknąć, zachowujemy się tak, że to prowokujemy, i jedyna gorzka satysfakcja polega na tym, że możemy powiedzieć: „A nie mówiłam!".

Jak to wpływa na funkcjonowanie takich osób?

To efekt kuli śnieżnej. Każde kolejne doświadczenie zwiększa ich nieświadome przekonanie: znowu mnie opuścili w trudnej sytuacji, mogę liczyć tylko na siebie, jak zwykle.

Czyli to negatywne myślenie o sobie rzutuje też na myślenie o innych i o świecie?

To jest pakiet. Ja jestem taka, że nikt mi nie pomoże, a świat jest taki, że nie pomaga. Innym może pomaga, ale nie mnie – chociaż się tak staram.

A nie jest też tak, że jeśli nawet takie osoby otrzymają uwagę czy pomoc, to i tak ją odrzucą?

Najpierw nie dostrzegą, że się pojawia. Potem na różne sposoby będą próbowały przekonać siebie i innych, że zachodzi tu jakaś pomyłka – one właściwie niczego nie potrzebują albo nie o nie tu chodzi.

Trzeba pamiętać, że te tak zwane patogenne przekonania, na przykład „jestem obciążeniem dla innych", są bardzo sztywne i trudne do zmiany, bo powstają wcześnie, kiedy możliwości poznawcze dziecka są ograniczone. Dlatego w trudnych sytuacjach dziecko generalizuje (tak było, więc tak musi być i będzie zawsze) albo myśli ksobnie – czyli przypisuje sobie jakąś winę, moc sprawczą, na przykład że rodzice się rozstają z jego winy, bo było zbyt uciążliwe. A dorosły zostaje z takim bagażem, tylko cięższym, bo wciąż coś tam dorzuca.

To przekonanie to jest tylko myślenie na swój temat?

Znacznie więcej. Myślenie to świadoma część całego bardzo emocjonalnego przeżycia, które ukształtowało się w wyniku wielokrotnych powtórzeń. Mamy tu całą konfigurację spostrzeżeń, zachowań i uczuć opisywaną często w teoriach psychoterapeutycznych jako „podstawowy konflikt wewnętrzny", „nieadaptacyjny wzorzec", „patogenne przeświadczenie" itp. Zwykle ludzie tak budują swoje życie, żeby ich przeżywanie samych siebie było potwierdzane. Osoba, która myśli o sobie, że nie jest nic warta, często znajduje partnera, który będzie to potwierdzał. I nawet jeśli w terapii odkryje, jakie mechanizmy nią kierują, to potem wraca do swojego realnego życia, w którym jej sojusznik w patologii pokazuje jej dobitnie, że absolutnie nie zasługuje na miłość.

Czytałam też, że ważne jest również, jak my sobie to swoje życie opowiadamy – na przykład jako pasmo samych nieszczęść.

Jest taki nurt. Nazywa się psychologią narracyjną i próbuje zachęcać ludzi do tego, by dostrzegli tendencyjność swojej opowieści o sobie i świecie. U jednego narracja koncentruje się na własnych sukcesach i nieomylności, drugi widzi swoje życie jako ciąg poświęceń, u innego dominują niezawinione krzywdy.

Jest jeszcze inny ważny wymiar, który decyduje o tym, jak przeżywamy życie – tak zwane miejsce poczucia kontroli, czyli gdzie umieszczamy sprawstwo.

Co pani ma na myśli?

Na jednym krańcu są ci, którzy przypisują wszystko, co im się przydarza, okolicznościom od nas niezależnym, na drugim – tacy, którzy przypisują wszystko samym sobie.

Ci ludzie, którzy myślą, że to świat, okoliczności, a nie ja, mają większą tendencję do myślenia negatywnego?

Niekoniecznie, ale gorzej sobie radzą z negatywnymi okolicznościami. Takie przekonanie, że nie mam na nic wpływu, doraźnie przynosi ulgę – bo skoro nie mam wpływu, to nie moja wina – ale na dłuższą metę jest niszczące. Jeśli nie mam wpływu, to nie mogę poprawić swojego losu. Przeżywanie swojego życia jako rządzonego przede wszystkim czynnikami zewnętrznymi jest obezwładniające. Bezradność to jedno z najtrudniejszych uczuć.

Skąd się bierze taka postawa?

Na ogół postawy, które nie sprzyjają nam dzisiaj, kiedyś były przydatne i miały swój adaptacyjny sens. Jeśli ktoś nauczył się w dzieciństwie nie widzieć, że ojciec jest alkoholikiem, bo matka, rodzeństwo i sam ojciec temu zaprzeczali, to potem w dorosłym życiu też może nie być pewien, czy to, co widzi, to jest prawda czy nie, czy w ogóle może polegać na swoich spostrzeżeniach. Dlatego raczej podporządkuje się opinii innych.

Nie możemy nic zmienić?

Jeśli nie bierzemy współodpowiedzialności, to nie możemy. Pacjentka mówi: „To przez tę dziwkę mój mąż odszedł, no i bo coś mu się z głową porobiło". Znacznie trudniej jest sobie powiedzieć: zaraz – a ja co? Przez trzy lata nie chciałam widzieć, jak znika, jak się odsuwa, albo godziłam się na złe traktowanie.

Jeżeli to dostrzegę, to sytuacja nabierze dla mnie innego sensu. Po pierwsze, może mogę coś z tym jeszcze zrobić; po drugie, może czegoś niedobrego uniknę w przyszłości. Ale jeżeli uważam, że wszystko przez tę dziwkę, a mężczyźni to zwykłe świnie, zostaję w roli bezwolnej ofiary. Tendencja, by przeżywać siebie jako ofiarę okoliczności, jest dość trwała i pojawia się w różnych sytuacjach.

Z tego, co pani mówi, osoby, które siebie tak negatywnie przeżywają, sprzyjają temu, żeby rzeczywistość to ciągle potwierdzała.

Mają też tendencję, żeby nie widzieć tego, co mogłoby zakłócić ich wzorzec myślenia.

Odrzucają każde pozytywne przeżycie?

Na przykład. Jeśli sądzimy, że jesteśmy nic niewarte, a ktoś się nami zainteresuje, to nasz umysł potrafi z tym zrobić wszystko. Po pierwsze, to mi się tylko wydaje, a że koleżanka potwierdza – to z litości. Po drugie, może on nie był trzeźwy albo ciemno było. Jak mnie lepiej pozna, to się zniechęci, a ja przeżyję niepotrzebnie kolejną przykrość itd. Albo paradoks Woody'ego Allena: skoro on interesuje się kimś tak beznadziejnym jak ja, to co on może być wart.

A ten awans to co? Przypadek?

To dlatego, że chcieli się mnie pozbyć. Kop w górę. No i dużo wyjazdów, pewnie nikt tego nie chciał, to mnie dali. Jeżeli coś chcemy zobaczyć jako negatywne, to zawsze znajdziemy sposób.

Jaka może być korzyść z takich zabiegów myślowych?

Są i korzyści, i straty. Na przykład dziewczyna poznaje chłopaka i powiedzmy, że jest w wieku, kiedy przychodzi jej do głowy poważny związek. Jedna zamknie oczy i nie dostrzeże, że na przykład obiecał zadzwonić wieczorem, nie dzwoni przez tydzień i nawet się nie tłumaczy, chociaż naobiecywał wiele. Druga, przeciwnie, będzie wypatrywała sygnałów ostrzegawczych: „O, drugie piwo zamawia. Alkoholik".

Jedna nie zauważy tego, co powinna, druga oceni negatywnie przedwcześnie, ale po latach zwykle ani jedna, ani druga nie zobaczą w tym, co je spotyka, swojego udziału. Pierwsza nie dostrzega, że jest nieszczęśliwa w swoim związku dlatego, że czegoś bardzo nie chciała widzieć, więc nie miała szansy ani na próbę zmiany takich tendencji u partnera, ani na świadomą decyzję („Dobrze widzę, że to trochę blagier i luzak, ale uroczy, więc biorę go z dobrodziejstwem inwentarza"), druga z kolei nie widzi zależności między skupianiem się na negatywach a faktem, że wciąż jest sama. A w kontekście myślenia o sobie jako o ofierze przychodzi mi do głowy coraz wyraźniejsze ostatnio zjawisko – inflacja depresji.

Co ma pani na myśli?
Nadużywanie tego pojęcia. Gdy matka dwójki dzieci, z których jedno jest chore, drugie obarczone poważnym ryzykiem, a do tego ich ojciec już tego nie wytrzymuje i znika z domu, czuje przygnębienie, niepokój, ma poczucie beznadziei – to jest adekwatna emocjonalna reakcja na sytuację, w której się znalazła, a nie kliniczna depresja ani „pesymizm". Podobnie ktoś, kto związał się z kimś, z kim nie powinien, został zraniony i czuje złość i rozgoryczenie – to też adekwatne uczucia.

Ludzie czasem używają etykietki „depresja" jako usprawiedliwienia dla swoich różnych zachowań – nadmiernego picia, zdrad, niedbania o siebie. Jak kiedyś mówili starzy psychoterapeuci humanistyczni: nie jest prawdą, że żyjesz tak, ponieważ źle się czujesz, tylko źle się czujesz, ponieważ tak żyjesz.

Czy, analogicznie, jeśli ktoś ma duży kredyt na mieszkanie, niestabilną sytuację finansową, dzieci na utrzymaniu i martwi się o przyszłość, to nie znaczy, że jest niereformowalnym pesymistą, tylko że adekwatnie emocjonalnie reaguje na sytuację, w której jest?
Jeśli ma nawracające, natrętne myśli, które przeszkadzają mu żyć („Ale jestem beznadziejny. No i co teraz będzie? Nie mogę się skupić w pracy, wywalą mnie, żona mnie rzuci"), ale nic z tego nie wynika, to nie ma znaczenia, czy go nazwiemy pesymistą, czy nie, bo jest jasne, że to jest dysfunkcjonalne – nie pomaga ani jemu, ani jego bliskim. Mówi się wtedy o sadystycznym atakującym superego, które tylko gnębi, ale nie służy zmianie. Natomiast jeśli człowiek myśli: to jest naprawdę kłopotliwa sytuacja, niesłusznie braliśmy duży kredyt, będę wiedział na przyszłość, żeby nie

działać pochopnie – to jest rozwojowe. Dojrzałe superego pokazuje: niemądrze zrobiłeś, teraz wyciągnij wnioski i znajdź sposoby, żeby naprawić sytuację.

Jak się odbiera takich przepełnionych negatywnym myśleniem?

Na dłuższą metę działają odpychająco, ale doraźnie mogą wzbudzać chęć opieki. Tyle że najczęściej jej nie przyjmują i na ofertę pomocy można usłyszeć na przykład: „Co mi to da, i tak mąż odejdzie, z pracy mnie wyrzucą, zaraz się okaże, że jestem ciężko chora". Często pojawia się coś, co w zapomnianej analizie transakcyjnej Eric Berne nazwał grą w „tak, ale". Na sugestie, żeby coś zmienić, na przykład szkołę dziecka, słyszy się: „No tak, ale to niemożliwe", „No tak, ale w tej drugiej szkole jest jeszcze gorzej". Tacy ludzie nie chcą pomocy, chcą tylko opowiedzieć o swoim nieszczęściu.

Po co?

Mogą mieć przekonanie, że tylko gdy cierpią, zostaną zauważeni i będą kochani. Może jako dzieci otrzymywali uwagę i troskę tylko wtedy, kiedy byli chorzy. Myślą, że jak powiedzą przyjaciółce: „Wiesz, a z moim Frankiem to nawet dobrze mi się układa, zaczęliśmy więcej czasu ze sobą spędzać, w łóżku się też poprawiło" – to przyjaciółka straci zainteresowanie. A jak poinformują, że guzek na piersi wyczuły, to chyba bliscy zachowają się jak trzeba?

Nawet jeśli taka osoba dostaje sygnał od otoczenia, że już za dużo tego nieszczęścia, to nie uzna, że oni się odsuwają, bo mają dość słuchania o jej ciągłych cierpieniach, tylko pomyśli, że to pewnie dlatego, że ona za mało im pokazuje, jak cierpi.

Nie...

To tak jak z matką Polką, która obnosi się na święta ze swoim zmęczeniem, nieszczęściem i samotnością, bo musiała wszystko przygotować. Rodzina nie docenia jej poświęcenia, nie widzi, jak się stara. Nie jedzą wszystkiego jak kiedyś, atmosfera już jakaś nie taka, spóźniają się. Ale matka Polka nie myśli: zaraz, może ja ich dręczę tym gadaniem, może mogę podzielić się obowiązkami, może nie musi być aż tak posprzątane? Nie, ona myśli raczej: oni nie widzą, jak mi jest trudno, ja im muszę to wyraźniej pokazać, muszę się bardziej postarać. Więc jeszcze bardziej się nakręca, a oni tym bardziej mają dosyć.

Jak się pracuje z takimi osobami?
Trzeba im stopniowo pokazywać ten mechanizm: czego się boją, jak się bronią. No i jak złapią ten paradoks, że powodują to, czego najbardziej nie chcą, to jest jakaś nadzieja. Są i takie osoby, które tak bardzo nie ufają sobie i światu, że będą się trzymać autodestrukcyjnego wzorca.

A czy nie ma pani poczucia, że w naszej polskiej rzeczywistości takim, którzy negatywnie myślą, jest w pewnym sensie łatwiej, że taka postawa jest bardziej akceptowana? Znajomy po dziesięciu latach wrócił z Kalifornii. Wjechał z takim słonecznym amerykańskim uśmiechem i powiedział, że poczuł się, jakby był wariatem. Po roku zaczął już rzucać znajome teksty, że pogoda słaba i pieniędzy za mało.
Wyjdę na chwilę poza swój obszar kompetencji i podzielę się myślą, że być może typowy Europejczyk, jeśli w ogóle można taką konstrukcję stworzyć, jako dziecko Starego Kontynentu jest w porównaniu z typowym Amerykaninem znacznie bardziej ponury, sceptyczny i zgryźliwy. Bo jego pamięć historyczna przypomina mu o wielu rzeczach, które nie pozwalają tak jednoznacznie wierzyć, że natura ludzka jest wspaniała i że wszystko można. Amerykanin, zważywszy na to, że pochodzi z młodego kraju, który powstał stosunkowo szybko, rozwinął się imponująco, a na sumieniu ma tylko kwestię Indian i niewolnictwo, może mieć tożsamość kulturową bardziej w klimacie tego „Just do it!".

Poza tym z badań wynika, że Polaków wyróżnia bardzo niski poziom zaufania społecznego. Mało ufamy sobie nawzajem, a co dopiero obcemu, na przykład takiemu Amerykaninowi. Jak on się do nas uśmiecha, to o co mu chodzi?

Może się z nas śmieje?
Albo nas sprawdza? A może chce pokazać, że lepszy? Albo głupawy jest po prostu, a my w takich szopkach uczestniczyć nie

zamierzamy. Polskie powiedzenie to dobrze ilustruje: „Śmieje się jak głupi do sera".

Ufamy sobie w obrębie rodziny, chociaż też różnie z tym bywa. Od innych spodziewamy się raczej złych rzeczy niż dobrych i stąd między innymi organizacje pozarządowe nie mają nadzwyczajnej liczby członków. Mało ludzi wierzy, że można się skrzyknąć i zrobić bezinteresownie coś dobrego, raczej zaczynają się przyglądać: kto tutaj ma najwięcej korzyści, kto chce na tym zarobić.

Zaufanie społeczne wpływa na wewnętrzne poczucie szczęśliwości?

Oczywiście, bo jeśli ja spostrzegam świat dookoła jako skorumpowany, moralnie zgniły, zły, to się muszę mieć na baczności, przyglądać się ludziom, czy nie chcą mnie przypadkiem wykorzystać. Na wszelki wypadek lepiej trzymać ich na dystans. Taka postawa na pewno ma wpływ na to, jak się człowiek czuje i w jakich barwach będzie widzieć przyszłość.

Ale z drugiej strony ktoś taki też ma swoją funkcję. Jak dowodzą badania Mario Mikulincera, to właśnie osoby o tak zwanym lękowym wzorze przywiązania – czyli spodziewające się w każdej chwili utraty, opuszczenia, nieszczęścia i innych plag – pierwsze zauważą, że dzieje się coś niepokojącego. I to jest pożytek z takiej konstrukcji osobowościowej. Kasandry bywają przydatne dla społeczeństwa, chociaż im samym na ogół jest nielekko.

Co nam mówi ciało?

Pole walki

Rozmowa z **AGNIESZKĄ IWASZKIEWICZ**

Przez różne mimowolne gesty, miny niespójne z tym, co mówimy, **ciało często próbuje nam pokazać, że w naszej nieświadomości jest coś, czego wolimy do siebie nie dopuszczać.**

Życie psychiczne to gra między tym, co płynie z naszego ciała, a tym, jak przetwarza to nasz umysł, czyli doświadczenia, myśli i emocje. **Jeśli ktoś nie potrafi odczytywać tych sygnałów, to znaczy, że nie umie czegoś ważnego.**

Bezdechy, duszności często wiążą się z lękiem przed odrzuceniem, z poczuciem bycia niekochanym. **Kłopoty z zatokami mogą świadczyć o powstrzymywaniu lęku.** Takie zależności widzę w swojej pracy terapeutycznej.

Tak jak można kompulsywnie robić operacje kosmetyczne, tak można uparcie tkwić w tym, żeby w żaden sposób nie ingerować w swoje ciało. **Mimo że miałoby się na to ochotę.**

W domu rodziców była książka „Ciało zna odpowiedź". Gdy byłam dzieckiem, bardzo mnie ten tytuł frapował – jak to możliwe, że ciało wie lepiej niż głowa, skoro mówi się, że ta głowa taka mądra?

Ciało działa na podstawowych, prymitywnych impulsach, którym nie da się zaprzeczyć. Jak jest zimno, to jest zimno. Jak boli brzuch, to boli brzuch. Jak się chce płakać, to nie można powstrzymać łez. W związku z tym jest autentyczne. I jeśli coś nam mówi, to warto go posłuchać, bo to znaczy, że jest w potrzebie, którą umysł przez adekwatne zachowanie powinien zaspokoić. Gorąco? Zdejmij sweter. Głodny? Zjedz coś.

Jeśli na pytanie „co słychać?" odpowiadam, że wszystko dobrze, a jednocześnie zaciskam pięści, to powinnam się nad tą odpowiedzią zastanowić? Skoro ciało wie lepiej...

Gdyby była pani u mnie na terapii, to pewnie bym panią o tę sprzeczność zapytała. Na pewno w porządku? Czy pani jest świadoma tego, co robi? Przez różne mimowolne gesty, miny niespójne z tym, co mówimy, ciało często próbuje nam pokazać, że w naszej nieświadomości jest coś, czego wolimy do siebie nie dopuszczać. Psychoterapeuta będzie nieustępliwy, ale poza gabinetem takie reakcje mogą zostać zbagatelizowane, na przykład: „Ja macham nogą za każdym razem, jak się z tobą pokłócę? No co ty! Ja tak po prostu mam – mój ojciec machał nogą, mój dziadek machał nogą". Koniec rozmowy.

Ludzie mają tendencję do ignorowania sygnałów z ciała. Boli? Wezmę tabletkę.

Bo jeśli nasze wczesne doświadczenia są takie, że potrzeby ciała się raczej ignoruje, niż gratyfikuje, to jest tendencja, by to powtarzać. A z czasem można przestać w ogóle słyszeć komunikaty wysyłane przez ciało. Kultura też ma wpływ na to, w jakim kontakcie jesteśmy ze swoim ciałem, a współczesna kultura w tym nie pomaga. To ciało ma słuchać nas, nie my jego.

Co się może dziać, jeśli się jest „odciętym" od ciała?

Zubaża nas to psychicznie, bo życie psychiczne to gra między tym, co płynie z naszego ciała, a tym, jak przetwarza to nasz umysł, czyli doświadczenia, myśli i emocje. Jeśli ktoś nie potrafi odczytywać tych sygnałów, to znaczy, że nie umie czegoś ważnego. Jak jest zimno, to się pani przykryje, ale można sobie wyobrazić ludzi, którzy tego nie zrobią, bo ich umysł nie podpowie im, że trzeba się sobą zaopiekować. To zimno to metafora. Chodzi też o bardziej skomplikowane stany emocjonalne.

Czasem wiemy, co ciało nam chce powiedzieć, ale to nam nie pasuje. Koleżanka przez pięć lat destrukcyjnego związku miała alergię skórną. Biegała od lekarza do lekarza, a kiedy w końcu udało jej się odejść, wszystko minęło jak ręką odjął.

Myślę, że powody, dla których mimo wszystko tkwiła w tym związku, sprawiały, że sygnały z ciała interpretowała inaczej: „Może złego proszku używam?", „Za bardzo wystawiam się na słońce?", „Uczuliłam się na mleko?". Wszystko, byle nie myśl, że ta relacja mi szkodzi. Ale ciało, jak widać, znało odpowiedź.

Czy w gabinecie często spotyka pani przypadki takiego wypierania sygnałów?

Bardzo często. Najczęściej ci pacjenci najpierw trafiają do lekarza. Mają astmę, chorobę wrzodową żołądka, nadciśnienie, reumatoidalne zapalenie stawów, zapalenie jelita grubego, atopowe zapalenie skóry, nadczynność tarczycy. Te objawy to tak zwana chicagowska siódemka – czołówka chorób psychosomatycznych. Bywa, że się leczą latami. Bezskutecznie. Ponieważ część tych przypadków nie ma somatycznego podłoża, tylko psychiczne, co oznacza, że taki pacjent potrzebuje także psychoterapii.

Bo nie ciało choruje, tylko głowa?

W przypadku chorób psychosomatycznych ciało mówi zamiast umysłu, wytwarzając objaw, który świadczy o tym, jak rozgrywane są wewnątrzpsychiczne konflikty.

I jak się zacznie pracę nad ich rozwiązaniem, objawy ustąpią?

Niestety, to nie takie proste, bo te konflikty są zwykle utajone.

Czego mogą dotyczyć?

Na przykład tego, że nie wolno mi się poczuć słabym. Muszę być zawsze silny, mieć wszystko pod kontrolą. Pacjenci z tego rodzaju konfliktem często cierpią na dolegliwości jelitowe – biegunki, bóle brzucha.

Inny rodzaj konfliktu to niepozwalanie sobie na porażkę, na przegranie rywalizacji – tu też szwankuje brzuch. Bezdechy, duszności często wiążą się z lękiem przed odrzuceniem, z poczuciem bycia niekochanym. Kłopoty z zatokami mogą świadczyć o powstrzymywaniu lęku. Takie zależności widzę w swojej pracy terapeutycznej, ale doświadczenie innych terapeutów może być inne.

W jaki jeszcze sposób ciało może sygnalizować nasz wewnętrzny konflikt?

Może nam służyć „zamiast". Jedną ze zdolności psychicznych jest zdolność symbolizacji. To znaczy, że nie każdą emocję muszę zamienić na działanie w realu. Mogę ją sobie wyobrazić, wejść w dialog ze sobą, zatrzymać. Są ludzie, którzy tego nie potrafią, i kiedy cierpią psychicznie, muszą sobie zadać fizyczny ból, żeby to cierpienie zneutralizować. Ktoś, kto nie ma zdolności symbolizacji, gdy poczuje się odrzucony i beznadziejny, może na przykład uderzać głową o ścianę, by realnie poczuć, że jest aż tak beznadziejny, że się krzywdzi. Ale nie chodzi tylko o taką jawną autoagresję, w grę wchodzi też nadużywanie alkoholu, narkotyków czy ekstremalne wyczyny sportowe.

Poza konfliktami wewnętrznymi przeżywamy jeszcze konflikty, które wynikają z tego, jakich zachowań i psychicznych umiejętności wymaga od nas kultura. I czy umiemy tym wymaganiom sprostać.

Czego dzisiaj dotyczą te wymagania?
Moim zdaniem przede wszystkim dążenia do sukcesu.

Chodzi o poczucie zrealizowania i szczęścia w każdej sferze życia?
Nie chcę nazywać tego szczęściem, chodzi raczej o przymus bycia w nieustannym komforcie psychicznym. Nie ma tu wiele miejsca na porażki, na gorsze samopoczucie. Wmawia się nam, że każdy tak może, jeśli się tylko postara. A przecież możliwości człowieka są ograniczone. Bo są sytuacje życiowe, kiedy tego komfortu nie ma: straty, rozstania, trudne decyzje, ujemne bilanse życiowe, w których trzeba przeżyć uczucie porażki, smutku, bólu, żalu, bezradności czy tego, że się nie sprostało. Następuje nieodwracalna zmiana, z którą trzeba sobie jakoś poradzić.

I ten rodzaj konfliktu dzisiaj często rozgrywa się przez ciało.

Dlaczego?
Bo kiedy jest taka presja na sukces, trudno jest sobie powiedzieć: „OK. Do szczytu brakuje mi siedmiuset metrów, ale nie idę dalej. Boję się, słabnę, boli mnie, więc odpuszczam. I cokolwiek by inni mówili, ja się z tym czuję w porządku". Wtedy psychika rozwiązałaby ten konflikt. Natomiast jeśli tego nie robi, tylko pcha nas dalej: „Wchodź wyżej! Zrób to lepiej! Sprawniej!", to ciało może zaprotestować. I wtedy zaczynają się dziać z nim te różne rzeczy, o których mówiłyśmy.

Powiedziała pani, że dzisiaj kultura sprzyja temu, by to ciało nas słuchało, a nie odwrotnie.
W kulturze sukcesu ważnymi narzędziami są kontrola i władza, więc „to ja będę decydować o tym, jak wyglądam". Ta kultura jest też kulturą oglądania i oceniania, a nasze ciało jest wystawione na pierwszy ogień. Jest forpocztą tego, jak zostanę

odebrany. Wiele badań potwierdza, że osoby atrakcyjne fizycznie są uważane za szczęśliwsze, mądrzejsze, inteligentniejsze. Dziś bez przerwy oglądamy i oceniamy oraz jesteśmy oglądani i oceniani. Nowe technologie, takie jak internet, bardzo nam to ułatwiają.

I chyba uzależniają nasze samopoczucie od opinii innych: „Dobre selfie sobie zrobiłam czy słabe?", „Ile lajków dostanę za to zdjęcie profilowe?". Facebook, Instagram, Tinder opierają się na przekazie wizualnym.

No właśnie. Do tej pory rozmawiałyśmy o tym, jak ciało przemawia zamiast umysłu, a teraz mówimy o tym, jak umysł przemawia przez ciało. I jedną z wiodących motywacji umysłu może być fantazja o tym, żeby być obiektem pożądania – niekoniecznie erotycznego, choć ono też odgrywa rolę – tylko w znaczeniu „bycia przyjętym". Żeby ktoś patrzył na mnie z zainteresowaniem, żeby chciał się do mnie zbliżyć. I to „chcenie" manifestuje się głównie przez ciało.

Problem w tym, że nasze ciało jest czymś, co dostajemy. Ono ma jakiś genotyp, kształt, predyspozycje, na które nie mamy wpływu. W trakcie życia spotykają je różne rzeczy, na które też mamy ograniczony wpływ. Najpierw jest przytulane przez rodziców albo i nie. Potem obdarzane spojrzeniem pełnym aprobaty albo narcystycznym spojrzeniem, które mówi: „Masz być ładny dla mnie, żebym mógł się czuć z ciebie dumny". Później, w okresie dojrzewania, przybiera różne kształty, które często budzą sprzeciw. Potem jest czas, gdy się wygląda w miarę dobrze, ale za to trzeba odpowiadać jakimś kulturowym wzorcom. Ciało kobiety na przykład przechodzi różne zmiany związane z ciążą, porodem, karmieniem albo kiedy jest poddawane leczeniu niepłodności. A potem się starzeje, traci sprawność, zaczyna chorować, czasem brzydnąć. I to jest kolejna rzecz poza naszą kontrolą.

A my dzisiaj lubimy mieć kontrolę nad wszystkim.

Usilnie próbujemy. I z jednej strony są te wzorce kulturowe, do których staramy się dopasować, ale druga rzecz to jest to, jak my się z naszym ciałem czujemy. Czy jesteśmy z nim spójni, czy nie? Czy je lubimy, czy nie? Zdarza się też, że konflikty z tym związane idą od środka.

To znaczy?

Dam przykład. Reżyserka Urszula Antoniak w którymś z wywiadów, przy okazji rozmowy na temat filmu o transpłciowości, który ma kręcić, zwierzyła się, że odkąd stała się świadoma, miała poczucie, iż jej nos do niej nie pasuje. Kiedy dorosła, poszła go zoperować, ale od lekarki usłyszała: „Pani nos nie będzie ładniejszy po operacji". Antoniak wytłumaczyła jej: „Ale ja nie chcę, żeby był ładniejszy. Chcę, żeby był inny".

Skąd ten brak spójności między tym, co widzę w lustrze, a tym, jak uważam, że powinnam wyglądać?

Źródeł jest kilka, ale tym, które wydaje mi się znaczące, jest potrzeba panowania nad ciałem. „Nie geny po rodzicach, nie dziura w brodzie po pradziadku. Zaprzeczę tej ciągłości. Odbiorę im władzę nad tym, jak wyglądam, i stworzę siebie na nowo. To mi da ulgę". Dzisiaj tę fantazję o stworzeniu siebie na nowo łatwiej zrealizować. Sprzyjają jej i kultura, i nowoczesne technologie kosmetyczne. Nie trzeba od razu zmieniać kształtu nosa. Można sobie zrobić tatuaż, kolczyk albo nacięcia w skórze i w ten sposób symbolicznie odzyskać ciało od jego pierwotnego właściciela, jakim mogliby być nasi rodzice czy przodkowie. Tatuaż od wieków jest formą zdobienia ciała, ale kiedyś zaznaczał przynależność społeczną czy informował o przejściu pewnego okresu rozwojowego. Dzisiaj przeszedł do mainstreamu. Tatuują się niemal wszyscy.

Ciekawe, że chcąc zaznaczyć indywidualność, upodabniamy się do innych.

Ale „nikt nie będzie miał takiego tatuażu jak ja, w tym miejscu co ja". „Nikt nie będzie mną".

Czy w tym symbolicznym odzyskaniu ciała od przodków chodzi o bunt?

Raczej o autonomię.

„W spadku dostałem delikatną posturę, ale nabiorę masy mięśniowej i stanę się kimś innym".

To też. Alessandra Lemma, brytyjska psychoanalityczka, autorka książki „Pod skórą", w której opisuje znaczenie modyfikacji ciała, przywołuje przypadki pacjentów kierowanych do niej przez chirurgów, którzy odmawiali przeprowadzenia operacji kosmetycznej, bo uważali, że jest albo niepotrzebna, albo zbyt inwazyjna. Ale pacjenci i tak chcieli się zmieniać, bo potrzebowała tego ich psychika.

Jeśli kogoś na to stać i ma taką fantazję, to dlaczego ma jej nie realizować?

Niech sobie to robi, tylko niech wie dlaczego. I nie chodzi mi o drobną korektę, która poprawi komuś samopoczucie. W takich sytuacjach jestem za, bo nie ma nic gorszego niż psychiczne poczucie niespójności. Ale jeśli ciało jest obiektem przemocy – jeśli tych operacji czy zabiegów jest coraz więcej, jeśli całe życie zaczyna być im podporządkowane – albo stan psychiczny jest nieustająco depresyjny, bo wciąż nie ma się tego ciała, które by się chciało mieć, to już bym się zastanawiała, jaka jest motywacja tego człowieka. Podobnie z ćwiczeniami fizycznymi czy z dietami. Jeśli motywacją jest zdrowie, jeśli daje to endorfiny i dobrze nastraja do życia, to niech skacze, pływa i loguje się na Endomondo. Ale jeśli ćwiczenia stają się sensem życia, jeśli myśli się obsesyjnie o tym, że jest się nikim, bo nie wygląda się jak guru fitnessu, jeśli podwaja się wysiłek mimo kontuzji, to dla mnie to przejaw autoagresji.

Zna pani przypadki, kiedy już można mówić o przemocy nad ciałem?

Znam pacjentki, które nadmiernie ćwiczą czy wycieńczają się dietami. Znam też pacjentkę, która uważa się za niską i chce zrobić sobie potwornie bolesną i drogą operację wydłużania kości. Jest tak owładnięta tą myślą, że wszystkie pieniądze odkłada na ten cel, poza tym nie spotyka się z mężczyznami, bo uważa, że nie jest teraz atrakcyjna. Mimo że jest ładną, proporcjonalnie zbudowaną kobietą i ma wiele innych atutów. W swojej głowie taka nie jest.

O ile ją ta operacja ma wydłużyć?

O mniej więcej 5 centymetrów.

Co to zmieni?

Według niej – wszystko. Będzie się lepiej czuć, będzie żyć jak jej rówieśniczki, spotykać się z mężczyznami. Poczuje się adekwatna.

Jest szansa, że tak będzie?

Jest, chociaż jeśli inwazja na ciało jest tak duża, to ulga może się pojawić tylko na chwilę. A potem trzeba robić coś następnego. I kolejnego. Zdarza się, że na taką przemoc nad ciałem psychika reaguje depresją. Lemma opisuje, że często zapadają na nią pacjentki po powiększeniu piersi.

Bo okazuje się, że te wielkie oczekiwania, które wiązały się z większymi piersiami, się nie spełniły?

To też. Albo kobiety mają poczucie, że te piersi jednak nie są ich, że przywłaszczyły sobie coś nie swojego. Albo że sprawa nie tkwiła w realnie większych piersiach, ale w jakimś niezaspokojonym deficycie psychicznym, którego nie sposób ukoić.

Jak się pracuje z kimś, kto przez ciało realizuje swoje fantazje, i dla kogo te konsekwencje są przykre?

Indywidualnie, bo każdy ma inny motyw. Jeśli ktoś się uzależnił od modyfikacji ciała, to pracuje się jak z osobą uzależnioną. Jeśli to ciągłe powtarzanie pewnego rytuału, to pracuje się jak z pacjentem kompulsywnym. A jeśli te zabiegi rodzą depresję, to wtedy pracuje się jak z pacjentem depresyjnym. We wszystkich przypadkach bada się wczesną relację z matką – bo to z nią jest się zwykle najintensywniej związanym cieleśnie, już w okresie ciąży. To dość istotny element w rozwoju poczucia własnej integralności, spójności i poczucia granic. Bardzo ważne jest też to, w jakim momencie życia jest pacjent.

To znaczy?

Jeśli jest nastolatkiem, to nie można abstrahować od tego, że jego ciało się przeobraża. Nie każdy nastolatek sobie dobrze z tym radzi. To w tym wieku często się pojawia chęć odzyskania ciała dla siebie, poczucie sprawstwa. I poczucie integralności z ciałem. Stąd tunele w uszach, kolczyki, tatuaże. Z kolei u pacjentów starzejących się może chodzić o dopasowanie się, bycie takim jak inni. Od ludzi sześćdziesięcio-, siedemdziesięcioletnich dzisiaj oczekuje się, że będą aktywni, sprawni, że będą pracowali i wyglądali na pięćdziesiąt lat, skoro czterdziestolatki wyglądają na lat trzydzieści. Rozumiem to, ale z drugiej strony mam poczucie, że niby walczymy z ageizmem, ale on nam się gdzieś cały czas sączy tylnymi drzwiami.

Ludzie boją się starości. Zawsze się bali.

Tylko że kiedyś ten lęk zagospodarowywała religia i sztywno wyznaczone role społeczne, a dzisiaj świat, przynajmniej ten zachodni, się laicyzuje, a ról do odegrania mamy wiele i wiele z nich jest bardzo atrakcyjnych. Współczesne kobiety często mówią: „Mogę się umówić z dziećmi, że będę pomagać im jako babcia raz w tygodniu od tej do tej godziny, ale w pozostałe dni mam swoje życie i swoje sprawy". Taka aktywność – dziś naturalna – realnie odracza myślenie o starości.

Do tego żyjemy coraz dłużej, jesteśmy świadkami tego, jak wygląda naprawdę wiekowa starość. Kiedyś ludzie umierali w wieku sześćdziesięciu-siedemdziesięciu lat, dzisiaj dożywają dziewięćdziesięciu. I ten widok często zaskakuje. Trwa też dyskusja na temat tego, na ile starzy ludzie są atrakcyjni dla młodszego pokolenia. Na ile są przekaźnikami wiedzy, doświadczenia. No więc raczej nie bardzo, bo współczesny świat zmienił się tak, że doświadczenie młodych jest niekompatybilne z doświadczeniem ludzi starych. I młodych niespecjalnie interesuje, co mają do powiedzenia ci drudzy. Już powiedzieli, jak to było w czasie wojny i kim jest wujek Stasiek. Wystarczy. Nikt też już się nie pali, żeby być nestorem albo nestorką rodu.

Doświadczenia lęku przed starością, przed tym, że już się nie będzie atrakcyjnym, dzisiaj nie trzeba poddawać obróbce psychicznej, można znaleźć zaspokojenie w działaniu. Natychmiast. „Ja się starzeję? Ja? Nie ma mowy! Pójdę po »złote nici« i rozważania na temat starości mam z głowy. OK, wydam pieniądze, trochę mnie to będzie kosztować bólu, ale będę mieć efekt! Jaki ja konflikt wewnętrzny muszę przeżywać? Co ja mam tu do obrabiania psychicznie?".

Na chwilę.

Dla jednych na krótszą, dla innych na dłuższą.

Co się przez to traci?

Na przykład to, że nie trzeba doświadczać tych wszystkich trudnych stanów: poczucia pustki, samotności, odrzucenia, straty.

To chyba fajnie.
Ale przez to człowiek pozbawia się szansy na psychiczną dojrzałość. Nie uczy się obchodzenia z trudnymi emocjami, nie przygotowuje na to, co nieuchronne. Śmierć zaczyna się jawić jako coś, o czym można nie myśleć.

Bo kiedy myślę o tym, że mam umrzeć, to tracę poczucie, że jestem kimś wyjątkowym?
O tak. To przerażająca myśl, że jest się takim jak reszta.

Te różne konflikty dotyczące sensu życia czy naszej śmiertelności literatura opisuje od zarania dziejów, ale myślę, że dzisiaj poczucie dyskomfortu psychicznego nie rodzi myślenia: to się z tym będę zmagać – przy pomocy bliskiej osoby, literatury, sztuki czy nawet psychoterapii – tylko ja to poczucie natychmiast zlikwiduję przez konkretne działanie. A to działanie jest na wyciągnięcie ręki. Niedługo botoks będzie na NFZ *(śmiech)*.

Nie wydaje się pani, że to jest jakaś faza i zaraz przyjdzie inna, która będzie wyrazem buntu przeciwko tej kulturze sukcesu, oglądania i wiecznej młodości?
Doświadczenie historyczne czy socjologiczne uczy, że tak jest. Tylko nie wiadomo, jak długo będzie trwała ta faza, w której jesteśmy. Przyjdą nowe możliwości i nasze poczucie mocy oraz władzy będzie rosnąć.

Będziemy sobie wszczepiać czipy z zapasowym mózgiem...
...albo hodować świnkę z własnego genetycznego materiału, a potem przeszczepiać w dowolne miejsce fragmenty jej skóry. Jakoś nie jestem daleka od takich wyobrażeń i może bym nawet sama z tego skorzystała.

Naprawdę?
Przecież ja też podlegam tym prądom, o których rozmawiamy. Wszyscy im podlegamy, nawet jeśli sądzimy, że jest inaczej. I tak jak z jednej strony można kompulsywnie robić operacje kosmetyczne, tak można uparcie tkwić w tym, żeby w żaden sposób nie ingerować w swoje ciało. Mimo że miałoby się na to ochotę.

Chodzi o umiar i wewnętrzną zgodę. W takiej kulturze żyjemy, więc nie jestem za tym, żeby to wszystko absolutnie zanegować.

A dla mnie w takiej postawie jest coś odświeżającego. Pamiętam, gdy w jednym z wywiadów Andrzej Stasiuk opowiadał, jak to próbował przespacerować się po parku w Niemczech. Zewsząd pojawiali się biegacze. Myślał, że go stratują. Już nikt w tym parku po prostu nie chodził.

Wiele zależy od tonu tej krytyki. Jeśli miałabym pacjenta, który wypowiada się na temat współczesnego świata z pogardą i poczuciem wyższości, to bym się zastanawiała, dlaczego. Co stoi u podłoża tego, że nie może zaakceptować świata, w którym żyje? Dlaczego musi się od niego odciąć? Bardzo by mnie to interesowało.

Dlaczego uciekamy w bezradność?

W pułapce

Rozmowa z **ZOFIĄ MILSKĄ-WRZOSIŃSKĄ**

Bezradność chroni nas przed konfrontacją z innymi stanami, których nie chcemy.
Ze złością, z frustracją, lękiem.

Jeśli w dzieciństwie otaczały nas często „martwe twarze" albo twarze wykrzywione złością, to wspomnienie przerażającego osamotnienia i bezradności zapisuje się w nas bardzo głęboko. W dorosłym życiu jesteśmy pełni lęku, że to bolesne doświadczenie może się odtworzyć.

Bycie bezwolną ofiarą daje, owszem, poczucie chwilowej ulgi, bo skoro to nie moja wina, to nikt nie może ode mnie niczego oczekiwać, ale na dłuższą metę jest paraliżujące.

Wyuczona bezradność to swego rodzaju stan rezygnacji, gdy okazuje się, że nic nie możemy zrobić, by uniknąć niewygody czy cierpienia. **W rezultacie nawet gdy warunki zmieniają się na korzyść, nie zauważamy tego i zachowujemy się tak, jakby wciąż nie było żadnego wyjścia.**

Jest i druga strona bezradności, czyli takie sytuacje, w których powinniśmy doświadczyć tego, że nie na wszystko mamy wpływ, i nie próbować go mieć na siłę. Więc przy całym cierpieniu, którego bezradność nam przysparza, czasem się też przydaje, byśmy mogli się pogodzić z tym.

Przy okazji innej naszej rozmowy wspomniała pani, że uczucie bezradności to jedno z najtrudniejszych uczuć. Dlaczego?

Bo czujemy coś dolegliwego: ból, złość czy niezgodę, ale jednocześnie niemoc, żeby coś z tym zrobić. Jest źle, ale nie widzimy żadnej możliwości zmiany, więc przeżywamy swoją sytuację jako stan ograniczenia, zniewolenia czy nawet przemocy. Niekoniecznie przemocy w sensie dosłownym – fizycznej czy psychicznej, wywieranej przez konkretnego człowieka. Czujemy, że nie mamy wpływu na coś dla nas istotnego, bo sprawy zostały już rozstrzygnięte i będą szły swoim torem niezależnie od naszych działań, czyli wszystko jedno, co zrobimy, nic się nie zmieni, a jeśli już, to na gorsze. Na przykład mąż gbur mówi, że na rozmawianie jest zbyt zmęczony, a jak się nie podoba, to mogę sobie znaleźć innego. Albo nauczyciel nigdy nie oceni dobrze wypracowania dziecka, bo się uwziął. Czy przychodnia proponuje wizytę u foniatry za jedenaście miesięcy.

Jednym słowem – kompletna niemoc.

W epoce całkowicie scyfryzowanych mediów mogłybyśmy teraz wyświetlić czytelnikom bardzo znane nagrania z badań Edwarda Tronicka z lat 70., zwane „still face" (martwa twarz). Zachęcam do obejrzenia ich w sieci. Są przejmujące. Brały w nich udział matki i dzieci w wieku od około ośmiu miesięcy do przeszło roku i najpierw między dziećmi a mamami była żywa interakcja, jak to na tym etapie bywa – dzieci coś „gugały", mamy odpowiadały, dzieci wyciągały przed siebie rączkę, mamy szły za tym wzrokiem, dzieci się śmiały, mamy odpowiadały na śmiech itd. W pewnym momencie zgodnie z poleceniem eksperymentatora matka zastygała na 30 sekund. Nie reagowała na zaczepki. Nie odzywała się. Nie ruszała. Jej twarz nie wyrażała niczego. Najpierw dziecko próbowało wznowić kontakt, zaczepiało, pokrzykiwało, coś pokazywało, ale w miarę upływu czasu stawało się niespokojne, napięte, wreszcie zaczynało płakać i krzyczeć. Doświadczało lęku i bezradności, bo okazywało się, że wszystkie sposoby, których się nauczyło, by pozostawać w kontakcie, przestały działać, a naprzeciw widziało najważniejszą osobę, która nagle przestawała na nie reagować.

Tyle że w eksperymencie Tronicka po trwających wieki – również dla widzów – 30 sekundach mama była znowu żywa, obecna i koiła niepokój dziecka.

W prawdziwym życiu niekoniecznie tak musi być.

No właśnie. Jeśli nasi opiekunowie reagowali na nas, byli obok, rozpoznawali nasze potrzeby, a jednocześnie zachęcali do samodzielności, to sytuacja zależności czy niemożności nie budzi w nas paniki, bo ufamy innym, ale też potrafimy sobie radzić. Jeśli jednak otaczały nas często „martwe twarze" albo twarze wykrzywione złością, to wspomnienie przerażającego osamotnienia i bezradności zapisuje się w nas bardzo głęboko. I nie jest to metafora – współczesna neuronauka potrafi wskazać, na czym ten zapis w mózgu polega. W dorosłym życiu jesteśmy wtedy pełni lęku, że to bolesne doświadczenie może się odtworzyć.

Są tacy, którzy udają, że się nie boją.

Donald Winnicott, wybitny brytyjski pediatra i psychoanalityk, pisał w latach 40., że jeśli prawdziwe ja nie zostało w dzieciństwie odzwierciedlone i przyjęte przez matkę – bo wtedy badacze na ogół ograniczali swoje badania rodzicielstwa do roli matki – to tworzy się fałszywe ja, swojego rodzaju warstwa ochronna, która ma służyć temu, by być samowystarczalnym i już nigdy nie poczuć zależności od innych. Zbroją może być pozycja społeczna, własna wyjątkowość, uroda, pieniądze, siła fizyczna. Takie osoby chcą wierzyć, że sobie ze wszystkim poradzą, nawet z pogarszającym się zdrowiem, z tym, że ktoś je opuści czy że z wiekiem staną się mniej atrakcyjne. Zamiast bezradności mają iluzję omnipotencji, chcą czuć, że panują całkowicie nad swoim życiem i nic tego nie zmieni. Może to przybrać postać maniakalną – nadmierna aktywność, niekończące się zadania i plany: pojedźmy tu, zaprośmy tamtych, zapiszmy się na to.

To są te wszystkie triatlony w okolicach czterdziestki? Wejście na Kilimandżaro w prezencie na czterdzieste piąte urodziny?

Bez przesady. To akurat może wynikać ze zdrowych motywów. Ale zgadzam się, że w okolicach czterdziestki ludzie często wpadają w panikę, bo już mniej więcej wiedzą, czym życie jest, dostrzegają również to, czego nie zrobili, i czasem mają taką myśl, słuszną lub nie, że jeszcze mogą to zrobić. A nawet jeśli dotrze do nich, że wirtuozem skrzypiec ani primabaleriną już nie będą, to próbują zostać – niejako w zastępstwie – mistrzem rajdowym. Na szczęście koło pięćdziesiątki zaczyna się już pojawiać zgoda na to, że jest się tu, gdzie się jest, i że niektóre drzwi zostały nieodwracalnie zatrzaśnięte.

Choć z drugiej strony trzeba pamiętać, że my czasem widzimy zatrzaśnięte drzwi tam, gdzie wystarczyłoby nacisnąć klamkę...

Jest taki apel upowszechniony przez ruch Anonimowych Alkoholików: „Boże, daj mi cierpliwość, żebym zniósł to, czego nie jestem w stanie zmienić. Siłę, żebym zmienił to, co zmienić mogę, i mądrość, żebym mógł odróżnić jedno od drugiego". I to trzecie najbardziej nas interesuje w kontekście tej rozmowy. Ta mądrość, która pozwoli nam odróżnić to, na co mamy wpływ, od tego, co od nas nie zależy, i żeby, jeżeli już uznamy, że coś od nas nie zależy, nie marnować czasu na jałową walkę.

Można mieć poczucie, że ma się wpływ, ale zrezygnować z działania. Czy to jest wtedy jakoś zdrowsze?

Bywają takie sytuacje, kiedy świadomie podejmujemy decyzję, że nie będziemy niczego zmieniać w tym momencie życia. I to rzeczywiście może być przejaw sprawstwa, a nie bezradności.

Wracając do męża gbura – jest chłodny, wycofany, zamyka się. Próbuję do niego trafić na różne sposoby, a on to lekceważy, odrzuca. Mówi: „Ostatecznie jak musisz rozmawiać, to mów, no, proszę, słucham", i chowa się za komputerem. Oczywiście, mogę podejmować kolejne próby, ryzykując coraz większy opór i konflikt, a mogę też stwierdzić, że mamy małe dzieci, dla mnie jest ważne, żeby one miały spokojne, bezpieczne środowisko, on przecież jest dobrym, troskliwym ojcem, wobec tego wszelkie konfrontacje odkładam na później. Albo wiem z doświadczenia, że zrobiłby się milszy, gdybym zgodziła się realizować jego seksualne fantazje, a ja akurat tego nie lubię. No i godzę się, że w tej chwili nie dostanę w swoim związku tego, co dla mnie ważne, ale to nie bezradność, tylko mój wybór.

Efekt jest jednak ten sam – to, co mi sprawia cierpienie, nie znika.

Ale wtedy inaczej się to przeżywa. Kiedy widzę, jak mąż wraca z pracy, po raz kolejny zamyka się w pokoju i nie ma ochoty na kontakt, to nie przeżywam swojego losu jak bezwolna ofiara, tylko myślę: „Dobra, przewalczenie tego byłoby bardzo trudne dla niego, dla mnie też, bo być może ja też przyczyniłam się do tego, że tak jest między nami, więc na razie odpuszczam, bo dla mnie ważniejsze są inne sprawy".

Bycie bezwolną ofiarą daje, owszem, poczucie chwilowej ulgi, bo skoro to nie moja wina, to nikt nie może ode mnie niczego oczekiwać, ale na dłuższą metę jest paraliżujące, jak u tych psów Seligmana, które nawet jak się pojawia jakieś inne wyjście, nie umieją z niego skorzystać. Do tego stopnia, że nawet jeśli okoliczności zmienią się na korzystne, to my nadal możemy czuć się tak, jakby nic od nas nie zależało.

Psów Seligmana?

Nawiązuję do znanej koncepcji tak zwanej wyuczonej bezradności. To pojęcie upowszechnił w latach 70. amerykański psycholog Martin Seligman. Wyuczona bezradność to swego rodzaju stan rezygnacji, gdy okazuje się, że nic nie możemy zrobić, by uniknąć niewygody czy cierpienia. W rezultacie nawet gdy warunki zmieniają się na korzyść, nie zauważamy tego i zachowujemy się tak, jakby wciąż nie było żadnego wyjścia.

Seligman przeprowadzał doświadczenia na psach, które były umieszczone w klatkach i rażone prądem. Po wielu próbach, kiedy odkryły, że cokolwiek zrobią, to i tak tym prądem dostaną, kładły się na podłodze klatki i nie robiły nic. Jeśli drzwi klatki zostały w końcu otwarte i pies mógł przejść do innego pomieszczenia, gdzie było bezpiecznie i były inne psy, którym nic złego się nie działo, to pies z wyuczoną bezradnością nie szedł tam sam z siebie. Gdy go przeciągano na siłę do klatki bez prądu, pozostawał tam, ale jeśli przenoszono go z powrotem do tej z prądem, nie uciekał do poznanego przed chwilą bezpiecznego miejsca.

Te eksperymenty nad wyuczoną bezradnością powtarzano potem na ludziach w rozmaitych konfiguracjach, oczywiście bez użycia prądu, ale z innymi nieprzyjemnymi doświadczeniami, na przykład ciągłymi porażkami w wykonywaniu jakiegoś zadania, niezależnie od tego, jak się badany starał. Efekt był taki sam jak u psów: kompletna rezygnacja i kapitulacja.

Jaki był morał z tych badań?

U większości, około 70 procent, można poczucie bezradności skutecznie wzbudzić i będzie ono trwało mimo zmieniającej się sytuacji. Okazało się, że ludzie szybko uczą się bezradności, czyli poczucia, że ich kontrola i wpływ na sytuację są nieskuteczne, a jak już się nauczą, to bez specjalnego programu nie jest ich łatwo tego oduczyć. Ale 30 procent skutecznie przeciwstawia się tym próbom, dostrzega nowe możliwości, szuka niestandardowych wyjść z sytuacji.

Potraktowano te eksperymenty między innymi jako metaforę życia w ustroju, w którym wolność człowieka jest ograniczona. Uważano, że dobrze to opisuje mentalność ludzi z krajów postkomunistycznych, którzy w czasach komunizmu rzeczywiście często doświadczali poczucia bezradności w konfrontacji z systemem, ale nie dostrzegali pewnych, nawet niewielkich możliwości działania pozasystemowego, a kiedy ustrój się zmienił, nadal mieli poczucie, że na nic nie mają wpływu, bo wszystko zależy od „Onych" czy „Wielkiego Brata".

Czy to znaczy, że ci, którzy często i łatwo czują się bezradni, zostali kiedyś tej bezradności nauczeni?

Kiedyś, czyli w dzieciństwie, taka strategia mogła komuś zapewniać poczucie bezpieczeństwa. Może było tak, że jakakolwiek próba własnej aktywności była przez rodziców surowo karana.

Może w domu panował reżim, do którego trzeba było się bezwzględnie dostosować, a jeśli dziecko próbowało się z tego reżimu wyłamać, było bite, odrzucane albo wyśmiewane i dość szybko się nauczyło, że względny spokój zapewni sobie, jeśli dostosuje się do tych zewnętrznych wymagań. Tak bywa w rodzinach przemocowych, autorytarnych.

A w lękowych? W których dużo jest przekazu: „Nawet nie próbuj, bo na pewno sobie krzywdę zrobisz".

Trzeba pamiętać, że na dziecko wpływają nie werbalne deklaracje rodziców, tylko to, co się dzieje. Przekaz będzie słabszy, jeśli dziecko stale słyszy, że świat jest okropny i trzeba uważać, ale ma okazję, by różnych nowych sytuacji popróbować, na przykład wyjść samo na podwórko, i nawet jeśli stłucze kolano, to będzie pocieszone, a nie ukarane. Jeśli natomiast w podobnej sytuacji usłyszy: „Upadłeś? A przecież mówiliśmy ci, żebyś nie wychodził! To teraz radź sobie sam i masz szlaban na podwórko do końca tygodnia", to przekaz będzie mocniejszy. Dziecko ma z natury potrzebę poznawania świata, sprawstwa, tak się rozwija nasz układ nerwowy. To dobrze widać na etapie, gdy niemowlę wyrzuca z łomotem zabawki z kojca i głośno woła, żeby mu je podawać. Czasem niesłusznie mu się przypisuje agresywne intencje („Oj, niegrzeczna Basiulka"), a ono tylko chce doświadczyć swojego wpływu na otaczający świat. Jeśli się okaże, że jak woła, to ktoś przychodzi, że jak coś rzuci, to ktoś podniesie (oczywiście niekoniecznie dziesięć razy z rzędu), a kiedy płacze, to świat stara się pomóc, to jest szansa, że jego poczucie bezradności w przyszłości będzie mniejsze.

Może też zdarzyć się tak, że to poczucie bezradności będzie dotyczyć tylko pewnych obszarów.

Na przykład?

Kiedy dziecko dorasta z przeświadczeniem, że ma być bardzo zaradne i sprawcze, jeśli chodzi o naukę, natomiast jeśli chodzi o wpływ na zachowanie młodszej siostry, to jest on zerowy. I kiedy ta siostra zniszczy jego rzeczy, zabierze zabawki, uderzy go, to usłyszy od rodziców: „Ustąp. Przecież jest młodsza. Nie wolno ci się do niej tak zwracać. Przecież jesteś starszy, daj przykład" etc.

Wtedy dziecko w kontakcie z kimś, kto używa pozycji słabszego, nie będzie się potrafiło chronić.

Z czym ten człowiek może mieć problem w dorosłości?
Może być bezradny w kwestii stawiania granic, dbania o siebie. Kiedy ktoś zada mu na przykład publicznie intymne pytanie, to będzie się poczuwać do odpowiedzi, zamiast powiedzieć stanowczo: „Dziwię się, że mnie o to w ogóle pytasz". Albo jeśli koleżanka z pracy poprosi go, żeby został dwie godziny dłużej, „bo ja mam dziecko do odebrania z przedszkola, a ty nie", to się na to zgodzi bez zająknienia, choć jest umówiony.

Ludzki umysł jest w stanie wyprodukować bardzo wiele racjonalizacji, żeby udowodnić nam, że słusznie czegoś nie próbujemy albo do czegoś się dostosowujemy wbrew sobie.

Ale co nam to właściwie daje? Że nie musimy podejmować wysiłku zmiany?
Bezradność na ogół chroni nas przed konfrontacją z innymi stanami, których nie chcemy. Ze złością, z frustracją, lękiem. Łatwiej czuć się bezradnym i bezwolnym, niż zebrać się na odwagę i na przykład złożyć wniosek o urlop u szefowej, która krzywo na to patrzy i sama urlopów nie bierze, bo trzeba się wtedy zmierzyć z jej niechęcią, ze swoim lękiem, ze złością na nią itd. Łatwiej jest powiedzieć sobie: „Ona taka jest, wszystkich mierzy swoją miarą, nikogo na urlop nie puszcza, nic na to nie poradzę".

Czasem też nauczyliśmy się, że tylko wtedy, gdy jesteśmy bezradni, słabi, chorzy, mamy szansę na miłość, troskę i zainteresowanie.

Czy to nie jest też tak, że bezradność chroni nasz wizerunek we własnych oczach, że lepiej jest mieć poczucie, że nic ode mnie nie zależy, niż że może ja coś zawaliłam?
Jeśli ktoś traci kolejną pracę z rzędu, a w następnej nie przedłużają mu umowy, to łatwiej jest myśleć, że „o wszystkim i tak decydują znajomości" albo „zorientowali się, że mam za wysokie kwalifikacje, i pewnie tym komuś zagroziłem", niż że może jakoś się swoim zachowaniem przyczyniam do tych porażek.

W psychoterapii zdarza się impas, kiedy psychoterapeuta próbuje pokazać pacjentowi jego wpływ na sytuację życiową, natomiast pacjent trzyma się uporczywie widzenia rzeczywistości, z którego wynika, że nic od niego nie zależało i nie zależy. Czasami ktoś we wczesnym okresie życia (bo wtedy mózg jest bardzo plastyczny i podatny na wpływy) nauczył się jakiegoś „programu", sposobu rozumienia i radzenia sobie z rzeczywistością (na przykład „Jak będę uległy, to uniknę kary") i gdy okazuje się, że w zmienionej sytuacji to nie działa (na przykład uległość powoduje, że staje się kozłem ofiarnym w grupie rówieśniczej), to czuje się całkowicie bezradny, bo nie ma innego programu.

Warto wspomnieć o eksperymentach amerykańskiej badaczki Carol Dweck, która dowiodła, że ludzie mają różne teorie dotyczące stałości lub zmienności swoich cech (sądzą, że są one wrodzone i niezmienne albo przeciwnie – ich kompetencje podlegają zmianom w rezultacie wysiłku, pracy), a skutek jest taki, że ci wierzący w niezmienność swoich cech po porażce czują się bezradni (bo wszelkie próby naprawy byłyby jałowe), ci drudzy przeciwnie, bo warto się wysilić. W tym kontekście to, że ktoś się zgłasza na psychoterapię, nie świadczy o jego bezradności, lecz raczej przeciwnie – o wierze, że może coś w sobie skutecznie zmienić.

Jon Frederickson, wybitny psychoterapeuta i nauczyciel z nurtu ISTDP, czyli intensywnej krótkoterminowej psychoterapii psychodynamicznej, podkreśla, że w życiu dorosłym stan bezradności to często obrona przed wymogiem ryzykownej aktywności czy poczuciem winy. A rzeczywiście bezradni możemy być w dzieciństwie, na przykład tyranizowane dziecko, i w konfrontacji z sytuacjami ostatecznymi.

Ale my tu cały czas rozmawiamy o poczuciu bezradności jako czymś negatywnym, a przecież jest i druga strona, czyli takie sytuacje, w których powinniśmy doświadczyć tego, że nie na wszystko mamy wpływ, i nie próbować go mieć na siłę.

Co ma pani na myśli?

Najbardziej typowa sytuacja to jakaś ważna strata, a już skrajnie – śmierć kogoś bliskiego. Bardzo często próbujemy temu zaprzeczać i nie akceptujemy tego, że nic już nie możemy zrobić.

W przeżywaniu żałoby jest taka faza (powszechna i normalna), kiedy szuka się winnych. „To przez lekarzy", „To przeze mnie – mogłam wcześniej go zaciągnąć do specjalisty", tak jakby miało to wrócić komuś życie... W ten sposób próbujemy zaprzeczyć bezradności, mówimy: „Miałam wpływ, coś tu jeszcze ode mnie na pewno zależało".

Podobnie kiedy bliski jest chory terminalnie i wiadomo, że jego dni są policzone i że to, czego potrzebuje najbardziej, to naszej zgody, żeby odejść – wtedy często rodzina, przyjaciele się mobilizują i na przykład organizują zbiórkę pieniędzy na jakieś bardzo kosztowne leczenie za granicą. To nie wynika z zachłanności czy naiwności, tylko jest próbą poradzenia sobie z bezsilnością.

A co by się przydało w takich momentach?

Zgoda na to, że już nic nie możemy, że skonfrontowaliśmy się właśnie z prawdziwą, najgłębszą bezradnością. Ale to bardzo trudne. Zresztą wszystko to, co się dzieje po śmierci – organizacja pochówku, redagowanie nekrologów, wypełnianie ostatniej woli – jest tak społecznie skonstruowane, żeby tę bezradność czynić lżejszą i oswajać ją przez stan żałoby.

Niezgoda na bezradność może też przekształcić się w tak zwaną patologiczną żałobę.

Kiedy to ma miejsce?

Kiedy na przykład matka dwojga dzieci traci trzecią ciążę i od tej pory to nienarodzone dziecko staje się dla niej najważniejsze. Opuszcza emocjonalnie swoje żyjące dzieci, jest skupiona tylko na tym, którego nie ma, obchodzi jego imieniny, rocznicę poczęcia, rocznicę poronienia i traktuje to jako ważniejsze święta niż na przykład urodziny swoich żyjących dzieci. To oznacza, że wciąż nie jest w stanie uznać, że już nic tego dziecka nie wróci, a ona nic na to nie poradzi. Przeciwnie, zachowuje się tak, jak gdyby to dziecko wciąż żyło.

Więc przy całym cierpieniu, którego bezradność nam przysparza, czasem się też przydaje, byśmy mogli się pogodzić z tym, że są rzeczy poza naszą kontrolą: upływający czas, starość, która niechybnie i nas dopadnie, a wreszcie śmierć. Życie w zaprzeczeniu bezradności nie sprzyja ani nam, ani naszemu otoczeniu.

Jak naszą bezradność odbierają inni?
To zależy, jak ona się przejawia. Jeżeli bezradność ma zapewnić komuś opiekę i miłość, to prędzej czy później wzbudzi złość. Jeśli przyjaciółka dzwoni po raz piętnasty opowiadać, że jej mąż jest straszny i ona już z nim nie może, a my jej czternaście razy wcześniej okazałyśmy wsparcie, wysłuchałyśmy, podałyśmy parę pomysłów na zmianę tej sytuacji, to będzie irytować. Możemy czuć się w takiej sytuacji wykorzystywane, nękane.

Ale zdarzają się też inne sytuacje, kiedy bezradność jest polem ekscytujących rozrywek interpersonalnych.

Bezradność jako rozrywka? Nigdy bym tak o tym nie pomyślała.
To pewien rodzaj gry towarzyskiej. Na przykład dwie przyjaciółki mężatki systematycznie narzekające na swoich obsesyjno-kompulsyjnych mężów („Robi awanturę, jak torebkę na stole postawię", „A mój wczoraj wszystko ze zmywarki wywalił i ustawił po swojemu") albo dwóch kolegów bezradnie medytujących nad niepoznawalną kobiecością: „Moja się czepia o byle co, jak się rozkręci, to żadna logika do niej nie dotrze", „Wiadomo, baby takie są", „Ciągle gada i gada, nic na to nie poradzisz". W tym sensie jest to rozrywka, że daje poczucie pewnej satysfakcji: no, nie tylko ja mam tak kiepsko, jest ktoś drugi, kto mnie rozumie i potwierdza, że nic zrobić się nie da.

Można też razem bezradnie ponarzekać na pracę, na szefa, na dzieci, na rząd.

To oni, to przez nich, ja – biedny. To taki znany polski refren.
Ale trzeba też pamiętać, że nawet jeśli obiektywna rzeczywistość jest taka, że nic nie można, nawet jeśli 90 procent ludzi będzie mówić, że się nie uda, to zawsze znajdzie się ktoś, kto się wyłamie. I wyjdzie na przykład na ulicę demonstrować albo podpisze List 34. I teraz kto jest lepiej przystosowany: ten jeden, o którym się będzie pięćdziesiąt czy sto lat później mówiło i pisało: „To od niego się zaczęło, bez niego by się nie udało"? Czy ci, którzy mówili, że nic z tego i tak nie będzie?

Wszystko zależy od tego, czy mu się uda, czy nie. To już historia oceni.

Może być tak, że pierwszemu się nie uda, ale drugiemu tak. Na przykład przed Religą był profesor Moll, być może bez niego nie byłoby Religi? Przeprowadził jedną operację przeszczepu serca, pacjent zmarł i Moll się wycofał. Relidze też kilka pierwszych operacji się nie udało. Wielu go zniechęcało: to niemożliwe, nie próbuj, w naszej kulturze to prawie jak bluźnierstwo. Kiedy kilku pierwszych pacjentów zmarło, miał prawo się poddać, ale tak się nie stało. Dzisiaj mamy około tysiąca pacjentów z przeszczepionym sercem. I teraz pytanie: uznać swoją bezradność czy próbować, nawet jeśli wszyscy mówią mi, że nie dam rady? Nie da się tego jednoznacznie ocenić. Z pewnością tylko niewielu z nas ma psychiczną możliwość, żeby walczyć z tym, wobec czego 99 procent jest bezradnych. Ale też wielu wybiera tkwienie w pułapce bezradności, chociaż widać wyjście.

Jak dbać o odporność psychiczną?

Człowiek z zasady nie pęka

Rozmowa z **MAGDALENĄ KACZMAREK**

Zdrowie psychiczne to nie jest jakaś magia. Nie jest tak, że jedni je mają, a inni nie. Ono zależy od naszych codziennych decyzji, wyborów.

Życie w nieustannym biegu, permanentnym zmęczeniu, w ciągłym poczuciu porażki podkopuje nasze przekonanie o tym, jak sobie radzimy w życiu. I kiedy stanie się coś naprawdę złego, to może się okazać, że nie mamy już skąd wziąć sił, żeby się przed tym obronić.

Kiedy kogoś spotyka duża tragedia, to otoczenie często wpada w konsternację, nie wie, jak się zachować, a ponieważ nie wie – to się odsuwa.

Warto zdać sobie sprawę, że nieustanny kontakt z pozornie drobnym stresorem – jak antypatyczny szef czy teściowa, która gada nad uchem – sprawia, że nasze zasoby do radzenia sobie z problemami szybko się zużywają.

Prawdziwi twardziele, których nic nie rusza – są tacy ludzie?
Nigdy i nic? Wątpię. Chociaż w latach 60. i 70. w Stanach Zjednoczonych rzeczywiście w psychologii pojawiło się pojęcie „hardiness", czyli dosłownie „twardość". Opisywało ono ludzi, u których pewna kombinacja cech osobowości miała sprawiać, że byli oni w stanie sobie poradzić nawet z najbardziej traumatycznymi zdarzeniami. Mówiąc kolokwialnie: brali je na klatę i szli dalej. We mnie to pojęcie budzi wiele wątpliwości, bo to, jak człowiek sobie radzi ze stresem, nie jest jego stałą cechą, nie wynika jedynie z tego, jakie on ma predyspozycje. Gdyby założyć, że twardziele są zawsze jak skała, to jak wytłumaczyć chociażby samobójstwa takich niezłomnych ludzi jak znany polityk czy generał?

W latach 90. pojawiło się inne, moim zdaniem bliższe rzeczywistości pojęcie tak zwanej rezyliencji, zaczerpnięte z inżynierii, a konkretniej – nauki o materiałach. Jeśli materiał zostanie poddany dużej sile i się odkształci, ale nie pęknie, to znaczy, że jest rezylientny.

Inaczej mówiąc – sprężysty?
Raczej odporny. Są takie materiały i są tacy ludzie. To nie znaczy, że traumatyczne doświadczenia po nich spływają. One też ich zaburzają, ale dzięki pewnej pracy, którą ci ludzie wykonują, podnoszą się i dalej dobrze funkcjonują.

Tę umiejętność mają po prostu w sobie?
Pyta mnie pani, czy rezyliencja to kwestia genów? No właśnie nie. To jest cecha, którą każdy może się nauczyć w sobie

wzmacniać. Bo ona nie zależy jedynie od tego, jacy jesteśmy, ale również od innych czynników, na przykład od tego, w jakim momencie życia spotyka nas to negatywne doświadczenie, jaki rodzaj wsparcia dostajemy, czy przed chwilą nie spotkała nas inna tragedia.

W jakich okolicznościach pojawiły się badania nad odpornością psychiczną?

Kiedy na nowo zaczęto definiować traumę. Przez dziesiątki lat po wojnie, gdy po raz pierwszy zajęto się traumą w psychologii, mówiono o tym, że jest to wydarzenie przekraczające normalne wyobrażenie, coś „niebywałego": zagrożenie życia albo widok śmierci drugiego człowieka. Bycie ofiarą napaści, pobicia, gwałtu, katastrofy, pożaru, powodzi czy widok makabrycznych scen – to wszystko zakwalifikowano jako traumę. Ale kiedy – właśnie w latach 80. w USA – przeprowadzono badania nad powszechnością traumatycznych zdarzeń na dużej grupie ludzi, okazało się, że takie doświadczenia nie są ani rzadkie, ani „niebywałe" – przeszła je blisko połowa ludzi, z czego jedna trzecia nawet więcej niż raz. Rozszerzono też definicję traumy, bo zorientowano się, że nie musi dojść do zagrożenia życia czy zdrowia – wystarczy, że czyjeś poczucie bezpieczeństwa, integralność zostaną naruszone, na przykład w wyniku napaści rabunkowej, aby takie zdarzenie było traumatyczne.

I co się okazało?

Okazało się, że większość ludzi jakoś sobie radzi! I to było kolejne odkrycie, bo w badaniach zakładano, że trauma automatycznie oznacza zespół stresu pourazowego. To znaczy wiadomo było, że nie wszyscy na niego cierpią, ale bardziej się interesowano tymi, którzy go mieli, i tym, jak powstaje, niż całą resztą. W imię tego, że to przecież oczywiste, że jak w życiu człowieka dzieje się coś „nienormalnego", to on reaguje na to psychopatologią: ma objawy przypominające depresję, izoluje się, unika tego, co się z traumą kojarzy, na przykład nie wychodzi z domu, jeśli był napadnięty, zmaga się ze wspomnieniami tego wydarzenia – na jawie i we śnie

– jest drażliwy, ma kłopoty z koncentracją, ze snem itd. To są klasyczne objawy zespołu stresu pourazowego, czyli PTSD (posttraumatic stress disorder).

W trakcie tych badań okazało się też, że to nieprawda, iż PTSD dotyka każdego po traumie i że w zasadzie pełne objawy tego zaburzenia rozwijają się u mniejszości ludzi. Jeśli chodzi o wypadki drogowe – poważne, nie takie, w których komuś się lusterko odgięło – to dotyczy około 10 procent osób.

Czy to oznacza, że pozostałe 90 procent to osoby odporne psychicznie?
Tak, chociaż to jest stopniowalne. Niektórzy radzą sobie dobrze, inni trochę gorzej, a jeszcze inni doświadczają nawet czegoś, co się nazywa „potraumatycznym wzrostem".

Trauma sprawia, że kwitną?
Należę do grupy badaczy, którzy sceptycznie odnoszą się do tego zjawiska. I nie wiem, czy ten „wzrost" nie jest efektem pewnej racjonalizacji, na zasadzie „przeżyłem coś koszmarnego, teraz już musi być tylko lepiej". Kiedy ludzie mówią o wzroście po traumie, to najczęściej mają na myśli rozwój duchowy – teraz wiedzą, co jest dla nich ważne, które relacje mają sens, jak chcą żyć. Jeżeli tak twierdzą i jest im z tym dobrze, to nie będę polemizować, ale byłabym daleka od tego, żeby rozpowszechniać tezę, iż trauma może mieć pozytywne skutki. Generalnie jest tak, że codzienne stresujące doświadczenia rzeczywiście nas hartują, frustracja uczy nas sobie z nią radzić i jeśli ktoś na przykład boi się wystąpień publicznych, ale występuje mimo to, to jest duża szansa, że nabierze wprawy i każde kolejne wystąpienie zniesie łagodniej. Natomiast trauma jest specyficznym rodzajem stresu, który jest tak silny, że ta zasada przestaje obowiązywać – im więcej traum, tym psychiczna kondycja człowieka będzie słabnąć.

Czyli nieprawdą jest, że to, co cię nie zabije, to cię wzmocni?
Raczej jest tak, że to, co cię nie zabije, to cię po prostu nie zabiło. I tyle.

Od czego zależy to, że jedni są bardziej odporni od innych?

To wynika z różnych naszych zasobów. Im mamy ich więcej, tym lepiej będziemy sobie radzić. Jednym z tych zasobów są nasze tendencje osobowościowe. Część z nich jest, mówiąc w uproszczeniu, bardziej dziedziczna, na przykład temperament; część kształtuje się przez całe życie, jak przekonania poznawcze. Mamy na przykład taką cechę, która się w różnych koncepcjach temperamentu nazywa neurotycznością albo emocjonalnością, albo reaktywnością. Są ludzie, którzy świat przeżywają intensywniej, co oznacza, że łatwiej reagują negatywnymi emocjami na jakieś negatywne zdarzenie i te emocje trudniej w nich wygasają. W przypadku radzenia sobie ze stresem ta cecha odgrywa bardzo ważną rolę. Wypadek drogowy u wszystkich obudzi strach, przerażenie, bezradność, ale podczas gdy ci mniej lękowi jakoś będą potrafili je opanować, tym bardzo lękowym trudno będzie się z nimi uporać. Więc takiemu szczęściarzowi, który w spadku dostał mniejszą lękliwość i większe opanowanie, może być trochę łatwiej budować odporność psychiczną.

To niesprawiedliwe, bo temperamentu zmienić nie można.

Można się nauczyć różnych metod radzenia sobie z lękiem czy z własną wybuchowością, ale rzeczywiście – niespecjalnie można go zmienić. Na szczęście większość ludzi jest gdzieś pośrodku tej skali reaktywności.

Optymistyczne jest też to, że temperament, jeśli chodzi o rezyliencję, niczego jeszcze nie przesądza. Są jeszcze inne, niezwykle ważne zasoby, które mają na nią wpływ. Jednym z nich jest sfera przekonań na własny temat. To nie są świadome przekonania ani wypracowane poglądy na temat tego, co o sobie myślimy, tylko wewnętrznie wdrukowane przekonania, które mogą się zmieniać przez całe życie. I jednym z takich przekonań, które ma wpływ na odporność psychiczną, jest przekonanie o skuteczności własnego działania.

A ja myślałam, że poczucie własnej wartości.
No właśnie nie.

Przekonanie, że na pewno mi się uda to, co zamierzam?
Nie. Przekonanie, że w ogóle mogę to zrobić, że mam wpływ na to, czego się podejmuję, inaczej mówiąc – poczucie kontroli. Według bardzo popularnej koncepcji Alberta Bandury poczucie sprawczości ma cztery źródła. Podstawowe pochodzi z samego działania: robię coś, wyszło mi, więc się przekonałem, że mogę, moja sprawczość rośnie. Ale jest pewien warunek: muszę zauważyć, że to mi się udało, przyjąć to do wiadomości. Jeśli powiem sobie: „Ale fart", „Gdyby nie pomoc Kowalskiego, to nic bym nie zrobił" – to moje poczucie sprawczości nie wzrośnie. Drugie źródło to modelowanie, które jest znacznie głębsze niż „papugowanie". To jest uczenie się przez obserwację, ale ze zrozumieniem, przyczyn danego zachowania. Jeśli widzę, że ktoś sobie radzi z trudnym doświadczeniem, to może mi pomóc nabrać wiary, że ja też umiem.

Na tej zasadzie działają grupy wsparcia?
Na przykład. Ale uwaga! Ważne, żeby to był dla nas ktoś ważny, autorytet.

Trzecie źródło to perswazja. To znaczy, że można kogoś przekonać, że da radę, na przykład na drodze terapii czy edukacji psychologicznej. Czwarty czynnik to stan naszego zdrowia fizycznego: im jesteśmy słabsi, im bardziej wyczerpani, tym nasze poczucie sprawstwa jest mniejsze. I tak jak nad temperamentem specjalnie nie można pracować, tak nad poczuciem sprawstwa można.

Co jeszcze?
Sprawa nie kończy się na tym, co my sami możemy zrobić, bo człowiek nie zmaga się ze stresem sam. Funkcjonujemy przecież w systemie społecznym – wokół nas są ludzie. I kie-

dy spotyka nas coś złego, to oni jakoś to zdarzenie interpretują i ta interpretacja ma na nas ogromny wpływ. Niestety, często jest tak, że ludzie nieświadomie dążą do takiej wizji świata, w której panuje porządek, więc wyobrażają sobie, że jeśli komuś się stało coś złego, to on musiał w jakiś sposób na to zasłużyć.

Dlaczego?!

To wynika z naiwnego myślenia, że dobrym ludziom zdarzają się dobre rzeczy, a złym ludziom – złe. A myśl, że może być odwrotnie, byłaby nie do zniesienia, bo wtedy świat jawiłby się jako niesprawiedliwy.

Ale świat często jest niesprawiedliwy.

Tylko ludzie nie chcą przyjąć tego do wiadomości. Stąd na przykład często ofiarę gwałtu obwinia się o to, że sama go sprowokowała, że gdyby nie szła sama, gdyby nie włożyła krótkiej spódnicy itd., to mogłaby go uniknąć. Generalnie jest tak, że kiedy kogoś spotyka duża tragedia, to otoczenie często wpada w konsternację, nie wie, jak się zachować, a ponieważ nie wie – to się odsuwa.

I jaki to ma wpływ na takiego człowieka?

Ofiara gwałtu, która spotyka się z obmową albo otwartym przerzucaniem winy, będzie się jeszcze bardziej wstydzić i zapadać w sobie. Jej rezyliencja będzie mniejsza, niż gdyby otrzymała wsparcie albo choć zrozumienie. Człowiek, którego dotknęła tragedia, a od którego znajomi się odsunęli, bo nie wiedzą, co mają zrobić, będzie sobie radził gorzej z przeżywaniem tej tragedii.

Dobrym przykładem są weterani wojenni. Jeśli wracają jako bohaterowie po wojnie, którą społeczeństwo akceptowało, to otrzymują wsparcie i lepiej sobie radzą ze stresem wyniesionym z pola walki, a jeżeli wracają z wojny, którą społeczeństwo bojkotuje, radzą sobie znacznie gorzej, bo nie dość, że przeżyli na przykład śmierć przyjaciół, sami otarli się o nią albo są ranni, to jeszcze dostają informację, że wzięli udział w czymś potępianym. Tę różnicę dobrze widać w Ameryce na przykładzie weteranów, którzy wrócili z Wietnamu i Korei. Więc interpretacja społeczeństwa również nam narzuca pewną opowieść o tym, co się stało, i dodaje nam sił do radzenia sobie ze stresem lub je odbiera.

Wsparcie najbliższych?
Oczywiście, bliscy to też ważny zasób. Chociaż najważniejsze jest nie to, co ludzie realnie dostają, tylko jak to postrzegają, bo ich oczekiwania co do wsparcia mogą być zupełnie inne. Może chcieliby go mieć więcej albo woleliby je dostać od innych osób, albo w inny sposób, więc duże znaczenie ma to, kto i kiedy nam tego wsparcia udziela, a nie to, czy ono w ogóle jest. Na pewno generalnie jest tak, że samotność, wyalienowanie sprawia, iż ludzie znacznie gorzej radzą sobie ze stresem, nawet tym codziennym, zwyczajnym. Co więcej, częściej chorują, wolniej dochodzą do siebie, szybciej umierają.

Mówiła pani, że dużo zależy od tego, w jakim momencie spada na nas to doświadczenie.
To ma kolosalne znaczenie. Jeśli jesteśmy już osłabieni przez wcześniejsze zdarzenia, to może się wydarzyć coś małego, co nas powali. I to jest dobry moment, żeby podrzucić postulat: o higienę psychiczną należy dbać.

Co to znaczy?
Że te wszystkie zasoby, które wymieniłam, trzeba cały czas budować, bo one same z siebie mają tendencję do rozwalania się. Weźmy na przykład przyjaciół – taką naturalną grupę wsparcia. Nasi znajomi się wykruszają: jedni wyjeżdżają, z innymi się pokłócimy czy rozejdą nam się drogi, więc albo trzeba dbać o te przyjaźnie, które są, albo szukać nowych.

Troska o higienę psychiczną polega też na tym, żeby eliminować niepotrzebne źródła stresu, na przykład stanie codziennie dwie godziny w korku w drodze do pracy. „Łatwo powiedzieć: »Przeprowadź się« – ktoś zaraz powie. Wiem, ale warto zdać sobie sprawę, że taki nieustanny kontakt z pozornie drobnym stresorem sprawia, że nasze zasoby szybko się zużywają. Podobnie jak antypatyczny szef czy teściowa, która gada nad uchem.

Trudno zmienić szefa, a teściową jeszcze trudniej.

To może zmienić sposób kontaktów z nimi? Albo zmienić coś w mojej głowie? Jeśli ciągle denerwuję się tym, że z niczym się nie wyrabiam, że nie jestem perfekcyjną panią domu, to może mogę zmienić swój stosunek do tego? Może odpuszczę sobie bycie perfekcyjną panią domu, za to docenię to, jak realizuję się w pracy?

Trzeba też na co dzień budować zasoby do radzenia sobie z problemami.

Czyli?

To są banalne rzeczy: dbać o odpoczynek, o ruch, o to, żeby się wysypiać – jak człowiek się regularnie nie wysypia, to przyjdzie mu kiedyś za to zapłacić. Jeśli żyjemy w ciągłym biegu, w ciągłym poczuciu porażki, to przecież podkopuje nasze przekonanie o tym, jak sobie radzimy w życiu. I kiedy stanie się coś naprawdę złego, to może się okazać, że nie mamy już skąd wziąć sił, by się przed tym obronić. Jak powiedział kiedyś Warren Buffett: „Kiedy przychodzi odpływ, widać, kto pływał bez majtek". On to mówił w odniesieniu do gospodarki w kryzysie, ale z ludźmi jest tak samo – zaniedbanie fizyczne i psychiczne prędzej czy później się na nas zemści. Zdrowie psychiczne to nie jest jakaś magia. Nie jest tak, że jedni je mają, a inni nie. Ono zależy od naszych codziennych decyzji, wyborów. Mnie się marzy, żeby już przedszkolaki, tak jak uczą się mycia rąk przed posiłkiem, uczyły się tego, czym jest dbanie o higienę psychiki, na przykład poprzez uświadamianie sobie własnych emocji, kształtowanie umiejętności radzenia sobie z niepokojem czy pobudzeniem, ale też z porażkami i konfliktami.

W tej higienie ważne jest chyba też, jak pani wspomniała, dbanie o relacje z ludźmi.

Oczywiście, bo to jeden z zasobów, które obecnie zanikają. Tysiąc przyjaciół na Facebooku, a w realu – ani jednego. Są badania amerykańskie, które pokazują, że wśród dorosłych aż 20 procent deklaruje, że nie ma się komu zwierzyć.

Naprawdę?

Naprawdę. Może zabrzmię jak straszna „konserwa", ale dla większości ludzi współmałżonek jest ważnym źródłem wsparcia. W momencie, w którym ludzie coraz częściej nie żyją w stałych związkach, to jedno z podstawowych źródeł wsparcia automatycznie zanika. I to ma naprawdę duże znaczenie, czy się z kimś mieszka na stałe, czy się z kimś spotyka od czasu do czasu, czy na Skypie. Relacje z przyjaciółmi w dorosłym życiu nie załatwią wszystkiego. One są z reguły inne niż w młodości – przyjaciele są zaangażowani w swoją pracę, w swoje życie rodzinne. Te zmiany w relacjach w dzisiejszym świecie może nie tyle są niekorzystne, ile są dużym wyzwaniem dla zdrowia psychicznego. Weźmy na przykład rodziny patchworkowe – ona, on, ich byli, dzieci z poprzednich związków, wspólne dzieci. To świetnie wygląda w filmie, ale w życiu trochę gorzej. Często ta plątanina relacji staje się kolejnym źródłem stresu.

Czy są jakieś badania, które mówią o tym, że nasza odporność generalnie słabnie?

Kultura, w której żyjemy, na pewno ma na nas wpływ, ale nie wiem, czy umiałabym jednoznacznie odpowiedzieć na to pytanie, stawiając tezę, że „kiedyś było lepiej, a dzisiaj jest gorzej". Świat się zmienia. To na pewno wymaga od ludzi większej mobilizacji, żeby się do tych zmian mogli zaadaptować, wymusza to na nas choćby szybkie tempo życia.

Z jednej strony – rzeczywiście dzisiaj mamy więcej depresji, więcej ludzi wypalonych zawodowo, z drugiej strony, jak się popatrzy na społeczności tradycyjne, biedniejsze, to tam nie jest jakoś szczególnie lepiej. Pamiętam, że na jednej z konferencji wstrząsnęła mną informacja, że w Afryce, szczególnie w krajach, gdzie miały miejsce walki, zdrowie psychiczne było w opłakanym stanie: uzależnienia, wysoki poziom przemocy, zaburzenia psychiczne – więc daleka byłabym od podtrzymywania mitu, że „kiedyś było lepiej". Przecież życie w poczuciu ciągłego zagrożenia, w poczuciu, że nie ma co do garnka włożyć, nie ma jak dojść do lekarza, nie wiadomo, czy jutro będzie praca – to jeden wielki stres.

Prawda leży pewnie pośrodku, bo człowiek współczesny z jednej strony żyje w zamieszaniu co do tego, kim jest, jak ma żyć, a z drugiej strony cywilizacja i względny dobrobyt jednak go chronią – wystarczy porównać straty po trzęsieniu ziemi w Japonii i w Iranie. Dzisiaj, jeśli chorujemy, mamy większe szanse się wyleczyć, mało kto tak naprawdę przymiera głodem, nie musimy w dzieciństwie żegnać umierającego rodzeństwa, rodziców, co jeszcze w pokoleniu naszych dziadków było czymś zwyczajnym.

Tym, co nas przede wszystkim osłabia, jest rozluźnienie więzi międzyludzkich i to, że każdy musi siebie jakoś zdefiniować.

Ale w jaki sposób to nas osłabia?

Kiedyś, w tradycyjnym społeczeństwie, role były rozdane. Każdy znał swoje miejsce, wiedział, kim jest, co mu wolno, czego nie wypada, jak ma się zachować w konkretnych sytuacjach. To człowieka z jednej strony ograniczało, ale też dawało mu matrycę tego, jak ma się zachować, kiedy na przykład przychodził kryzys. Dzisiaj ludzie sami się stwarzają, kształtują swoją tożsamość często bez wzorców albo na podstawie wielu wzorców, wchodzą i wychodzą z jakichś ról i kiedy przychodzi trudne doświadczenie, nie wiedzą, jak się zachować. Są zagubieni.

Optymistyczne jest to, że koniec końców człowiek jest świadomy i potrafi z refleksją odnieść się do swojego doświadczenia i wznieść się ponad nie.

Co to znaczy?

Powiedzmy, że jest rodzeństwo wychowane w rodzinie alkoholowej. Niewątpliwie negatywne doświadczenie. Jedno z dzieci powiela schemat funkcjonowania rodziców, drugie wręcz przeciwnie – rozwija się, zakłada szczęśliwą rodzinę. Jak to tłumaczyć?

No właśnie – jak?

Na pewno ważne są różnice indywidualne między nimi, o których mówiłam na początku: temperament, poczucie sprawstwa. Ważne jest też to, czy oni mieli jakieś dodatkowe wsparcie poza rodziną, w której się wychowali, na przykład życzliwą ciotkę albo nauczycielkę – może jedno z nich miało, a może tylko jedno umiało z tego skorzystać. Ale niezależnie od tego wszystkiego to, co w człowieku, i to, co na zewnątrz, w każdym konkretnym przypadku tworzy jedyny w swoim rodzaju, niepowtarzalny układ. Jak to się zmiesza i co z tego wyjdzie – tego już żaden psycholog nie będzie w stanie przewidzieć.

Do tego wszystkiego dochodzi właśnie pewna zdolność do autorefleksji. Jedni mają jej więcej, inni mniej. Jedni potrafią powiedzieć sobie: „Nie chcę żyć jak moi rodzice", i się tego trzymać. Inni nie potrafią. To jest jakaś miara dojrzałości psychicznej, a dojrzałość niewątpliwie z odpornością też się wiąże.

Jak dobrze wejść w dorosłość?

Zdalnie sterowani

Rozmowa z **ANNĄ SREBRNĄ** i **PAWŁEM PILICHEM**

W życiu ważny jest czas na próbowanie różnych rzeczy, ale w końcu trzeba podjąć decyzję. **Jednak dziś w podjęciu tej decyzji często uczestniczą rodzice.**

To „nie stać mnie" na samodzielność jest rodzajem wytrychu. Wytłumaczeniem, które ma ten stan symbiozy z rodzicami przedłużać, bo tu **nie chodzi jedynie o zależność finansową, ale przede wszystkim emocjonalną.**

Jeśli jesteśmy w zdrowej, a nie uzależniającej relacji z rodzicami, to możemy mieszkać nawet w tym samym bloku, a przy tym być osobni. Natomiast jeśli nie umiemy się odseparować, to i **na Antarktydzie będziemy sobie zadawać pytanie: „A co mama na to?"**.

Kiedy patrzę na dwudziestoparolatków, to widzę ludzi, którzy są pod olbrzymią presją cudzych oczekiwań: z jednej strony rodzice, którym zwykle się wydaje, że najlepiej wiedzą, co dla ich dzieci dobre, z drugiej – system edukacji, który nad kreatywność przedkłada dopasowanie się, z trzeciej – wolny rynek decydujący o tym, w które zawody warto inwestować, a w które nie, z czwartej – wirtualny świat, w którym to, co ważne, a co nie, zmienia się jak w kalejdoskopie. Część młodych sobie z tym radzi, bo kieruje się wewnętrznym kompasem wartości, ale część się gubi. Według badania CBOS z 2013 roku coraz więcej młodych uważa, że nic od nich nie zależy.

ANNA SREBRNA: Ma pani chyba na myśli tych, którzy przez te dwadzieścia parę lat nie zadali sobie pytania: kim jestem, czego chcę? I nagle budzą się w rzeczywistości, której sobie nie wybrali, i czują się w niej jak w więzieniu.

Tak. Na przykład kończą zarządzanie, bo rodzice przekonywali, że warto, a przedtem zainwestowali w nich – w języki, kursy – żeby mieli większe szanse na rynku pracy, nie dając im przy tym przestrzeni, by sami mogli odkryć, w czym są dobrzy i czego chcą.

PAWEŁ PILICH: To, o czym pani mówi, pokazuje problem z separacją, co obserwuję w swojej praktyce. Dziś start w dorosłość przesunął się w czasie. Wiążę to między innymi z daną nam wolnością, a co za tym idzie, z mnogością możliwości. Kiedyś scenariusz był prosty: kończyło się szkołę, następnie liceum lub zawodówkę, potem ewentualnie studia – przy czym do wyboru było znacznie mniej kierunków niż obecnie – a na koniec szło się do pracy. Dzisiaj wybór jest oszałamiający i może się stać przekleństwem, bo każde „tak" pociąga za sobą ileś „nie". Oczywiście w życiu ważny jest czas na próbowanie różnych rzeczy, ale w którymś momencie trzeba podjąć decyzję. Dzisiaj w podjęciu tej decyzji często uczestniczą rodzice.

Jakiś czas temu pewna para przyprowadziła do mnie dorosłego syna z poleceniem, żebym go „poprowadził" jako coach, żeby on wreszcie zdecydował się na jakieś studia, na jakąś ścieżkę kariery, bo sam nie wiedział, czego chce. Był bierny. Ci rodzice oczekiwali, że się stanę trzecim rodzicem, który tym młodzieńcem pokieruje.

I pokierował pan?
P.P.: Nie. Podczas konsultacji obaj doszliśmy do wniosku, że to, czego potrzebuje najbardziej, to terapia, która pozwoli mu się od rodziców odseparować i oprzeć na sobie.
A.S.: Przede wszystkim dostrzec siebie, bo on przyszedł na to spotkanie jako przedłużenie swoich rodziców.

Dane ten kłopot z separacją potwierdzają. 41 procent ludzi między dwudziestym piątym a trzydziestym czwartym rokiem życia nadal mieszka z rodzicami. Ale zwykle tłumaczy się to brakiem finansowych możliwości.
A.S.: Moim zdaniem to „nie stać mnie" jest rodzajem wytrychu. Wytłumaczeniem, które ma ten stan symbiozy przedłużać, bo tu nie chodzi jedynie o zależność finansową, ale przede wszystkim emocjonalną. Są przecież tacy, którzy w kilka osób wynajmują mieszkanie, dzieląc się kosztami, bo mają motywację, żeby samodzielnie stanąć na nogi. A w tym przypadku żadna ze stron nie jest zainteresowana, by ta symbioza się zakończyła, chociaż mogą to deklarować: dziecko może mówić, że chce żyć po swojemu, a rodzic – że chce, by było ono niezależne. A tak naprawdę traktuje je jako przedłużenie własnych ambicji, delegata w udane życie albo stopę zwrotu z zainwestowanej energii i pieniędzy. Dziecku trudno jest odróżnić, gdzie kto się kończy, gdzie zaczyna, więc chociaż ma dwadzieścia pięć lat, to nadal mentalnie jest niedojrzałe.

Ta ambicja rodziców czego może dotyczyć?

P.P.: Wśród rodziców można dostrzec tych, którym „się udało" – zrobili tak zwane kariery, dorobili się jakiegoś majątku, ale w tym procesie koncentrowali się głównie na sprawach materialnych. A potem zaczęli projektować na dzieci swoje ambicje nie tylko materialne, ale też społeczne, naukowe, i pchali je na medycynę, na prawo, na politechnikę, żeby zdobyły prestiżowy, ceniony zawód.

Można też dostrzec tych, którym „się nie udało", czyli w swojej ocenie nie zrobili kariery. I chociaż z perspektywy ich dorastającego czy dorosłego dziecka inaczej to wygląda – bo ci rodzice często mają już wykupione czy spłacone mieszkanie, stałą pracę, może i kiepsko płatną, ale z gwarancją emerytury – to często czują się przegrani. Oni z kolei mogą oczekiwać od dzieci, żeby odniosły sukces przede wszystkim finansowy. Jedni i drudzy w pewnym sensie byli nieobecni i emocjonalnie opuścili swoje dzieci – pierwsi dlatego, że byli zajęci karierą, a drudzy dlatego, że byli pochłonięci swoją frustracją. I w tych dorosłych już dzieciach może być takie pragnienie: zobacz mnie, ja tu jestem! Jeśli tej uwagi nie dostają, to pragnienie nie znika. Ono się może realizować na Facebooku, w relacjach z innymi ludźmi, w pracy – zabieganiem o docenienie, o uznanie. A wiadomo, że im większe oczekiwanie, tym rozczarowanie większe.

Realizacja rodzicielskiego scenariusza też jest taką próbą zwrócenia na siebie uwagi?

A.S.: Może tak być, czyli spełnię twoje oczekiwania, skończę to prawo, może mnie wreszcie zobaczysz, docenisz. Ale za tą rodzicielską kontrolą czy reżyserią poza realizowaniem własnych ambicji przez dziecko może kryć się jeszcze jedno.

Co?

A.S.: Lęk. Jeśli rodzice zmagali się z czymś trudnym, na przykład ich życie zawodowe było okupione potwornym wysiłkiem i nie skończyło się „sukcesem", to mogą chcieć tego dziecku oszczędzić. Mogą też się bać dzisiejszego świata – konkurencji, braku stabilności. I pochłonięci tymi lękami nie zauważają albo nie rozumieją, że dzieci mogą nie podzielać ich obaw, mogą się nie bać na przykład pracy bez etatu lub wybrać kierunek studiów, który zdaniem rodziców jest fanaberią, na przykład filozofię. Na marginesie – według najnowszych badań wielu z zasiadających w zarządach największych firm to właśnie absolwenci filozofii.

Słyszałam, że widok rodziców na uczelniach to nie rzadkość. Przychodzą walczyć o lepsze oceny, kłócą się o oblany egzamin w imieniu dziecka-studenta.
A.S.: No właśnie. Co jeszcze bardziej zwalnia tego studenta z poczuwania się do odpowiedzialności za własne życie, nie pozwala mu się nauczyć ponoszenia konsekwencji porażek. To pokolenie zresztą porażek nie lubi – nie da się ich wkleić na ścianę na Facebooku.

P.P.: O młodych ludziach mówi się też, że to pokolenie kosmopolityczne, że żyją bez granic, dużo podróżują, ale często to zwiedzanie świata odbywa się na koszt rodziców, którzy – bywa, że w taki sposób – chcą wynagrodzić dzieciom swoją nieobecność. Tajlandia? Australia? Podróż po Europie? Jedź, kochanie! To cię uczyni szczęśliwym.

Ale może to oddalenie się ma sens? W krajach anglosaskich istnieje instytucja „gap year", czyli roku między szkołą średnią a studiami lub tuż po studiach, który ma służyć temu, żeby się ten człowiek rozejrzał w świecie, ale i w sobie, dowiedział, czego tak naprawdę chce.
A.S.: To dobry pomysł, ale myślę, że ten czas może być wykorzystany dobrze albo zmarnowany. Zależy, na jaki padnie grunt.

W jakim sensie zmarnowany?
A.S.: W takim, że żadne ważne pytania o to, kim jestem, czego chcę, podczas tego „gap year" nie padną. A jeśli to rodzice go finansują, to mała szansa, że ten człowiek będzie musiał zderzyć się z frustracją, z wyborami, z ważnymi decyzjami. Co innego, jeśli będzie zmuszony sam się utrzymać, znaleźć pracę, która zapewni mu dach nad głową, jeśli zobaczy, że coś od

niego zależy, że ma wpływ na to, w jakich warunkach będzie mieszkał, co będzie jadł. Jeśli doświadczy tej samodzielności, to może ona być potraktowana jako inicjacja dorosłości, czas, który pozwoli się zorientować, co mnie interesuje, a co nie, co jest ważne, czego chcę, a co odrzucam. Umiejętność radzenia sobie z frustracją jest bardzo ważna, a mam wrażenie, że dzisiaj chętnie się ją pomija. Rodzice chcą urządzić dzieciom życie tak, żeby jej nie doświadczały. I jak one mają się potem odnaleźć w dorosłym życiu, w które frustracja jest wpisana?

Da się nauczyć radzenia sobie z własną frustracją, kiedy jest się już dorosłym?

P.P.: Trzeba ćwiczyć. To jest umiejętność, której uczymy się w domu, w relacji z bliskimi, którzy nie odrzucają nas, gdy sobie nie radzimy, uczą nas cierpliwości w procesie wychodzenia z trudnej sytuacji. Jeśli nie mieliśmy okazji się tego nauczyć, to możemy to zmienić także w dorosłym życiu – w relacjach z życzliwymi, wspierającymi ludźmi, na przykład z partnerem, a jak się nie da, to u terapeuty. To są takie doświadczenia korekcyjne. Dzieje się tak, kiedy na przykład zmieniam pracę i przez jakiś czas mi nie wychodzi, a bliska osoba mówi: „Widzę, że ci ciężko, jestem z tobą".

A.S.: Taki bliski człowiek może nam pokazać, że porażka to nie koniec świata, że niekoniecznie trzeba chować się do skorupy, kiedy coś nie wychodzi.

Aż jedna trzecia młodych ludzi uważa, że rozwiązaniem ich kłopotów na rynku pracy jest emigracja. Tłumaczy się to brakiem perspektyw. Ale czy za taką motywacją nie kryje się czasami chęć uwolnienia się od rodziców – fizycznego, ale i psychicznego?

A.S.: Też tak o tym pomyślałam, chociaż często to poczucie, że „tam wreszcie będę mógł być sobą", jest złudne, bo jeśli jesteśmy w zdrowej, a nie uzależniającej relacji z rodzicami, to możemy mieszkać nawet w tym samym bloku, a przy tym być osobni. Natomiast jeśli nie umiemy się odseparować, to i na Antarktydzie będziemy sobie zadawać pytanie: „A co mama na to?". Chociaż odległość rzeczywiście może pomóc w tym sensie, że wtedy człowiek po raz pierwszy podejmuje autonomiczną decyzję i na przykład jedzie do Anglii, mimo że ojciec jest zły, a matka mówi, że to nie ma sensu. To może kreować tożsamość i dać siłę.

P.P.: Wyjeżdżając na przykład z małego miasta, gdzie wszyscy się znają, taki człowiek też może zacząć od nowa, oprzeć się na sobie, a nie na historii, która go determinuje, bo „jest synem tego i tego". Ale rzeczywiście, wśród tych, którzy chcą wyjechać, są i tacy, którzy wierzą, że życie jest gdzie indziej.

A.S.: Tylko że w tym wypadku ono zawsze będzie gdzie indziej. Jak wyjadą do Londynu, to będzie w Paryżu, a jak pojadą do Paryża, to okaże się, że jest na antypodach.

To gdzie taki młody człowiek, który do tej pory właściwie nie zadał sobie pytania, kim jest i czego chce, ma szukać odpowiedzi?

A.S.: Dobrze, że się obudził, nawet teraz. Do mnie trafiają też tacy, którzy po raz pierwszy zadają sobie to pytanie w wieku lat pięćdziesięciu albo sześćdziesięciu.

Dam przykład, który nieźle ilustruje, jak najczęściej odpowiadamy sobie na to pytanie. Terapeuta czy coach pyta: „Kim jesteś?". Załóżmy, że odpowiada kobieta: „Jestem żoną X". „Nie pytam cię, czyją jesteś żoną, tylko kim jesteś". „No, pracuję tu i tu". „Nie pytam cię, gdzie pracujesz, tylko kim jesteś". „Jestem kobietą". „Nie pytam cię, jakiej jesteś płci, tylko kim jesteś". I kiedy ten cykl pytań mógłby się skończyć?

Kiedy padnie odpowiedź: jestem sobą?

A.S.: Ale dalej może się pojawić pytanie: co to znaczy? To tylko pokazuje, że my się definiujemy przez role, sytuacje, oczekiwania, często cudze. Nie zadając sobie podstawowych pytań, na przykład jakie wartości są dla mnie ważne. I nie chodzi o wartości typu „Bóg, honor, ojczyzna", tylko takie, które kiedyś ktoś ładnie nazwał „stolicami na mapie wewnętrznego świata". To może być miłość, bliskość, czas spędzony z rodziną, z przyjaciółmi, poczucie bezpieczeństwa. Jak ludzie zaczną te punkty na wewnętrznej mapie sobie określać, to może się okazać, że nie jest ważne, czy jestem architektem, prawnikiem czy położną, tylko czy realizuję to coś, co sprawia, że się zbliżam do odpowiedzi na pytanie, kim jestem.

Wyobraźmy sobie tego naszego studenta, dajmy na to, zarządzania. Ma szczęście, bo ma pracę, ale się z nią nie identyfikuje. Od czego ma zacząć?

A.S.: Po pierwsze, to nie jest tak, że te studia, których sam nie wybrał, były na nic. Czegoś się jednak tam nauczył i może je potraktować jak gimnastykę umysłu. Poznał ludzi, ma wyższe wykształcenie, czyli jakiś kapitał.

P.P.: Po drugie, to nie jest tak, że wszystko jest kompletnie jałowe. W jego pracy pewnie też są jakieś rzeczy, które go bardziej lub mniej interesują – jakieś szkolenia, zadania, ale też relacje. Ważne, żeby to odkryć. Kiedy czuje się najbardziej w zgodzie ze sobą? Co mu sprawia przyjemność? Kiedy czuje energię?

A jeśli poczuje, że wtedy, kiedy rozmawia w pracy z ludźmi, w przerwie na lunch?

A.S.: To co sprawia, że te rozmowy są wartościowe? Może to nie są rozmowy o pogodzie, tylko na przykład o czymś, co go zaczyna inspirować, chce się czegoś więcej dowiedzieć, coś robić? Kluczem jest to, żeby zacząć zadawać sobie pytania.

Bo my często wpadamy w pułapkę czarnowidztwa – że się nie da, że to beznadziejna sytuacja, że nie ma wyjścia. Ja uważam, że każdą sytuację można rozłożyć na czynniki pierwsze, obejrzeć z różnych perspektyw. I jak się ją już rozłoży, to zaczyna się widzieć, że tam są elementy czarne, ale są też szare, które, jak się rozłoży na jeszcze mniejsze elementy, to zaczyna się widzieć jakieś światełko w tunelu.

Jak ma się zaplecze i finansowe bezpieczeństwo w postaci rodziców, to ma się lepsze warunki do tego, żeby się temu poprzyglądać. A co z młodymi ludźmi z wyższym wykształceniem, którzy z braku perspektyw trafiają na przykład do Biedronki na kasę? I nie mają na takie rozglądanie się siły ani czasu?

A.S.: Ta pułapka, że „nie ma siły" czy że „nie ma czasu", to, jak już mówiłam, są takie „myki" umysłu. My czasem w ten sposób myślimy, żeby sobie nie zadać różnych ważnych pytań, bo one nas mogą skonfrontować z czymś, czego się boimy, na przykład z własną sprawczością: „Muszę tę robotę w Biedronce zmienić, bo inaczej zwariuję!". Takie tkwienie w sytuacji „bez wyjścia" daje nam, paradoksalnie, poczucie bezpieczeństwa, bo lepsze znajome bagienko, na które się można pozłościć i pożalić, niż podjęcie ryzyka, żeby spróbować z niego wyjść.

Do tego dochodzi cały system przekonań wyniesiony z domu rodzinnego, na przykład: „W naszej rodzinie nikt nigdy nie zrobił dużych pieniędzy", albo „Własny biznes nigdy nie wychodzi", albo „W tym kraju to nic się nie da". Jesteśmy wyposażeni w takie „prawdy", z czego nawet sobie nie zdajemy sprawy.

P.P.: Oczywiście są osoby, które nie mają alternatywy, ale myślę też, że jak ktoś ma wyższe wykształcenie i idzie do pracy do przysłowiowej Biedronki, to jest w tym coś z autodestrukcji, z sabotażu.

Ale co one mogą w ten sposób sabotować?

P.P.: Być może tę część siebie, która się zgodziła wybrać takie studia?

A.S.: Może to być też wyraz buntu wobec rodziców i wtedy można popatrzeć na to jak na próbę „wybicia się na niepodległość". „Zmusiłeś mnie, żebym poszedł na tę ekonomię? To ja ci teraz pokażę, co z tego wyszło". Taki człowiek ma wówczas szansę dość szybko z tej Biedronki wyfrunąć, bo widać, że coś się w nim przełamało, natomiast jeśli to wynika z jego przekonań, że „nic lepszego mnie w życiu nie czeka" i „nie da się inaczej" albo że „wszyscy w mojej rodzinie pracowali na kasie" – to gorzej. To dotyczy głównie tych, którzy nie mają odruchu czy też zmysłu samoobserwacji. Nie widzą, że mimo wszystko są w czymś dobrzy albo coś lubią, albo w czymś osiągnęli sukces, tylko wszystko ma pasować do scenariusza pod tytułem „Ja nic nie mogę". Wtedy trzeba pracować nad zmianą tych przekonań, ale samemu będzie trudno to zmienić.

No dobrze. Powiedzmy, że młody człowiek zaczyna sobie zadawać pytania i wpada na świetny pomysł, że chce założyć start-up. Jak on ma się teraz skonfrontować z rodzicami, którzy na przykład nie bardzo wiedzą, czym ten start-up jest, poza tym on nadal u nich mieszka, oni latami marzyli, że ich dziecko zostanie menedżerem w jakiejś firmie, a ono woli rzucić staż w korporacji i mieć nie wiadomo jaką pracę, w dodatku bez etatu.

A.S.: Często w tej konfrontacji wcale nie chodzi o realnych rodziców, tylko o rodziców wewnętrznych. Ci zewnętrzni są, mogą wywierać presję, okazywać niezadowolenie i niezrozumienie, ale znacznie trudniej jest przekonać ten wewnętrzny głos: „Nie wolno ci", „Zawiedziesz ich", „Nie tak miało być", „To nic pewnego" itd. Oczywiście nie chodzi o to, żeby w jeden dzień wszystko rzucać. Taka zmiana powinna być ewolucją, a nie rewolucją. Ale jeśli już wiemy, jakie wartości są dla nas ważne, to one wskażą nam drogę.

Może się okazać, że tego start-upu nie założę już jutro, tylko zostanę i popracuję tu, gdzie jestem, jeszcze rok, odłożę pieniądze na wynajem pierwszego mieszkania z kimś na spółkę i po roku będę się czuł bardziej autonomiczny i samodzielny do rozpoczęcia tego, na czym mi zależy. Czasem te decyzje są kompromisami, ale ważne, żeby kierunek się kształtował. I kiedy taki młody człowiek powie rodzicom, w co wierzy, ale też jakie widzi problemy po drodze, jakie przewiduje porażki, ale także sukcesy, to może się okazać, że ta rozmowa nie będzie tak trudna, jak zakładał, bo ten dialog odbywa się na poziomie dorosły – dorosły, a nie dorosły – dziecko.

Czasem młodzi ludzie mają dwie prace, a nawet trzy. Jedna daje na przykład zabezpieczenie finansowe, czasem też etat, ale się z nią nie identyfikują. Druga za to nadaje sens ich życiu. Taki układ jest zdrowy?

A.S.: Zdecydowanie tak, ale jako faza przejściowa. Bo w większości przypadków dzieje się tak, że jeśli ktoś naprawdę ma jakąś pasję, poświęca jej czas, zaangażowanie, to prędzej czy później ona zacznie przynosić pieniądze. Ponieważ to, w co inwestujemy energię, zwykle rośnie, rozwija się. Wielu, niestety, sobie na to nie pozwala, traktują swoją pasję jak fanaberię i nie dostrzegają jej potencjału dla siebie.

Może trudno im uciec od pytania: a co ja będę z tego miał?

A.S.: Ale to jest taki sabotażysta na wejściu! Jeśli ja po to śpiewam, żeby mieć krocie na koncie, to raczej przyniesie frustrację i tylko utwierdzi w przekonaniu, że się nie da i że w życiu trzeba koniecznie znojnie i nudno pracować, bo tylko to daje pieniądze.

P.P.: Ja myślę, że kluczem do tego jest spojrzenie na sprawę z różnych perspektyw. Z jednej strony są potrzeby materialne i trzeba je zaspokoić, z drugiej – marzenia i pragnienia, z trzeciej – realne możliwości i talenty. Różne rzeczy warto brać pod uwagę, myśląc o tym, co chcę robić. Skończyłem takie, a nie inne studia – jak w najlepszy sposób mogę je wykorzystać? Jak mogę budować dobre relacje z ludźmi w firmie, w której jestem? Jak mogę robić wystarczająco dobrze to, co robię? Jak mogę przekształcać tę rzeczywistość, w której jestem? Mogę narzekać na wygląd klatki schodowej w swoim bloku, ale mogę też spróbować wejść do wspólnoty mieszkaniowej i mieć wpływ na to, jak ta klatka wygląda. Albo postawić doniczkę z kwiatkiem.

A.S.: Chodzi o wzrost odpowiedzialności za siebie i swoje wybory. Trzeba też pamiętać, że studia, praca, życie w ogóle – to nie jest raz na zawsze zapisany scenariusz, tylko jest taki na dzisiaj. Pytanie, co z tym robimy.

P.P.: Bardzo ważna jest również tolerancja frustracji, o której już mówiliśmy. Żeby umieć przeczekać i nie dążyć do rozwiązania „na oślep". Jeśli ktoś odkrywa, że to, co robi, go nie satysfakcjonuje, że nie tak to sobie wyobrażał, to niech spróbuje najpierw tę sytuację i siebie w niej przeanalizować. Co ja tak naprawdę przeżywam? Co sprawia, że chcę uciekać? Albo: co powoduje, że jestem zgorzkniały?

I co to może być na przykład?

P.P.: Może zbyt wygórowane aspiracje? A może te aspiracje w ogóle nie są moje? Może to wyobrażenie o świetlistej karierze też się nie wzięło ze mnie, a może w ogóle coś jest z tym wyobrażeniem nie tak? Może to moje życie wcale nie jest takie najgorsze? A może koncentracja na tym, co mnie frustruje, służy temu, żebym nie zajmował się tym, co dla mnie trudne: niesatysfakcjonującym związkiem, niejasną relacją z rodzicami czy trudnościami w kontaktach z innymi – sprawami, od których nawet na koniec świata nie ucieknę.

I jak już to zobaczę, to co dalej?
P.P.: Dalej można zająć się tym, co mam. A nie tym, czego nie mam.

Kiedy ambicja nas buduje, a kiedy niszczy?

Więcej i więcej

Rozmowa z ZOFIĄ MILSKĄ-WRZOSIŃSKĄ

Rodzice mogą realnie stać komuś nad głową i mówić: MUSISZ zrobić aplikację adwokacką, bo w naszej rodzinie ZAWSZE... Ale mogą to też być rodzice, którzy są w człowieku wewnątrz i zajmują tyle miejsca, że trudno znaleźć coś swojego.

Ludzie chcą mieć poczucie, że ich wysiłki przynoszą skutek, że robią coś dobrego, co się komuś przyda. Chcą mieć poczucie sprawczości i kompetencji. To są zdrowe potrzeby emocjonalne. Natomiast jeżeli człowiek uważa, że sukces ma odnieść we wszystkim, czego się tknie, a do tego ten sukces go nie syci i dążenie do niego nie wiąże się z żadną przyjemnością - wtedy jest to źródłem cierpienia, nie czynnikiem motywującym.

Mało prawdopodobne jest, że ktoś przyjdzie do gabinetu psychoterapeuty i się poskarży: „Ja jestem chyba zbyt ambitny, to mnie męczy". Raczej powie: „Jestem w takim miejscu drogi zawodowej, że przestało mi się udawać to wszystko, co dotąd, i martwię się trochę".

Przeczytam pani pewną wypowiedź z gazetowego forum: „Jestem perfekcjonistką, wszystko, co robię, staram się robić jak najlepiej. W sumie robię to sama dla siebie, bo daje mi to ogromną satysfakcję, tylko jeśli coś się nie uda, to bardzo to przeżywam. Muszę zawsze wyglądać świetnie, stosownie do sytuacji. Jak gdzieś jadę, to muszę wszystko wiedzieć o tym kraju. W pracy tylko sukces się liczy. W sporcie też muszę być najlepsza. Nie robię tego na siłę. Lubię to, ale ciągle chcę więcej i więcej. I zastanawiam się, czy to nie poszło za daleko, bo kiedy coś idzie nie tak, staję się wredna dla innych. Gaszę słowem, spojrzeniem, umniejszam zasługi. Jak sobie pomóc? Dać na luz, tylko jak?".

Czy ten list dobrze ilustruje temat, o którym mamy rozmawiać – ambicję?

To czarny PR bardziej niż ilustracja. Ambicja nie musi się rozlewać aż tak szeroko, by dążyć do bycia najlepszym absolutnie we wszystkim. Człowiek ambitny, gdy mu się coś nie powiedzie, niekoniecznie upokarza innych, by poczuć ulgę. To raczej list o kłopotach z regulacją poczucia własnej wartości. Trudno autorce poczuć się coś wartą, póki nie osiągnie maksimum we wszystkim, a kłopot polega na tym, że i wtedy też nie ma spełnienia. Przy tego rodzaju konstrukcji psychicznej wewnętrzny głód jest nie do nasycenia.

To czym właściwie jest ta ambicja, jeśli nie takim głodem?

Trudno podać definicję.

Gdyby zapytać ludzi, czym jest ambicja, to otrzymalibyśmy odpowiedzi nie tylko różne, ale też sprzeczne ze sobą.

Wyobraźmy sobie kilka młodych kobiet uczących się śpiewu. Jednej to sprawia przyjemność, śpiewa dobrze, ćwiczy dużo i jej coraz lepszy głos sprawia, że jest z siebie dumna.

Teraz mamy drugą, która też się bardzo przykłada, ponieważ chce zostać aktorką i uważa, że wyćwiczony głos przydaje się w karierze. Te zajęcia ją męczą, nie lubi ich, mimo to nie rezygnuje i bardzo się stara.

Jest wreszcie trzecia, która ma matkę niezrealizowaną śpiewaczkę. I ta matka ciągle jej mówi: „Słuchaj, ty masz głos, masz talent, ja swój zmarnowałam, bo urodziłam dzieci, ale ciebie stać na więcej". Dziewczyna nie bardzo ma do tego przekonanie, nie lubi tych lekcji, ale chce być w tym bardzo dobra, mimo wszystko, no bo skoro mamie zależy...

W potocznym rozumieniu można o wszystkich trzech kobietach powiedzieć, że są ambitne. A może jeszcze i o czwartej – takiej, która uważa, że śpiew to głupie zajęcie dla mało ambitnych, a sama zajmuje się walką o ochronę środowiska.

Psychologia nic o ambicji nie mówi?

Ambicja to określenie potoczne, najbliżej jest pojęcie motywacji – to, co sprawia, że się uruchamiamy i działamy. Ambicję można by w przybliżeniu rozumieć jako motywację silną i dotyczącą subiektywnie ważnego obszaru. Może mieć wydźwięk pozytywny – kiedy ktoś angażuje dużo sił i energii, żeby osiągnąć trudny, a ważny dla siebie cel; ale też negatywny – ktoś wybiera niedobre dla siebie cele czy sposoby ich osiągnięcia albo kiedy jego pragnienie jest nienasycone. I to są psychologicznie dość odmienne zjawiska, które właściwie w ogóle nie powinny mieć wspólnej nazwy.

Od czego to zależy, czy ambicja nas buduje i pcha do przodu, czy nas niszczy?

To, czy jest to mechanizm sprzyjający człowiekowi, czy raczej powoduje różne wewnętrzne kłopoty, zależy od tego, na ile cel, w imię którego ktoś działa, jest celem autonomicznie przez niego wybranym lub uznanym, a na ile czymś narzuconym, obcym ciałem.

Co to znaczy?

Powiedzmy, że ktoś chce się nauczyć hiszpańskiego i chce to zrobić szybko, bo ma możliwość, żeby popracować w Hiszpanii przez dwa lata. Bardzo go ta praca interesuje, mógłby inaczej poprowadzić swoją karierę zawodową, ale sam tak wybrał i to jest cel, z którym się identyfikuje. To jest motywacja wewnętrzna. Wtedy ambicja będzie go napędzać.

Inną motywację będzie miał człowiek, który pracuje w korporacji i dostaje polecenie służbowe, żeby się tego hiszpańskiego nauczyć w przyspieszonym tempie, bo będzie przeniesiony do innego działu. Ma małe dziecko, nie dosypia i do głowy mu niewiele wchodzi, ale zależy mu na awansie, więc robi, co może, a do tego zawsze go interesowała Ameryka Południowa. To jest motywacja zewnętrzna, ale oparta na świadomej identyfikacji, niesprzeczna z emocjami, wartościami czy pragnieniami.

Zupełnie inaczej jest, kiedy ktoś realizuje cel cudzy i nieprzetworzony przez siebie – często pochodzący od rodziców lub innych autorytetów. To jest motywacja zewnętrzna nieuwzględniająca własnych celów i potencjału. Rodzice mogą realnie stać komuś nad głową i mówić: MUSISZ zrobić aplikację adwokacką, a potem MUSISZ założyć kancelarię, bo w naszej rodzinie od pokoleń ZAWSZE... Ale mogą to też być rodzice, którzy są w człowieku wewnątrz i zajmują tyle miejsca, że trudno znaleźć w sobie coś swojego.

Wewnątrz?

To są takie obce-nieobce byty, które się w nas zalęgły i które mówią dobitnie: „Musisz to osiągnąć, bo dla mnie to bardzo ważne, żebyś była kimś". I teraz, jeżeli ktoś realizuje cudzy (na przykład rodzicielski właśnie) scenariusz, to nawet gdyby robił z grubsza to samo, co ktoś, kto ma swój własny, to ponosi tego duże koszty. Było to pokazane w takich filmach jak „Czarny łabędź" Aronofsky'ego czy „Pianistka" Hanekego.

W „Czarnym łabędziu" Natalie Portman gra baletnicę, która robi wszystko, żeby zostać primabaleriną, popychana do tego przez matkę, której się to nie udało. Trudno powiedzieć, czy jest tu jakiś element własnej wewnętrznej motywacji córki, czy też wszystko dzieje się w wyniku symbiozy i przejęcia motywacji matki. Córka niszczy sama siebie, próbując osiągnąć nie swój cel, można więc przypuszczać, że nie wyodrębniła się ona na tyle spod władzy matki, żeby w ogóle poczuć, czego sama chce. W „Pianistce" jest podobnie, tylko jeszcze bardziej drastycznie.

Jak się czuje taka dorosła osoba, kiedy realizuje wyobrażenie swoich rodziców? Czy na końcu czeka ją za to jakaś nagroda?

Można sobie wyobrazić, że ona nawet sprosta wyobrażeniom rodziców, zrealizuje pokładane w niej nadzieje i zostanie primabaleriną albo uznaną pisarką. Ale prawdopodobnie i tak cały czas będzie miała poczucie straty, zmarnowanego czasu i wysiłku, bo chciała czegoś innego i żaden sukces jej tego nie wynagrodzi. Może zareagować depresją czy ulegać niekontrolowanym destrukcyjnym impulsom. Do tego często obawia się, że ktoś chce jej ten sukces odebrać. W niektórych konfiguracjach rodzinnych to zresztą adekwatne uczucie.

Jak wygląda takie zawłaszczanie sukcesu przez rodziców?

W dzieciństwie na przykład tak: dziecko powiedziało wierszyk, pani była zadowolona, pochwaliła, a rodzic mówi wtedy: „No bo jak ja cię wreszcie dopilnowałem, to się nauczyłaś i masz pochwałę, ale jakbym nie dopilnował, to nic by z tego nie było". A później może być tak: „Zostałaś gwiazdą, bo to ja cię zapisałam do szkoły baletowej, ja cię motywowałam, ja cię wspierałam, zmuszałam do ćwiczeń, gdyby nie ja, byłabyś nikim, bo z ciebie leń patentowany przecież".

To jest taki przekaz: ten twój sukces to nie do końca jest twój sukces, tylko całkiem mój właściwie. To ma często miejsce, kiedy rodzice czują jakiś brak w swoim życiu i chcą ten brak zapełnić poprzez dzieci. Zwykle nie zdają sobie z tego sprawy.

A co myślą?

No przecież – że robią to wszystko dla dobra swoich dzieci.

Naprawdę?

Na ogół taki rodzic ma pełne przekonanie, że chce dla swojego dziecka jak najlepiej, ale nie zdaje sobie sprawy na przykład z mechanizmu projekcji, który powoduje, że przypisuje dziecku własne potrzeby.

Jeśli matka marzyła, żeby być zapraszana na najlepsze sceny baletowe na świecie, i to jej się nie udało, może sądzić, że to jest największe szczęście, jakie człowieka może spotkać, i nie zastanawia się, czy jej córka tego chce, czy nie, czy się w ogóle do tego nadaje. A ponieważ zaczyna oddziaływać na dziecko bardzo wcześnie, zanim ono w ogóle jest w stanie zadać sobie pytanie o własne preferencje, to dziecko nieświadomie przejmuje marzenie rodzica i jest przekonane, że nie ma innej drogi.

Taki rodzic myśli: co może być lepszego niż osiągnięcie sławy i bycie podziwianym? Co może być lepszego niż zarabianie dużej ilości pieniędzy i kupowanie sobie wszystkiego, czego się chce? Co może być lepszego niż praca naukowa i należenie do elity? Każdy tego chce.

Poza projekcją dochodzą różne racjonalizacje, na przykład: jeśli ja namawiam syna na medycynę, to nie dlatego, że to jest moje niespełnione marzenie, ani dlatego, że jestem kolejnym ogniwem w dynastii lekarzy, ale dlatego, że to jest najpewniejszy zawód na świecie i ja w ten sposób dbam o jego przyszłość, bo jestem dobrym rodzicem.

W rezultacie tacy rodzice zaszczepiają w dziecku coś w rodzaju fałszywego ja. Dziecko stara się być jak najlepsze, ale niekoniecznie w tym, co mu najbardziej odpowiada.

Chyba ono nawet nie ma czasem możliwości sprawdzić, co by mu odpowiadało?

Ale wyczuwa, że realizuje nie swój plan. Może się zbuntować na przykład w okresie nastoletnim, odrzucić te wybory rodzicielskie, wykrzyczeć: „Ty mi kazałeś grać na tym pianinie, ale ja nigdy tego nie chciałem, nienawidzę tego!". Zaczyna robić wszystko odwrotnie, czyli pozostaje w dalszym ciągu w mocy rodzicielskich oczekiwań, tylko one są teraz drogowskazami nie „do", ale „od": „Wszędzie pójdę, tylko nie tam, gdzie oni mnie wysyłają". To się nazywa przeciwzależność.

Czym taka relacja między rodzicem, który chce swoje niespełnione ambicje realizować przez dziecko, a jego dzieckiem jest obciążona? Czy dziecko ma poczucie, że jest niewystarczająco dobre takie, jakie jest?

Gdy jest mniejsze, to może uznać, że istnieje w świecie coś najbardziej wartościowego i że rodzice słusznie chcą, by ono to osiągnęło, bo przecież w jakimś sensie chcą i wiedzą najlepiej. Natomiast równolegle doświadcza, że rodzice nie bardzo są zainteresowani tym, czego ono rzeczywiście by chciało, co lubi. Jeżeli rodzice nie mają świadomości, że kierują się swoim niespełnionym pragnieniem, to rzeczywiście trudno im spostrzec, że to, co robią, jest bardzo mocną ingerencją w dziecko i jego psychikę.

Ale może to wcale też nie jest takie czarno-białe.

Co ma pani na myśli?

Popatrzmy na przykład na siostry Williams czy siostry Radwańskie, czy uznanych pianistów, kompozytorów, śpiewaków. Jako dzieci zostały zaproszone do bardzo intensywnej pracy i nikt ich pewnie nie pytał, czy tego chcą. Czy dobrze się stało, czy źle? Trudno na to pytanie jednoznacznie odpowiedzieć.

Jeżeli dziecko osiągnęło taki sukces, to znaczy, że miało duży potencjał w tej dziedzinie. I może olbrzymia presja rodziców wyszła mu na dobre?

Ale wybitnych ludzi można na palcach jednej ręki policzyć. A co z całą resztą?

No właśnie. Mamy całą armię dorosłych, którzy mogą powiedzieć: „Ja nie wiem, po co to było. Jaki sens miały codzienne sceny o to, że nie mam najlepszych stopni z matematyki, a przecież pochodzę z inżynierskiej rodziny. Po co były te awantury o mierne z fizyki, kiedy mnie to w ogóle nie interesowało, a teraz jestem całkiem niezłym historykiem sztuki. To mi zatruło życie".

Zdecydowana większość ludzi skłanianych do przejęcia rodzicielskiego marzenia nie zrealizuje go. I będą mieli poczucie, że zawiedli.

Rodziców?

I siebie, bo to marzenie jest uwewnętrznione, niełatwo odróżnić, co było moje, a co ich. Z drugiej strony nie można od rodziców wymagać, żeby w ogóle powstrzymali się od wpływu na swoje dzieci czy też budowania w nich ambicji. Kluczowe jest to, czy w jakimś momencie w dziecku pojawia się własna motywacja, bo najprościej by było, gdyby to była motywacja wewnętrzna, czyli taka, kiedy po prostu samo działanie i doskonalenie się sprawia przyjemność, wtedy ktoś jest w stanie zainwestować w imię swojego celu dużo wysiłku, a sukces traktuje się w zasadzie jako efekt uboczny, choć przyjemny.

Co mamy na myśli, mówiąc, że ktoś jest chorobliwie ambitny?

Jeżeli chorobliwie, to pewnie zakładamy, że ma z tego tytułu więcej szkód niż pożytku.

W psychologii dość dużo się dyskutuje o takich sytuacjach, kiedy ludzie dążą przede wszystkim do tego, żeby zbudować sobie jakiś rodzaj pozycji, siły, zasobów. Mają poczucie, że czegoś im brakuje, że tacy, jacy są, nie są wiele warci. Jako dziecko ktoś taki zwykle dostaje sygnały od najbliższych opiekunów, że coś w jego sposobie funkcjonowania jest nie do przyjęcia, na przykład jest przestraszone, a rodzic mówi: „Nie wstyd ci, taki duży chłopczyk, a boisz się pieska". A piesek akurat jest wielki, czarny i warczy. Albo tłumi się żywotność czy spontaniczność dzieci, która dla rodziców jest nie do zniesienia. To są te wszystkie: „Nie hałasuj", „Usiądź tam i pobaw się, ale bądź cicho", „Nie krzycz". To może też być odrzucanie rodzącej się seksualności albo niezgoda na złość dziecka.

Czyli taka informacja: to i to jest w tobie fajne, ale tego to ja nie chcę?

Tak. Jeżeli jest tego dużo, jeżeli to dotyczy ważnych obszarów, to dziecko czuje, że takie, jakie jest, jest niedobre, i zaczyna budować coś, co Donald Winnicott nazwał „fałszywym ja". Te zachowania, które spotkały się z nieprzychylną reakcją, odrzuca, tłumi, rośnie z takim poczuciem, że coś w nim jest niewłaściwego. Jakaś skaza, feler. Albo wymagania niemożliwe do spełnienia. Ojciec alkoholik robi awantury, a matka mówi do córki: „Bądź grzeczna i ucz się dobrze, to tatuś się nie będzie złościł", a tatuś i tak się złości, bo ma taki zwyczaj, że jak się napije, to rozrabia, i niczyja grzeczność na to nie pomoże. No, ale córka czuje, że zawiodła. Trzeba to więc nadrobić, zamaskować – na przykład własną wyjątkowością, wielkimi osiągnięciami.

I wtedy poczuje się ze sobą lepiej?

Taki człowiek ma nadzieję (nieświadomą, oczywiście), że jak zrobi to wszystko, co da mu pozycję – będzie kimś, będzie miał pieniądze – to wtedy to jego kruche, prawdziwe, ale nieuznane kiedyś ja będzie chronione. I że wreszcie jednak zostanie przyjęty, bo się przecież bardzo stara. W tym sensie jest to chora ambicja, że nawet jeśli takiemu człowiekowi uda się zdobyć i pozycję, i uznanie, i satysfakcję, i zasoby, to nie będzie wcale ukojony.

I często ktoś, kto naprawdę wiele osiągnął, przychodzi i mówi: „Na początku to nawet czułem się z tym bezpiecznie, miałem satysfakcję, ale teraz, kiedy ustawiają się do mnie kolejki, kiedy stałem się kimś ważnym, to nie czuję z tego powodu żadnej przyjemności!". To jest pułapka – idziemy drogą, która wiedzie donikąd. Nie tak jak u ludzi, którzy chcą się stawać lepsi, bo to im sprawia frajdę albo ich to ciekawi, albo chcą się doskonalić, albo osiągnąć cel, z którym się identyfikują.

Ale czasami nie da się tego oddzielić.

W badaniach akurat widać, czy ktoś coś robi dlatego, że mu to sprawia przyjemność, czy dlatego, że czeka na niego zewnętrzna nagroda w tej czy innej postaci. Oczywiście nie możemy zawsze działać tylko na bazie motywacji wewnętrznej. Nawet gdyby wszyscy byli zdrowi psychicznie i mieli bardzo dobry kontakt ze swoimi potrzebami, to i tak robiliby rzeczy, które nie są immanentnie przyjemne, ale robić je warto albo trzeba. Czyli motywacja wewnętrzna to jest jedno, ale motywacja zewnętrzna, czyli robienie czegoś dlatego, że jest jakiś cel, który wymaga czegoś więcej niż samej przyjemności z działania, też jest ważna i normalna.

Tylko pytanie, kto ten cel stawia.

My wiemy, kto ten cel postawił, kiedy jesteśmy już dorośli? Mamy tego świadomość?

No właśnie często nie wiemy, w tym kłopot.

Czytałam ostatnio wywiad z Katarzyną Grocholą, w którym opowiadała, że krytycy nie bardzo cenią jej literaturę, i powiedziała tak: „Jeżeli wybór jest taki, że nie jestem ceniona przez krytyków, ale moje książki sprzedały się w 4 milionach egzemplarzy, albo jestem chwalona, ale moje książki sprzedają się w nakładzie 3 tysięcy egzemplarzy, to ja wolę to pierwsze".

I powstaje pytanie, czy to jest wypowiedź osoby ambitnej, czy nie. Czy ten cel jest jej własnym celem? Czy cel był taki: „Chcę być popularna, czytana i chcę zarobić dużo pieniędzy, a podobać się intelektualistom nie muszę"? Jeśli tak, to może w porządku. Ale wyobraźmy sobie, że cel był inny: „Chcę być wybitną pisarką, taką, którą będzie się wspominać w podręcznikach historii literatury nawet za trzydzieści lat". A jeśli tak, to czyj był to cel?

Nie wiemy tego, póki nie zrozumiemy konkretnej osoby i jej sytuacji.

Ale kiedy człowiek cierpi z powodu swojej chorobliwej ambicji albo dlatego, że poświęca się, by osiągnąć tak naprawdę nie swój cel, to chyba jest świadomy tego, że płaci za to wysoką cenę?

Też niekoniecznie, bo często działają mechanizmy obronne. Kiedy człowiek doszedł już do jakiegoś punktu i zaangażował w to bardzo dużo energii, to trudno mu jest skonstatować, że może nie tego chciał. Trudno uznać, że przez pół życia robiło się coś „nie swojego". Nie jest łatwo wszystko odkręcić i zacząć od nowa – czasem ze względów praktycznych, ale przede wszystkim dlatego, że narusza to ciągłość tożsamości.

To się zdarza u młodszych osób, które jeszcze coś mogą w życiu zrobić nowego, kiedy zdają sobie sprawę, że to, w co zainwestowały energię, nie było ich autorską decyzją. No, ale też możliwe, że jeżeli ktoś miał ambicję, żeby zrobić karierę w banku, a nachodzi go taka myśl, że teraz dosyć i będzie produkować sery na Mazurach, to może się okazać, że sens tego wszystkiego też ma być podobny – to mają być sery „number one", będzie się o nich pisać w gazetach i świetnie się będą sprzedawać. Pewnie dość szybko się okaże, że taka osoba potrzebuje sukcesu niezależnie od tego, czy robi w serach, czy w finansach.

Czy samo pragnienie sukcesu jest złe?

Przeciwnie. Ludzie chcą mieć poczucie, że ich wysiłki przynoszą skutek, że to, co robią, robią dobrze, że się komuś przyda. Chcą mieć poczucie sprawczości i kompetencji. To są zdrowe potrzeby emocjonalne. Chcą też mieć poczucie przynależności, to znaczy, że to, co robią, podoba się pewnej grupie, w której funkcjonują. No, a z tego wszystkiego może w sposób naturalny wyniknąć sukces.

Natomiast jeżeli człowiek uważa, że sukces ma odnieść we wszystkim, czegokolwiek się tknie, a do tego ten sukces go nie syci i dążenie do niego nie wiąże się z żadną przyjemnością – to wtedy trzeba się temu przyjrzeć.

Zdarza się też, że ambicja bywa źle umieszczona.

Co to znaczy?

Że ktoś chce realizować jakieś cele w obszarze, w którym jego zdolności wcale nie są największe, bo sukces w tym, co potrafi i co mógłby robić, go nie satysfakcjonuje. Taka osoba ma poczucie, że jeśli wykorzysta swoje zdolności w jakimś kierunku, to nie będzie żaden sukces, tylko pójście na niesatysfakcjonującą łatwiznę. Ona chce odnieść sukces w tej dziedzinie, w której talentu brak.

Ale dlaczego?

Bo to, co potrafi, jest nisko cenione przez sam fakt, że to on to potrafi (Woody Allen się kłania: „Nie chciałbym być członkiem klubu, do którego przyjmowaliby takich ludzi jak ja"). Jeśli ktoś uważa, że jest niewiele wart, to nie nasyci się niczym innym niż sukcesem tam, gdzie jest to dla niego niemożliwe.

To jest ta sama osoba, która była w dzieciństwie odrzucona?

Na przykład. Albo stale niedoceniana: „To świetnie, że dostałaś się na te studia. Aha, przy okazji, wiesz już pewnie, że Kryśkę przyjęli bez problemu na świetną uczelnię w Anglii. I stypendium dostała". To sygnał: to, co ty potrafisz, jest niezbyt dobre, staraj się bardziej, wspinaj się na palce. Czasami rodzice, którzy tak robią, powodowani są pewną intencją wychowawczą. Nie można chwalić. Trzeba zawsze pobudzać ambicję: staraj się bardziej, nie spoczywaj na laurach.

Czyli taka osoba będzie się starała odnieść sukces tam, gdzie ma najmniejszą na to szansę.

W każdym razie nie tam, gdzie ma największą. Niektóre świetne, skupione na dzieciach matki czują, że byłyby coś warte, gdyby zarabiały duże pieniądze, bizneswomen z górnych półek finansowych chciałyby mieć prestiżowy wolny zawód, a panie profesor mogą sądzić, że ich pozycja i intelekt nie wynagrodzą tego, że za mało były z dzieckiem, gdy ono tego potrzebowało. Dobra sytuacja zawodowa, finansowa, osobista nie syci. Nasyciłyby, gdyby była wyjątkowa, gdyby na przykład, jak sąsiadka, dostały od prezydenta miasta nagrodę za najpiękniej ukwiecony balkon – tyle że akurat nie mają balkonu.

Załóżmy, że jednak jakimś cudem dostaną, bo na przykład pięknie ukwieciły parapet. Nasycą się?

Będą w euforii przez jakiś czas, ale potem zaczną myśleć tak: jeśli ją dostałam, to znaczy, że ona wcale nie była trudna do zdobycia. Zresztą tylko głupek jakiś mógł mi ją przyznać, bo ja przecież w ogóle nie mam balkonu.

Zgoda na siebie to jest też zgoda na to, że ma się określony potencjał, że jest się w czymś dobrym, a w czymś innym – nie, że się ponosi porażki, że ktoś inny jest w czymś lepszy, że się człowiek starzeje, że nie jest niezniszczalny.

Skąd się bierze taka niezgoda na porażkę? Na to, że ktoś jest lepszy?

To jest niezgoda na to, że we mnie jest jakieś pęknięcie, które czyni mnie niedoskonałą, że tylko jeśli jestem doskonała, to jestem chroniona i tylko wtedy mogę dostać tyle bezpieczeństwa i akceptacji, ile ich potrzebuję. Jeśli okaże się, że coś robię gorzej, to ludzie mnie odrzucą, wyśmieją. Świat jest wrogi, dużo wymaga, łatwo niszczy i jeśli mam się przed nim obronić, to muszę być nieprzemakalna, nieskazitelna...

Czy ta osoba odczuwa to jako cierpienie?

Wtedy, kiedy się okazuje, że zawodzi samą siebie, a musi nieuchronnie zawieść, chociażby z powodów biologicznych – bo im ktoś jest starszy, tym staje się raczej mniej wydajny i na przykład praca non stop, z deficytem snu, przestaje być możliwa. A takie osoby zwykle nie są w kontakcie ze sobą, więc mają tendencję do tego, żeby siebie eksploatować. Nie czują, że ich ciało ma jakieś potrzeby czy ograniczenia. Nie umieją się sobą opiekować, opiekują się tylko swoją szansą na sukces. Jeśli ktoś taki wymaga też od siebie, żeby był nieomylny zawodowo – to też nie ma cudów, bo na pewno zdarzy się, że gdzieś się potknie.

Co robi wtedy? Neguje to?

Robi, co może, ale czasem mechanizmy obronne nie działają. Jeżeli z powodu swojego błędu traci pracę, to może sobie mówić, że to dlatego, że szef jest idiotą i go nie docenił, no, ale tak czy siak jest bez pracy i nie może znaleźć następnej.

Mamy bardzo rozbudowane mechanizmy obronne, żeby nie doświadczyć tej naszej niedoskonałości, którą w głębi przeczuwamy, ale rzeczywistość i tak nas do tego zmusi.

A jeszcze inną komplikacją jest to, że jak dowodzą badania prowadzone przez psychologów społecznych, czasem porażka jest dla nas sukcesem, a sukces porażką. Na przykład według badań Reinharda statystyczny mężczyzna traktuje porażkę w tak zwanej niskostatusowej z ich perspektywy dziedzinie (kobiecej) jako osiągnięcie (na przykład, że nie umieją czegoś ugotować), ponieważ zwiększa to ich poczucie przynależności do wysokostatusowej grupy własnej (mężczyzn).

Polskie badaczki Krystyna Drat-Ruszczak i Róża Bazińska opisały niedawno także efekt odwrotny, kiedy sukces staje się porażką – ktoś doceniony i skuteczny jako ciepły i życzliwy może być uznany za niekompetentnego, ponieważ w ten właśnie sposób (jako ciepłych, ale niekompetentnych) stereotypowo spostrzega się osoby z niższym statusem społecznym (kobiety, bezrobotnych, bezdomnych).

Gdy tacy ludzie, którzy mają kłopoty z ambicją, trafiają do pani do gabinetu, to na co się skarżą?

Mało prawdopodobne jest, że ktoś przyjdzie i się poskarży: „Ja jestem chyba zbyt ambitny, to mnie męczy". Raczej powie: „Jestem w takim miejscu drogi zawodowej, że przestało mi się udawać to wszystko, co dotąd, i martwię się trochę. Właściwie nie wiem, czy potrzebuję psychoterapii, najlepiej może coachingu, żeby znowu mi się zaczęło udawać". Jak się temu przyjrzeć bliżej, to się może okazać, że taka osoba ma wyobrażenie, że wszystko musi się jej powieść, wobec tego nie ma żadnej odporności na porażki. Albo może powiedzieć tak: „Mąż nie może znieść tego, że odnoszę sukcesy i że dużo zarabiam. Ciągle ma do mnie pretensje i nie wiem, o co mu chodzi. Nie widzi i nie ceni tego, że ja tak dużo pracuję". A w bliższej rozmowie okazuje się, że jej poziom zaangażowania w pracę jest taki, że bardzo niewiele zostaje na jakąkolwiek bliskość z partnerem, z dzieckiem.

Jakby ktoś powiedział: „Zdaje mi się, że realizuję się przez osiąganie celów, które nie do końca są moimi celami, i się w tym spalam", to uznałabym, że to już jest osoba o pewnym poziomie autorefleksji i teraz musimy się zastanowić, co się takiego stało, że osiągnęła taki wgląd w siebie teraz, i gdzie ta jej świadomość była przedtem.

Przychodzą też pacjenci i mówią: „Moja córka się nie uczy, nie chce studiować, co ja mam zrobić? Przejęłaby firmę po mnie, a nie chce".

I co tam się okazuje?

Może się okazać, że dla tych dzieci, wcale już nie małych, kontynuacja drogi rodzica jest nie do zniesienia, ale niezgoda na tę kontynuację jest niemożliwa. I tkwią w takim zawieszeniu. Mogłoby się właśnie wydawać, że nie mają ambicji.

Nie mogą się na nic zdecydować?

Iść drogą rodzica nie chcą, bo woleliby zobaczyć, kim są jako oddzielne osoby, ale odrzucić definitywnie tę drogę się boją albo im szkoda, więc się tak wożą. Czekają, co się stanie.

Bywa też, że młodzi ludzie, którzy mają trudności z separacją, czyli psychologicznym oddzieleniem od rodziców, tkwią w takiej sytuacji, pozorują, idą na czwarte studia albo piąte i cały czas nieświadomie czekają na to, że ci rodzice wreszcie dadzą im coś, czego nie dali wcześniej: zainteresowanie, uznanie, miłość. Tylko jeżeli czegoś się nie dostało w wieku lat trzech albo pięciu, to w wieku lat trzydziestu już się tego nie nadrobi.

Czasami te osoby – tak zwane bez ambicji – nie chcą odnieść sukcesu, bo uważają, że rodzice by ten sukces potraktowali jako rozgrzeszenie. Mówią na przykład tak: „Jeżeli ja bym w życiu coś osiągnęła, to oni mogliby pomyśleć, że byli dobrymi rodzicami, a nie byli!".

Często są to ludzie z potencjałem, ale życie im się rozmywa, nie zakładają rodziny, związki im się rozpadają, pracę mają byle jaką, mieszkają gdzieś kątem, ale nie chcą dać rodzicom satysfakcji.

Ale też bywają to bardziej powikłane motywacje, na przykład taka: nie chcę być lepsza od mojej matki.

Skąd taka blokująca motywacja?

Czasami jest tak: nie wolno mi stworzyć lepszej rodziny niż moja matka, nie mogę mieć większego sukcesu niż mój ojciec, bo czułabym się wobec nich nie w porządku. Albo: spotkałaby mnie kara.

To może też dotyczyć rodzeństwa. Między rodzeństwem jest przecież bardzo dużo rywalizacji i ludzie sobie różnie z nią radzą. Czasami próbują jej zaprzeczyć i wobec tego mówią: „Ja nie chcę być lepsza od mojej siostry", czasami przeciwnie – takie dążenie do sukcesu czy do osiągnięcia czegoś za wszelką cenę to jest chęć wygrania rywalizacji z rodzeństwem o uwagę rodziców. W dorosłym życiu ta rywalizacja może się przenieść na innych ludzi – pracowników, koleżanki, z którymi trzeba wygrać, bo jak nie, to ta wewnętrzna matka czy ojciec będą rozczarowani.

Ale z takiej rywalizacji między rodzeństwem może wynikać też przeciwstawna postawa, czyli że ktoś nie będzie odnosić sukcesu, bo jak go odniesie, to będzie zwyczajnie: moja siostra zawsze odnosi sukcesy i wszyscy traktują to normalnie, więc jak będę sprawiać kłopot, będę rozczarowywać, to może wreszcie mnie zauważą.

I czy ktoś taki jest ambitny, czy właśnie nie?

Przewrotne to pojęcie, jak widać.

Jak nadać pracy sens?

Na zakład z uśmiechem

Rozmowa z **BARRYM SCHWARTZEM**

Nie wiem, czy spędzanie połowy życia w miejscu, w którym nie chce się być, na robieniu tego, czego nie chce się robić, ma sens.

To mit, że przyjemność z pracy jest luksusem zarezerwowanym tylko dla elit. Prawnik z Manhattanu może być tak samo nieszczęśliwy i sfrustrowany jak pracownik stacji benzynowej na prowincji, ale obaj mogą też być bardzo szczęśliwi.

Milenialsi nie są pokoleniem, które stanie w obronie szefa rządzącego według zasady: „Rób tak, bo ja ci tak każę". Raczej powie: „Chcesz moich talentów i wiedzy w tej firmie? To zrób coś, żeby dało się w niej pracować".

Większość ludzi codziennie zrywa się z łóżek i idzie do pracy dla pieniędzy. To źle?

Każdy musi z czegoś żyć i słusznie oczekuje zapłaty za swój wysiłek. Ale to nie powinien być jedyny czy główny powód, dla którego ludzie pracują.

Pracownicy, którzy mają satysfakcję z tego, co robią, w ogóle nie wspominają o wynagrodzeniu. Wymieniają za to wiele innych motywów.

Po pierwsze, są zaangażowani. Czują, że mają „misję".

Tyle że tych zaangażowanych jest ledwie 13 procent, a reszta albo jest mocno zdystansowana do swojej pracy, albo jej nie znosi. To dane Instytutu Gallupa ze 142 krajów.

Czyli najwyższy czas coś zmienić.

Co jeszcze sprawia, że ludzie lubią swoją pracę?

Przestrzeń i autonomia działania – oznaka, że przełożeni ich szanują i im ufają. Liczy się też możliwość uczenia się nowych rzeczy, rozwój. Perspektywa tkwienia w tym samym miejscu i wykonywania tych samych monotonnych zadań nikogo dobrze do pracy nie nastraja.

Ważne jest również to, by móc doświadczać różnych aspektów pracy, a nie tylko przekładać papiery z miejsca na miejsce. Trochę zabawy, wrażenie zatracania się w pracy, tak jak się zatracasz w zabawie, nie zaszkodzi.

Ale najważniejsze jest poczucie, że praca ma sens. I że czyni życie innych lepszym lub choćby znośniejszym.

Rozumiem, że lekarz albo wykładowca może mieć takie poczucie. Ale kasjerka w supermarkecie?

Też. To mit, że przyjemność z pracy jest luksusem zarezerwowanym tylko dla elit. Prawnik z Manhattanu może być tak samo nieszczęśliwy i sfrustrowany jak pracownik stacji benzynowej na prowincji, ale obaj mogą też być bardzo szczęśliwi. Wiele zależy od tego, jak są zarządzane ich firmy.

A ile zależy od charakteru człowieka?

Moja współpracownica Amy Wrzesniewski twierdzi, że wszystko. I że przy odpowiedniej motywacji każdy z dowolnej pracy może uczynić sensowne miejsce działania. I tu się różnimy z Amy.

Ja uważam, że przez złe zarządzanie każde, nawet najlepsze miejsce pracy można zohydzić; i odwrotnie – dobre zarządzanie jest w stanie uzdrowić nawet najgorszą kulturę pracy. Rzecz jasna, zdarzają się ludzie – na przykład niektórzy moi koledzy na uczelni – którzy będą narzekać w każdych, choćby najbardziej luksusowych warunkach. Mam dla ich biadolenia mało tolerancji, bo uważam, że akurat my wykonujemy jeden z najlepszych zawodów świata, dający i wolność, i bezpieczeństwo, i poczucie sensu.

Trafiają się też ludzie potrafiący nadać znaczenie nawet najmniej prestiżowej profesji. Na przykład Luke i Carlotta, salowi, z którymi rozmawiała Amy, gdy badała zjawisko satysfakcji z pracy.

Na czym polegała ich wyjątkowość?

Zakres ich obowiązków składał się z dwudziestu jeden punktów, takich jak mycie podłóg, zmiana pościeli, wymiana żarówek, zbieranie brudnych talerzy itp. – nic, co świadczyłoby o tym, że to robota, którą można polubić. Dopiero po pogłębionych wywiadach okazało się, że wykonywali mnóstwo zadań wykraczających poza oficjalne obowiązki. A to dało im satysfakcję z pracy i poprawiło atmosferę w szpitalu.

Co takiego robili?

Rozśmieszali i pocieszali pacjentów, gawędzili z ich rodzinami, udzielali informacji, wzywali pielęgniarki, kiedy coś wzbudziło ich niepokój. Potrafili też nie wykonać zadania z listy, na przykład nie odkurzyć korytarza, by nie budzić drzemiącej rodziny pacjenta. Albo zdarzało im się zrobić coś jeszcze raz, gdy ktoś ich o to poprosił.

Dlaczego to robili? Bo żaden nadzorca nie patrzył im na ręce, nie rozliczał z każdego umytego schodka. Gdyby tak było albo gdyby szpital z powodu „trudnej sytuacji finansowej" zwolnił połowę salowych, a Luke i Carlotta musieliby robić dwa razy więcej w ramach etatu, pewnie nie mieliby ani czasu, ani siły na te wszystkie „dodatki". Atmosfera w szpitalu by siadła, a oni przestaliby uważać swoją obecność w nim za mającą większe znaczenie.

Przypominam sobie też „strażnika przejścia" niedaleko mojego kampusu. Macie taki zawód w Polsce?

U nas to „człowiek z lizakiem".

No więc ten gość, w wiatr czy w deszcz, stał przy tym przejściu dla pieszych po kilka godzin dziennie, pilnując, by żadnego dziecka nie potrącił samochód. Gdybym miał to robić, cierpiałbym niewyobrażalne katusze. A on każde dziecko znał z imienia, każdemu mówił „dzień dobry", zagadywał do kierowców. Myśli pani, że zachowywałby się tak, gdyby po drugiej stronie ulicy stał jego szef, a na koniec miesiąca obciął mu pensję za rozmowy z pieszymi, bo „zagrażają bezpieczeństwu"?

Coś pan tych menedżerów nie lubi.

Osobiście nic przeciwko nim nie mam, ale symbolizują wszystko, co najgorsze we współczesnym modelu pracy, zwłaszcza tak zwani menedżerowie średniego szczebla. Ten model jest przesiąknięty ideologią zaczerpniętą od Adama Smitha, która opiera się na przekonaniu, że ludzie są z natury leniwi i gdyby nie musieli zarabiać na życie, to by w ogóle nie pracowali.

A nie jest tak?

Gdyby ludzie byli z natury bezczynni, nie byłoby nas tutaj! Ludzie chcą pracować i czuć się potrzebni, a my od ponad dwustu lat wierzymy w to, że do pracy trzeba człowieka zmusić – za pomocą kar, zasad, nagród, dodatków, obietnicy awansu albo groźby utraty pracy. Takie myślenie bardzo sprzyjało rozwojowi fabryk w epoce przemysłowej i utrzymaniu w ryzach siły robotniczej. Problem w tym, że ono działa jak samospełniająca się przepowiednia: odbierając ludziom wszystkie inne źródła satysfakcji z pracy poza kasą, przyciąga się do niej pracowników, którzy przychodzą do pracy jedynie po kasę.

Co jest złego w pracy tylko dla pieniędzy? Znam ludzi, którzy twierdzą, że ich prawdziwe życie zaczyna się po pracy. W dni powszednie realizują się po osiemnastej, a potem w weekendy.

Nie wiem, czy spędzanie połowy życia w miejscu, w którym nie chce się być, na robieniu czegoś, czego nie chce się robić, ma sens. Niewielu ludzi potrafi podzielić swoje życie na takie przegródki i nadal z pełnym zaangażowaniem wchodzić w inne relacje, być pełnymi energii, uważnymi rodzicami, partnerami, przyjaciółmi. Większość takie odcięcie się demoralizuje.

Przed rewolucją przemysłową praca nie była obciążona ideologią, wedle której człowiek z natury jest leniem?

W przypadku większości profesji ludzie mieli większą kontrolę nad swoim życiem niż robotnicy w fabrykach. Bardziej panowali nad tym, jak układał się ich dzień, jaka była kolejność wykonywanych czynności. Poza tym często pracowali w małych społecznościach ludzi, których znali. Pracowali z nimi, dla nich albo dla siebie, dzięki czemu to, czym się zajmowali, miało konkretny, a nie abstrakcyjny wymiar. Poza tym praca była bardziej zintegrowana z życiem prywatnym; te dwa światy nie były tak oddzielone jak dziś. Ludzie identyfikowali się z tym, co robili, do tego stopnia, że wiele nazwisk, jak Weaver (tkacz) czy Smith (kowal), pochodzi od zawodów.

Dlatego nie będzie nazwisk w rodzaju Menedżerski albo Korporowicz?

Tak. Taka identyfikacja rzadko ma miejsce w fabryce czy biurze, chociaż zdarzają się wyjątki. Na przykład Japończycy pokazali, że można tworzyć zakłady pracy, w których robotnicy będą się angażować. Ale tam stawia się na zespół, na to, by każdy czuł się współodpowiedzialny za całość, a nie tylko za swój odcinek. Kiedy firma odnosi sukces, jest to sukces wszystkich, a gdy ponosi porażkę, wszystkich to dotyczy. Na taśmie produkcyjnej każdy robotnik ma dostęp do tak zwanej linki andon, której pociągnięcie wstrzymuje cały proces produkcyjny. Każdy pracownik może to zrobić, jeśli dostrzeże, że coś poszło nie tak. Amerykańskie fabryki nie mają takiego rozwiązania. Kiedy coś się zepsuje, po prostu posyła się produkt dalej w nadziei, że ktoś inny to naprawi.

Czy to się nie bierze z japońskiego etosu pracy i kultury, w której kluczowa jest wspólnota?

Japoński styl pracy może działać także w innej kulturze. Jakieś czterdzieści lat temu w Kalifornii firma General Motors miała fabrykę samochodów uważaną za najgorszą w całej Ameryce. Robota szła tam bardzo powoli, pracownicy obijali się i handlowali narkotykami pod bramą, a każdy samochód, który zjeżdżał z taśmy, miał wady. Na dodatek na odcinku pracownicy – pracodawcy ciągle wybuchały konflikty.

W pewnym momencie Toyota weszła we współpracę z General Motors i zaproponowała, że zmieni tę fabrykę na modłę japońską. Japończycy nikogo nie zwolnili, tylko zaprosili pracowników na dwutygodniowe szkolenie do Japonii i wprowadzili te same zasady, które obowiązywały w pozostałych fabrykach firmy. Po roku jakość samochodów produkowanych w Kalifornii była taka sama jak jakość japońskich. Wniosek? Nie chodziło o to, że Japończycy są z natury bardziej pracowici czy bardziej kompetentni od Amerykanów. Sekret leżał w organizacji i kulturze pracy. Co ciekawe, General Motors mimo oczywistego sukcesu tego zakładu nie zmienił tak żadnej z pozostałych swoich fabryk.

Dlaczego?

Bo spotkał się z oporem pracowników przyzwyczajonych, że mają wrogie stosunki z przełożonymi. Dzięki temu nadal mogli wywierać naciski, walczyć o korzyści, robiąc najmniej, jak się da. Nowy układ wymagałby od nich dogadania się, zaufania i wzięcia na siebie części odpowiedzialności.

To z powodu braku zaufania pracodawcy wprowadzają coraz więcej sztywnych reguł.

Sztywne reguły to nie tylko oznaka braku zaufania, ale również braku szacunku. Sprawiają, że ludzie tracą satysfakcję z tego, co robią. W szkołach podstawowych w Chicago scenariusz nauki pisania literki „b" ma kilka stron. „A teraz powiedz dzieciom: »Usiądźcie na dywanie w kółeczku«. Następnie poinformuj je, że dzisiaj będziecie się uczyć literki »b«, jak »bath« (wanna). A teraz przestrzeż dzieci przed niebezpieczeństwem zanurzenia się w zbyt gorącej wodzie. Potem zapytaj: »Czy znacie jakieś inne słowa, które zaczynają się na tę samą literę?«"...

Nauczyciel nie może zaproponować nic od siebie?

Problem polega na tym, że dzisiaj do tego zawodu ciągną głównie średniacy. W latach 60., kiedy byłem młody, to był prestiżowy zawód, realizowały się w nim przede wszystkim świetnie wykształcone, inteligentne kobiety chcące połączyć życie rodzinne z pracą zawodową w przyjęty w owych czasach sposób. Dniówka kończyła im się więc z ostatnim dzwonkiem, a wakacje pokrywały się z wakacjami ich dzieci. Dzisiaj takie przebojowe i ambitne kobiety zostają lekarkami, prawniczkami i dyrektorkami banków. Zawód nauczyciela stracił na prestiżu, więc wybierają go głównie ci, którzy nie bardzo wiedzą, co ze sobą zrobić. Sztywny scenariusz to sposób na to, by każdy, kto umie czytać, mógł poprowadzić taką lekcję.

Ale to zabija kreatywność.

I to jest właśnie cena wprowadzania tych wszystkich regulaminów. Średniacy pozostają średniakami, a ci, którzy mają talent i misję, prędzej czy później z tego zawodu odchodzą. Wszyscy wiedzą, że to kiepskie rozwiązanie, ale nikt nie ma odwagi szukać innego. Bo jeśli pozwolić nauczycielom na samodzielność, to się okaże, że część z nich do niczego się nie nadaje. Średniactwo jest bezpieczniejsze, pozwala uniknąć katastrofy.

Zachętom też pan jest niechętny.

Zachęty potrzebują jakiejś skali. Pracownik zasłuży na nagrodę, kiedy osiągnie konkretny cel w określonym czasie, na przykład gdy pracownik infolinii rozwiąże problem sześćdziesięciu klientów w dwie godziny. Ludzie są inteligentni i dość szybko się orientują, jak realizować wytyczne, nie będąc ani produktywnym, ani oddanym temu, co się robi, ani tym bardziej oddanym klientowi. Nie ma systemu ocen, którego nie da się oszukać, więc by zasłużyć na nagrodę, na przykład bonus na koniec roku, ludzie lawirują. W Stanach nauczycieli ocenia się na podstawie tego, jak dobrze ich uczniowie zdają najważniejsze egzaminy i testy. Zamiast więc przekazywać dzieciom wiedzę, nauczyciele uczą je, jak osiągnąć dobry wynik na egzaminie.

Kiedyś powiedział pan, że zewnętrzna motywacja niszczy wewnętrzną. Jak to działa?

W pewnym przedszkolu rodzice notorycznie spóźniali się po dzieci, więc dyrektor wprowadził kary finansowe. Przedtem rodzice mieli jeden powód do przychodzenia na czas – umowę z przedszkolem. Teraz dostali drugi. Intuicja podpowiada, że dwa powody są lepsze niż jeden, lecz okazało się, że to nieprawda. Po wprowadzeniu kar liczba spóźnień wzrosła.

Dlaczego?

Bo rodzice uznali, że pozostanie pół godziny dłużej w pracy może im się bardziej opłacać, nawet mimo kary finansowej. Oczywiście można było ustanowić tak wysoką karę, by spóźnianie się nie było opłacalne, ale uderzającą rzeczą jest coś innego: wprowadzenie kary kompletnie wyeliminowało poczucie odpowiedzialności, świadomość, że po prostu nie należy się spóźniać. A kiedy dyrektor zrezygnował z kar, bo nie zdały egzaminu, spóźnialskich jeszcze przybyło!

Regulaminy i bonusy niszczą także zawód lekarza w Stanach. Mamy lekarzy, którym płaci się od każdego zleconego badania, każdego prześwietlenia, operacji. W efekcie jeśli do lekarza przyjdzie pacjent, który nie potrzebuje dziesięciu badań, tylko jednego, nie będzie opłacało się go leczyć. Jaki więc stosunek lekarz będzie miał do takiego pacjenta?

Co pan proponuje?

Zlikwidować system dodatków motywacyjnych i przypomnieć lekarzom, na czym polega istota ich zawodu: że ich celem jest traktowanie każdego pacjenta jak człowieka, leczenie jego dolegliwości i przyniesienie ulgi w cierpieniu. W książce, którą

...śmy z moim kolegą Kenem Sharpem, „Practical Wis... „Wiedza praktyczna"), dowodzimy, że regulaminy i na... nie zastąpią satysfakcji z dobrze wykonanej pracy.

Czym jest ta wiedza praktyczna?

Przeciwieństwem wiedzy teoretycznej. Wiedzą, którą zdobywa się w boju, w relacjach z innymi. Przykładem wykorzystania takiej wiedzy jest choćby eksperymentalny program stażowy, który zaproponowano wybranym studentom medycyny na Harvardzie. Zamiast jak zwykle odbyć sześć tygodni praktyk na oddziale pediatrycznym, sześć na chirurgii, sześć na położnictwie, dostali stałą liczbę pacjentów pod opiekę na rok. W ten sposób mieli szansę zbudować z nimi relacje, leczyć nie tylko organy, ale całego człowieka. Dzięki temu pacjenci nie buntowali się, kiedy słyszeli: „Musi pan rzucić palenie" czy „Najwyższy czas schudnąć parę kilo". Mieli zaufanie do swoich lekarzy. Czy to by miało szansę się wydarzyć, gdyby w trakcie leczenia parokrotnie zmieniali lekarzy? Wątpię.

Wciąż powtarza pan, że pracy należy przywrócić moralność. Jak?

Każdej firmie trzeba by było się przyjrzeć z osobna – kim są jej liderzy i udziałowcy, czy zależy im na moralności w pracy, czy tylko na zysku. Dzisiaj wielu udziałowców to nie pojedynczy ludzie, ale całe instytucje. Często nawet nie wiedzą, jakiej firmy akcje posiadają.

Na pewno warto podkreślać na co dzień, a nie tylko w przemówieniu do pracowników na święta, w jaki sposób firma pozytywnie wpływa na życie innych ludzi.

Pewien właściciel dochodowej fabryki dywanów w USA tuż przed odejściem na emeryturę pod wpływem książki o globalnym ociepleniu zdał sobie sprawę, jak bardzo jego zakład zatruwa środowisko. Postawił więc sobie i swoim pracownikom jeden nadrzędny cel: zredukować ślad węglowy do zera. Wiedział, że to go będzie słono kosztować, nie przypuszczał jednak, że zyski firmy wzrosną.

Wzrosną?

Ten nowy cel sprawił, że pracownicy poczuli, że mają misję, więc bardzo się zaangażowali w pracę. Oni już nie sprzedawali dywanów, tylko ratowali środowisko! Zgłaszali pomysły na bardziej innowacyjną i ekologiczną produkcję. Z dumą wyrażali się o firmie. Ich pracodawca już umarł, ale misja trwa.

Kiedy ostatnio miała pani poczucie, że została dobrze obsłużona w sklepie, że ekspedient naprawdę pani pomógł?

Nie pamiętam.

No właśnie. Gdy już się natkniemy na sprzedawcę, który świetnie zna towar i z pełnym przekonaniem może nam coś polecić, powstrzymując nas od wydawania pieniędzy na coś, co jest nie dla nas, jesteśmy zszokowani, prawda? Oto czym stał się ten zawód.

A czym powinien być?
Służeniem drugiemu człowiekowi.

Piękoduch z pana. Kto miałby to wszystko zmienić?

Ja wierzę, że milenialsi i kobiety. Wczoraj byłem na konferencji. Jeden z wykładów poświęcono temu, że sens pracy jest znacznie ważniejszy dla kobiet niż dla mężczyzn. Kobiety lepiej funkcjonują w takich miejscach pracy, w których ważne jest dobro innych ludzi. I same częściej tworzą takie miejsca pracy.

Z milenialsami jest podobnie. To nie jest pokolenie, które stanie w obronie szefa rządzącego według zasady „Rób tak, bo ja ci tak każę". Raczej powie: „Chcesz moich talentów i wiedzy w tej firmie? To zrób coś, żeby dało się w niej pracować".

I szef weźmie kogoś innego.
Nie, jeśli od każdego kandydata usłyszy to samo.

Jak żyć z kredytem i się nie zaharować?

Tańcz i krzycz

Rozmowa z **WOJCIECHEM EICHELBERGEREM**

Kredyt na mieszkanie to trzydzieści-czterdzieści lat lęku przed niewypłacalnością, bankructwem, utratą dachu nad głową. **Dom, w którym taki człowiek mieszka, przestaje być miłym miejscem, oazą, w której się odpoczywa. Staje się obcy.**

Jedne związki to mobilizuje do wspólnego wytężonego wysiłku, ale więcej jest takich, które tego nie wytrzymują: **konflikty się zaostrzają, bo żadne z nich nie ma w sobie takiej pojemności, żeby być miłym i wyrozumiałym dla drugiego,** dla dzieci. Żyją jak na tykającej bombie zegarowej.

Warto ćwiczyć koncentrację i uważność. Utrzymywać umysł w kontakcie z „tu i teraz". **Gdy na przykład odprowadzam dziecko do przedszkola, to nie będę myślał o tym, co mnie czeka w pracy,** jaki dzisiaj jest kurs franka czy za co jeszcze muszę zapłacić w tym miesiącu, lecz skupiam się na tym, że właśnie idę za rękę z synkiem czy córką.

Może nie każda rodzina musi mieć samochód, może w bloku mogą mieć trzy samochody, którymi będą się dzielić w razie potrzeby, świadczyć sobie jakieś usługi typu „przywieźć", „zawieźć" i wspólnie te samochody utrzymywać.

Kredyt na mieszkanie, samochód na raty, pożyczka na wakacje. Co się dzieje z człowiekiem, którego obciążenie finansowe zaczyna przerastać?

Kiedy wspomniała pani, że chciałaby porozmawiać ze mną na ten temat, użyłem terminu „rozlany stres". Chociaż nie jest to termin fachowy, to dość dobrze oddaje sytuację człowieka, który żyje „na kredycie" i ma coraz większe trudności, żeby go spłacać, bo na przykład właśnie skoczył kurs franka albo jego sytuacja zawodowa się pogorszyła na tyle, że musi szukać kolejnej, trzeciej z rzędu fuchy, albo obcięto mu pensję. O utracie pracy nawet nie wspomnę. Taki człowiek cały czas żyje w podprogowym napięciu. Jest drażliwy, przeczulony, łatwo wybucha.

W jakim sensie to napięcie jest podprogowe?

W tym, że on często nawet nie pamięta, jaka jest jego przyczyna. Niechętnie obcuje z ludźmi, szczególnie z tymi, z którymi ma jakąkolwiek trudność w relacji, a że jest ciągle podminowany, to wiele jego związków z ludźmi szwankuje.

Z najbliższymi również?

Oczywiście. Może być tak, że partnerka czy partner go irytuje, bo przypomina mu ciągle, w jak trudnej znaleźli się sytuacji. Jeśli to on głównie utrzymuje dom, to w zasadzie cała odpowiedzialność spada na niego. Może zarzucać partnerce, że za dużo wydaje, mieć pretensje do dzieci, że ciągle czegoś chcą. Już nawet nie chodzi o nowy model iPhone'a, ale że trzeba kupić nowe buty na zimę, bo ze starych wyrosły, czy plecak do szkoły, bo poprzedni już dziurawy. „Jak to? Znowu plecak?!". To rozpaczliwa próba kontrolowania wydatków, zabiegania o to, by wszyscy zdali sobie sprawę z powagi sytuacji i zaczęli oszczędzać. Większość „skredytowanych" rodzin musi się zresztą prędzej czy później oszczędzania nauczyć, ustalić priorytety. Być może trzeba będzie zrezygnować z wakacji, a zakupy robić w tańszym sklepie z ołówkiem w ręku.

Jeśli oboje utrzymują rodzinę, to ich związek może zacząć przypominać spółkę z o.o., która ma przede wszystkim dostarczać pieniędzy na spłatę zadłużenia i obsługę codziennych wydatków. Jedne związki to mobilizuje do wspólnego wytężonego wysiłku, ale więcej jest takich, które tego nie wytrzymują: konflikty się zaostrzają, bo żadne z nich nie ma w sobie takiej pojemności, żeby być miłym i wyrozumiałym dla drugiego, dla dzieci i zwierząt domowych. Żyją jak na tykającej bombie zegarowej.

Jak dzieci znoszą taką atmosferę, kiedy w domu ciągle słychać: „Nie stać nas!", „O Boże, znowu podnieśli czynsz!", „Jeszcze chwila, a mieszkanie nam zabiorą!".

Czują się wtedy zagrożone i winne. Mogą też poczuć się opuszczone, kiedy wiecznie poirytowani i zamartwiający się rodzice nie znajdują dla nich czasu, a już najmniej chcą słuchać o ich kłopotach. Wtedy mogą przestać je nawet sygnalizować i pójść w konspirację. Do tego stopnia, że pod koniec roku na rodziców jak grom z jasnego nieba spada wiadomość, że dziecko prawdopodobnie nie zaliczy klasy. Nie ma w tym nic dziwnego, bo zestresowanym dzieciom nauka niespecjalnie wchodzi do głowy.

A jak taka sytuacja odbija się na relacjach z przyjaciółmi, ze znajomymi?

Zaczyna się ludzi unikać, bo dzisiaj większość spotkań polega na wspólnym wydawaniu forsy. Niestety, tak to wygląda. W PRL-u ludzie spotykali się wyłącznie w domach lub na taniej wódce. Wystarczyła herbata, herbatniki czy słone paluszki. Dzisiaj obowiązkowe jest wyjście do restauracji, do klubu, „na drinka" czy wyjazd na wspólne wakacje za granicę. Człowiek, którego na to nie stać, nie ma wyjścia, wycofuje się i staje się mistrzem w ściemnianiu i wymyślaniu pretekstów.

Nie może powiedzieć wprost: "Nie stać mnie"?
Ale on się wstydzi! Więc zamiast powiedzieć: „Słuchaj, nie przyjdę do ciebie na urodziny, bo nie mam nawet na bukiet, nie mówiąc o butelce wina, i czuję się głupio", szuka wymówek: „przeziębienie", „mnóstwo ważnych spraw", „dzieci chore".

A co, jeśliby się jednak przyznał?
To zależy od jakości tych związków. Jeśli są prawdziwe, głębokie, to pewnie nie miałoby to większego znaczenia. Być może mógłby nawet w takiej sytuacji dostać wsparcie czy pocieszenie. Przyjaciół przecież poznaje się w biedzie i zadłużenie rzeczywiście może trafnie weryfikować jakość tych przyjaźni...

Izolacja, podminowanie, co jeszcze?
Życie w chronicznym stresie, bez realnej perspektywy, że on się kiedyś skończy. Kredyt na mieszkanie to trzydzieści-czterdzieści lat lęku przed niewypłacalnością, bankructwem, utratą dachu nad głową, zadłużeniem Bogu ducha winnych dzieci. Dom, w którym taki człowiek mieszka, przestaje być miłym miejscem, oazą, w której się odpoczywa. Staje się obcy, wręcz wrogi. Niechętnie się do niego wraca, bo przypomina o tym zadłużającym ponad miarę zakupie, tak jakby ciągle wołał: „Płać, człowieku, płać!". To wszystko razem bardzo obniża wydolność psychofizyczną.

Jak?
Organizm, który permanentnie działa w trybie stresowej mobilizacji, przestaje się regenerować. Nie ma możliwości uporządkowania swojej fizjologii, poszukiwania równowagi. We krwi utrzymuje się wysoki poziom adrenaliny, który blokuje układ odpornościowy, więc wszystkie wirusy, bakterie i wolne rodniki mnożą się do woli.

To na poziomie fizycznym. A na poziomie psychicznym?
Podobnie. Permanentnie przeciążony człowiek traci psychiczny bufor pozwalający przyjąć niespodziewane sytuacje odbiegające od bezpiecznej rutyny i radzić sobie z nimi. Jeśli wydarza się coś, na co nie był przygotowany, coś, co nie jest po jego myśli, łatwo wybucha. Koncentruje się więc na kontrolowaniu

rzeczywistości i zdarzeń, zawęża pole działania, traci kreatywność i elastyczność. Działa jak automat.

Co mu to daje?
Oszczędza w ten sposób energię. Tak jak w samochodzie z prawie pustym bakiem. Włączona rezerwa nie nastraja do szybkiej, fantazyjnej jazdy. Trzeba jechać jak najwolniej, by się jakoś doturlać do najbliższej stacji benzynowej.

Problem polega na tym, że w tym przypadku tej stacji nie widać. Ludzie żyjący „na kredycie" często mówią o tym, że nawet jeśli znajdą chwilę dla siebie, nie mogą odpocząć.

Jak mają odpocząć, skoro mózg cały czas wysyła sygnał: „zagrożenie", „zagrożenie", „zagrożenie"? Organizm w odpowiedzi na taki alarmowy sygnał cały się spina, mobilizuje do walki lub ucieczki. Jakby był na wojnie. Wiele osób skarży się wtedy na bezsenność, na gonitwę myśli. Kiedy próbują się zrelaksować – nie są w stanie. A kiedy znajdą wolną chwilę, mają poczucie winy, że nie pracują, nie biorą kolejnej fuchy, a przecież powinni, żeby spłacać dług. Często w takiej sytuacji sięga się po używki – alkohol albo narkotyki – byle na chwilę chociaż odłączyć się od ciągłego: „płać, płać, płać", „zarabiaj, zarabiaj, zarabiaj".

Takie odłączenie coś daje?
Daje chwilę wytchnienia, spuszcza napięcie, ale na dłuższą metę wyniszcza organizm jeszcze bardziej. Bo od własnego cienia uciec się nie da.

To jak sobie pomóc? Kredytów anulować się nie da, trzeba z nimi żyć.
Trzeba nauczyć się ręcznego przełączania organizmu w stan regeneracji. To wymaga treningu i samodyscypliny na wielu poziomach. Podstawową sprawą jest kontrola umysłu, bo to on jest źródłem alarmu. Jeśli nie nauczymy się uspokajać swoich rozhulanych myśli i dalej będziemy snuć czarne scenariusze, to się zamęczymy własnymi myślami. Bo z reguły nasze interpretacje są bardziej przerażające od rzeczywistości.

Brzmi dobrze, tylko jak to zrobić?

Ćwiczyć koncentrację i uważność. Utrzymywać umysł w kontakcie z „tu i teraz". Ostatnio rośnie zapotrzebowanie na ten rodzaj treningu, zwany mindfulness, czyli pełnym zaangażowaniem umysłu. W efekcie, gdy na przykład odprowadzam dziecko do przedszkola, to nie będę myślał o tym, co mnie czeka w pracy, jaki dzisiaj jest kurs franka czy za co jeszcze muszę zapłacić w tym miesiącu, lecz skupiam się na tym, że właśnie idę za rękę z synkiem czy córką. Cieszę się tą chwilą i odpoczywam w niej. A potem angażuję się w to, że pomagam dziecku rozebrać się z ciepłej kurtki i spodni, następnie w to, że wracam do samochodu, a potem cieszę się jazdą w korkach, słuchając dobrej muzyki, itd. Krok za krokiem, chwila za chwilą to, co teraz robię, to, czego teraz doświadczam, jest najważniejsze. Bo TO jest całym moim życiem, a nie to, co się – być może – wydarzy za godzinę, jutro, za tydzień czy za dwadzieścia lat. W ten sposób nie pozwalamy koszmarowi zadłużenia odebrać sobie całej reszty życia! Oczywiście, to nie znaczy, że mamy przestać planować. Planowanie też jest ważne, kiedy akurat jest potrzebne.

I takie skupianie się na tym, co tu i teraz, naprawdę powoduje, że poczucie zagrożenia się zmniejsza?

Tak, bo wtedy ten alarm wysyłany przez fantazjujący mózg przestaje wyć, a wymęczony organizm tylko czeka, aż przestaniemy wyświetlać mu horrory, i od razu nam za to podziękuje – chwilą ulgi i odprężenia. Potrzeba wypoczynku jest wrodzona i jest olbrzymia, bo nasze zdrowie i życie zależy w takim samym stopniu od skutecznej regeneracji, jak i od wysiłku. Dlatego ludzki organizm żyjący w chronicznym stresie prędzej czy później sam się o odpoczynek upomni, na przykład kiedy nagle zaśniemy albo nawet zemdlejemy – bez względu na okoliczności. Ale dla organizmu równie ważną rzeczą jak wypoczynek jest systematyczne odreagowywanie napięcia, żalu, złości i agresji, które się kumulują na skutek oglądania wyświetlanych przez mózg horrorów.

Jak najlepiej je odreagowywać?

Intensywnym ruchem. Pójść na szybki spacer, na basen, pobiegać choćby w miejscu, wytańczyć się, wytrząść to z siebie, wykrzyczeć.

Bez tego odprężenie i regeneracja nie będą możliwe. Broń Boże nie odreagowywać, spacerując pomiędzy lodówką a telewizorem.

W świetnym szwedzkim filmie „Turysta" jest taka scena, w której jeden przyjaciel wyciąga drugiego w góry i zachęca go do wykrzyczenia frustracji, złości, bezradności. Twierdzi nawet, że to skuteczniejsze niż terapia.

Krzyk działa objawowo, terapia – przyczynowo. Jedno i drugie może się przydać. Zresztą na terapii też jest miejsce na odreagowanie, na ekspresję powstrzymywanych, często wcześniej nieuświadamianych emocji.

Kiedy w Japonii pojawił się ogromny problem ze śmiercią z przepracowania – zwaną karoshi – wśród pracowników korporacji próbowano poradzić sobie z tym, tworząc w firmach sale relaksacyjne. Przyjemne oświetlenie, cicha relaksacyjna muzyka, rośliny, pluszcząca woda, kadzidełka itd. Ale okazało się, że nikt tam nie chciał przebywać! Przepracowani ludzie naładowani adrenaliną nie byli w stanie z takiej możliwości skorzystać. Po jakimś czasie ludzie od HR-ów poszli po rozum do głowy, pewnie za radą jakichś psychologów, i zrozumieli, że najpierw trzeba dać tym pracownikom okazję do odreagowania, do wyszalenia się.

I tak powstały przyzakładowe siłownie?

Raczej „szałownie". Zaczęto tworzyć sale, w których można było krzyczeć, kopać, walić w worki bokserskie lub zabezpieczoną materacem ścianę. W niektórych podobno nawet wisiały zdjęcia członków zarządu, w które można było rzucać pomidorami. Takie odreagowanie jest koniecznym wstępem do regeneracji. Przyzakładowa siłownia to też dobry pomysł.

Czyli zamiast po ciężkim dniu zalegać przed telewizorem, lepiej wyjść przed dom powrzeszczeć.

Może nie przed dom, bo sąsiedzi mogą się zdziwić. Ale można pokrzyczeć na przykład w poduszkę, żeby nie psuć sobie sąsiedzkich relacji. Zwalanie się przed telewizorem to najgorszy pomysł, chociaż wiele osób go praktykuje. Zwłaszcza gdy czują się jak „pusta tubka", bez grama siły czy energii do czegokolwiek. „Zwalić się na kanapę i niech mi wszyscy dadzą święty spokój!".

To jednak tylko pogłębia problem. W takiej sytuacji warto się zmusić do ruchu, szczególnie wtedy, gdy nam się wydaje, że nie mamy siły kiwnąć palcem. Już po kilku minutach będziemy sobie za to wdzięczni i poczujemy ogromne ilości niewyrażonej pasji. Tylko w intensywnym wysiłku czy porządnym wykrzyczeniu się produkty mobilizacji stresowej ulegają spaleniu. Dopiero potem jest sens położyć się w wannie z pianą.

Dlaczego wydaje nam się, że jesteśmy absolutnie wyczerpani po całym dniu pracy, ale jeśli się zmusimy na przykład do biegu, to nagle się okazuje, że możemy przebiec jeszcze 10 kilometrów?

Bo to jest tak zwane zmęczenie implozyjne. Bierze się z wielokrotnie w ciągu dnia powstrzymywanej chęci walki lub ucieczki. W pracy nie ma miejsca na rozładowanie energii taką akcją. Musimy ją powstrzymywać. Stąd ogromne pokłady energii do wywalenia po powrocie do domu. W IPSI (Instytut Psychoimmunologii) już od dziesięciu lat uczymy ludzi metod, które pozwalają minimalizować skutki chronicznego stresu. Między innymi uważności, inaczej zwanej obecnością, i odreagowania, o którym już mówiłem.

Ważny jest też trening świadomego oddechu. Szczególnie przeponowego, bo odblokowanie blokującej się w stresie przepony jest konieczne, by organizm przełączył się na tryb regeneracji. Uczymy też „oparcia w sobie", czyli świadomego kontaktu z ciałem, bo ciała nie da się przenieść ani w przyszłość, ani w przeszłość. Umysł może sobie poszaleć, ale ciało zawsze jest tutaj, więc doskonale kotwiczy nas w rzeczywistości, urealnia. Poza tym dobra świadomość ciała pomaga w rozpoznawaniu sygnałów przeciążenia.

Uczymy ludzi także odmawiania i odpuszczania. Bardzo wielu tego nie potrafi. Szczególnie trudno jest odmawiać swoim szefom, partnerom i dzieciom. To ważny mechanizm prowadzący do nadużywania siebie i wyczerpywania energii życiowej.

Są tacy, którzy przede wszystkim sobie nie potrafią odmówić.

Szczególnie niebezpieczne dla zdrowia jest połączenie tego z perfekcjonizmem, z dociskaniem sobie śruby do oporu we wszystkim, co robimy, nawet jeśli nikt tego od nas nie oczekuje.

Rozumiem, że jeśli taki mechanizm wewnętrzny spotka się z dodatkową presją, na przykład, że pieniędzy nie starcza...
...to może przekroczyć ludzkie możliwości.

A jeśli ktoś żyjący w takim przedłużającym się, chronicznym stresie nie zrobi nic w tym kierunku, żeby sobie ulżyć, to do czego to może prowadzić?
Do wypalenia. Do depresji. A w skrajnej sytuacji – nawet do samobójstwa.

Niestety, mamy ich w Polsce coraz więcej. Nikt tego dokładnie nie bada, ale jest bardzo prawdopodobne, że wiele z nich wiąże się z zadłużeniem. Powodujące chroniczny stres zadłużenie ludzi, jeśli stanie się zjawiskiem powszechnym, z pewnością wpłynie na kondycję zdrowotną całej populacji, co z kolei negatywnie odbije się na sytuacji finansowej kraju. Dzisiaj rano usłyszałem w radiu informację, że na przestrzeni ostatnich trzydziestu lat zachorowalność na raka zwiększyła się dwukrotnie.

I pan to wiąże z bardziej stresującym życiem?
Trudno tego nie wiązać, skoro to jest mniej więcej czas liczony od naszych przemian ustrojowych, które same w sobie były bardzo trudnym okresem dla wielu ludzi. Mam na myśli głównie starsze pokolenie. Poziom bezpieczeństwa społecznego, socjalnego dramatycznie spadł i dotyka także kolejne pokolenia. Jednocześnie podkręcane przez reklamy pokusy konsumpcyjne rosną. Wszystko to razem napędza nadmierne zadłużanie się. A banki chętnie swoje zasoby finansowe lokują w kredytach.

Jest takie poczucie, że tak się po prostu żyje. Wszyscy biorą, dlaczego nie ja? 70 procent Skandynawów ma kredyt na mieszkanie. Amerykanin, który nie ma bogatych rodziców, a chce mieć wyższe wykształcenie, wchodzi w dorosłe życie z zadłużeniem rzędu kilkudziesięciu tysięcy dolarów za studia.
To ujawnia jakiś systemowy błąd. Bo wykształcenie, dach nad głową, opieka zdrowotna – to są podstawowe prawa obywatelskie i ludzkie. Dlaczego ludzie muszą się zadłużać po to, żeby móc je sfinansować? Dla zarządzających państwem jest to korzystne, bo

ludzi uwikłanych w różnorakie kredyty i długi łatwiej kontrolować i dyscyplinować, jak również motywować do jeszcze wydajniejszej pracy. Tylko że nikt nie myśli o kosztach pracy ponad siły, nie tylko zdrowotnych, ale i społecznych.

W efekcie mamy w kraju podział na zadłużonych i bezradnych. Ci pierwsi mają jakąś pracę, zdolność kredytową, długi i znaleźli się w pułapce kredytowej. Ale zdołali jeszcze założyć rodzinę, mają dach nad głową. Ci drudzy to miliony młodych ludzi, dwudziesto-, trzydziestoletnich, którzy nie mają żadnej pracy, żadnej zdolności kredytowej. To jest stracone pokolenie, które już nie załapie się ani na osobistą, ani na społeczną dojrzałość.

Nie tutaj w każdym razie.

Nawet wyjechać za granicę często nie są w stanie. Jedyna nadzieja, że coś pęknie w systemie.

Na razie chyba się na to nie zanosi. Ostatnie wyniki badań CBOS mówią, że na pytanie, co decyduje o tym, że nasze życie jest udane, 49 procent Polaków odpowiada: zdrowie, 46 procent: pieniądze. Dużo dalej jest rodzina, a jeszcze dalej – miłość.

To bardzo smutny wynik. I złowróżbny. Wygląda na to, że zmierzamy do kompletnej atomizacji społeczeństwa, pozrywania więzi międzyludzkich, zaniku zdolności do współpracy, solidarności, współodpowiedzialności. A to są przecież sprawy, których do życia potrzebujemy bardziej niż pieniędzy. Widać to po ludziach, którzy dorobili się fortuny, po drodze niszcząc emocjonalne więzi z otoczeniem – i teraz, siedząc na workach pieniędzy, są bardzo nieszczęśliwi.

Ten stres, ten lęk ludzi zadłużonych byłby mniejszy, gdyby tkanka społeczna była żywsza?

Oczywiście, bo wspólnota daje oparcie. W tej chwili rodziny są małe, często porozrywane, czasem skłócone. Co więcej, rywalizują ze sobą. Tę rywalizację widać także wewnątrz rodzin.

Wyniki CBOS-u jasno pokazują, że alienacja się pogłębia i system przestał służyć ludziom, tylko ludzie służą systemowi. Pytanie, jak to zrobić, żeby ten system zhumanizować, żeby służył ludziom naprawdę, a nie jedynie zaspokajał ich konsumpcyjne potrzeby.

Ma pan jakiś pomysł?
Ważne jest odbudowanie wspólnoty. Bo w Polsce mamy tylko rodzinę i państwo. Ale państwo wydaje się większości wrogie i podejrzane, nie jest cenione, więc próbuje się je jakoś ograć, wykiwać. Pozostaje rodzina, która też w tym konsumpcyjnym i rywalizacyjnym szaleństwie cierpi i przeżywa kryzys. A między państwem i rodziną nie ma nic! Nie ma żadnych więzi społecznych, żadnych wspólnych akcji ani organizacji, żadnych działań na rzecz wspólnego dobra, które by ludzi łączyły i przynosiły konkretne lokalne korzyści. Są tylko akcje polityczne i symboliczne wokół jakichś roszczeń wobec państwa.

Więc nie o taką wspólnotę panu chodzi.
Nie, to są jakieś ideologiczne, abstrakcyjne zrywy i wzmożenia. Trzeba nam tkanki społecznej, która działa nieustannie, niezależnie od państwa, która jest źródłem satysfakcjonujących relacji z ludźmi, poczucia sprawstwa, oparcia, a przede wszystkim zaufania do siebie nawzajem.

Gdyby na przykład wszyscy frankowicze się solidarnie skrzyknęli i stworzyli jakąś sieć wzajemnej pomocy czy stowarzyszenie – to by było genialne. Ale można to też zorganizować w mniejszej skali, na przykład w jednym bloku. Powiedzmy, że mieszka w nim dziesięć rodzin, każda obarczona gigantycznym kredytem na mieszkanie. Może nie każda rodzina musi mieć samochód, może mogą mieć trzy samochody, którymi będą się dzielić w razie potrzeby, świadczyć sobie jakieś usługi typu „przywieźć", „zawieźć" i wspólnie te samochody utrzymywać. Może nie każda rodzina musi mieć wiertarkę, może wystarczy jedna na cały blok. Nie każda rodzina musi zatrudniać nianię, kiedy dzieci są małe. Może u jednej z tych rodzin można zorganizować domowy żłobek czy przedszkole, a kiedy dzieci są starsze, wspólnie opracować dyżury odbierania ich ze szkoły itd. W zasadzie wydaje mi się, że znaleźliśmy się w sytuacji, która aż się prosi o takie rozwiązania. Nie dość, że to by pozwoliło na wielką oszczędność w każdej z tych rodzin z osobna, przyniosłoby ulgę w spłacaniu zadłużenia, to jeszcze powstałaby więź środowiskowa. Wtedy zupełnie inaczej się żyje z takim długiem.

Bo ma się za sobą grupę ludzi?
To jedno, a drugie – bo się działa. Robi się coś dla innych, dla siebie, nie ma się poczucia bezradności. W psychoterapii jest takie powiedzenie: albo ekspresja, albo depresja. Wspólne działanie tej depresji może zapobiec.

Dobrze by było w ogóle wyjść z tego stylu kredytowania absolutnie podstawowych potrzeb, jak dom czy nauka, prawda?
Myślę, że to dałoby się wymyślić. Tylko trzeba byłoby to stworzyć zupełnie od początku. A w tej chwili nikt z tych, którzy mają władzę, nie ma w tym interesu.

Dlaczego odpoczynek jest nam potrzebny?

Nie zapomnij żyć

Rozmowa z **ROMANEM CIEŚLAKIEM**

Szef nas chwali, koledzy podziwiają, dostajemy podwyżkę, awansujemy. Na skutek tego pobudzenia wydzielają się endorfiny, podobnie jak przy zażywaniu narkotyków, więc jesteśmy w stanie dać z siebie więcej i więcej. Na dzisiaj jesteśmy zadowoleni, ale po dwóch miesiącach może się okazać, że już nie dajemy rady, że nasze zasoby się wyczerpały.

Zwalanie winy na korporację, że najważniejszy jest zysk, że ludzie są złośliwi, że plotkują, **to wymówka, bo przecież to nie korporacja jest nastawiona na zysk, nie korporacja jest złośliwa i plotkuje, tylko ludzie, którzy ją tworzą.**

Odpoczynek jest nam potrzebny też po to, żeby zastanowić się nad hierarchią wartości w naszym życiu: czy ja poprzez aktywności zawodowe, domowe na pewno realizuję to, co dla mnie ważne?

Jeśli nie znajdę chwili wytchnienia, żeby sobie odpowiedzieć na te pytania o moje cele, **kiedy stres mnie przygniata, to może mnie zaprowadzić do wypalenia zawodowego.**

Chciałam panu pokazać okładkę pewnego pisma psychologicznego. Cały numer poświęcony jest „lekcji odpoczywania". Czy odpoczynek stał się czymś tak trudnym, że trzeba się go uczyć? Co będzie jutro – lekcje z oddychania? Warsztaty z konwersacji z drugim człowiekiem już są.

Lekcje z oddychania też już można pobierać, zapisując się na przykład na kurs medytacji albo jogi. To, iż takie warsztaty się pojawiają, świadczy o tym, że jest na nie zapotrzebowanie i że ludzie potracili umiejętności, które kiedyś były naturalne, więc ktoś musi ich tego nauczyć od nowa. Odpoczynek stał się dzisiaj czymś trudnym również dlatego, że bycie zabieganym jest po prostu modne. Zabieganie podnosi prestiż społeczny, świadczy o tym, że coś znaczę, że mnie potrzebują, relaks z prestiżem specjalnie się nie wiąże. Jeszcze nie, bo to się zaczyna zmieniać.

Wielu osobom relaks kojarzy się z lenistwem.

Dlatego na różne sposoby próbują czas wolny zapełnić rozmaitymi aktywnościami – pracą, kolejnym zadaniem do wykonania. Byle nie być ze sobą. Bo bycie w kontakcie ze sobą może się okazać bolesne – mogę się wtedy skonfrontować z uczuciami czy myślami na swój temat, na temat bliskich czy świata, które niekoniecznie są przyjemne. Dlaczego ludzie tak lubią wyjeżdżać na wakacje w grupach zorganizowanych? Bo wtedy nie widać, że ta żona jakaś taka nudna, że mam nadwagę i nadciśnienie, że te dzieci zbyt absorbujące, a praca od dawna nie daje mi satysfakcji. W grupie łatwiej od siebie uciec. Uciekać od siebie można nawet przez całe życie, tylko że to jest kompletnie nierozwojowe.

Bycie w kontakcie ze sobą to definicja odpoczynku?
Jedna z możliwych, dla mnie najbardziej trafna. I ludzie mają różne pomysły na to, jak się ze sobą spotkać – jedni chodzą na spacery, inni biegają, jeszcze inni medytują. Ale są też różne psychologiczne koncepcje, które opisują, jakie warunki powinien spełniać odpoczynek. Po pierwsze, potrzebny jest wolny czas. Po drugie, muszę mieć poczucie, że to ja dysponuję sobą w tym czasie, czyli odpoczynkiem nie jest na przykład seria niedzielnych zadań, jakkolwiek przyjemnych, które zaplanowała mi żona/mąż. Po trzecie, to, co będę wtedy robił, ma podnieść jakość mojego życia. I znów, dla jednych to będzie udział w warsztacie rozwoju osobistego, dla drugich – spotkanie z przyjacielem i rozmowa o życiu, inni wybiorą wyjście na piwo, by pogadać o piłce. Odpoczynek jest nam potrzebny też po to, żeby zastanowić się nad hierarchią wartości w naszym życiu: czy ja poprzez aktywności zawodowe, domowe na pewno realizuję to, co dla mnie ważne?

Nie dziwię się już, dlaczego tak wiele osób od odpoczynku ucieka. To poważna sprawa.
A wie pani, że wiele wydarzeń kojarzonych z odpoczynkiem znajduje się na liście najbardziej stresujących wydarzeń życiowych? Boże Narodzenie, wakacje, spotkania rodzinne, ślub.

Dlaczego?
Między innymi z powodów, o których mówiłem, ale też dlatego, że nasze oczekiwania są często nierealne. Nam się wydaje, że w ciągu jednego wydarzenia – świąt, wakacji – rozwiążemy wszystkie nasze problemy, albo lepiej, same się rozwiążą. No i spotyka nas zawód.

Inna przyczyna stresu może być taka, że te wydarzenia nie są naszymi celami, tylko cudzymi, i gdybyśmy byli bardziej w kontakcie ze sobą, to byśmy na przykład inaczej spędzali święta. A tak co roku jeździmy do rodziny, z którą poza tym nie mamy kontaktu, bo taka jest tradycja. To tak zwany efekt modelowania.

Inni tak robią, to ja też?
Tak. Na zdrowy rozum bez sensu jest tuż przed świętami, o siedemnastej, wybrać się do centrum handlowego po prezenty, ale

inni to robią, więc ja też stoję w korkach, a potem w kolejce po ten sam towar. Naśladując innych, mamy poczucie, że to, co robimy, jest słuszne.

A ta ekscytacja, która się udziela przed świętami, czasem przyjemna, czasem nie, to też efekt modelowania?
Oczywiście, emocje też nam się udzielają. „Zarażamy się" radosnym podnieceniem, ale też napięciem, pośpiechem.

W psychologii dużo się ostatnio mówi o „uważności" – takim byciu tu i teraz ze swoimi odczuciami, myślami, decyzjami – i to jest jakiś sposób, żeby z tego kołowrotka wyjść.

Powiedział pan, że warunkiem odpoczynku jest wolny czas, to, że sama o nim decyduję i że to poprawia jakość mojego życia. Czy jeżeli praca jest moją pasją i dokonam wyboru, że w czasie wolnym będę pracować nad naszym wywiadem, to będzie odpoczynek?
Tak, ale... Problem polega na tym, że w naszej cywilizacji trudno zdefiniować, co jest wolnym czasem, a co nie. Akurat pani praca czy moja nie mieści się w granicach od ósmej do szesnastej. Ona się wiąże z realizacją pewnych celów i zadań, na które potrzebny jest między innymi czas, często dużo czasu. A przecież poza pracą mamy też konkurencyjne cele i zadania. Dlatego warto być cały czas w kontakcie ze sobą, żeby móc zdecydować, co jest w tej chwili naszym priorytetem. Pani znajduje się też w tej uprzywilejowanej grupie ludzi, którzy lubią swoją pracę, a nawet uważają, że jest ona ich pasją, to znaczy, że ci ludzie w pracy realizują wartości, które są dla nich w ogóle ważne w życiu – na przykład mają poczucie, że przez to, co robią, pomagają innym.

I to ich przed czymś chroni?
Ludzie, którzy identyfikują się z tym, co robią, czują się bardziej zintegrowani, lepiej funkcjonują. Jeśli ktoś spędza osiem czy dwanaście godzin dziennie w środowisku, w którym realizuje obce dla siebie cele i wartości, to nic dziwnego, że jest zmęczony i sfrustrowany. To najszybsza droga do wypalenia zawodowego. Wierzę, że świat będzie szedł w tę stronę, by wartości realizowane w pracy były tożsame z prywatnymi – to będzie ta nadrzędna

motywacja, a nie zarabianie pieniędzy. W psychologii organizacji pracy jest nurt badań, który dotyczy „home-work interface", czyli przenikania się pracy i domu. Z tych badań wynika między innymi to, że jeśli na przykład w domu chcę być szczery, uczciwy i dobry, a w pracy jestem nastawiony na rywalizację, zysk i uciekam się do nieuczciwych zachowań, to mój chaos życiowy będzie się pogłębiał, bo nie sposób być kimś innym zawodowo, a kimś innym w domu.

Niektórzy próbują.

I prędzej czy później zaczynają chorować, ich życie prywatne się rozsypuje albo też dochodzą do ładu ze sobą, z tym, co dla nich ważne – dzięki terapii, autoterapii czy rozmowie z kimś, kto jest dla nich ważny.

Niektórzy odkrywają, że praca to nie tylko sens ich życia, ale że praca to w ogóle są oni.

Są i tacy. Ich „ja" ulokowane jest w tym, co robią zawodowo. I jak myślą o sobie, to nie myślą: jestem Kaśka czy Roman, mam wiele ról, jestem na przykład psychologiem, ale też ojcem, mężem, biegaczem – tylko patrzą na siebie jednowymiarowo. Myślą: jestem menedżerem w firmie takiej i takiej. Kropka. To bardzo zubaża, bo jesteśmy kimś znacznie więcej. Ale jest też tak, że angażująca praca może mieć właściwości uzależniające. Jak narkotyk czy inne używki.

Jak to się dzieje?

Wyobraźmy sobie, że wykonujemy pracę, która daje nam dużo satysfakcji. Mamy z tego różne korzyści, na przykład emocjonalne, bo jesteśmy w euforii, kiedy robimy coś, co nam sprawia przyjemność, i kiedy nam to wychodzi. Szef nas chwali, koledzy podziwiają, nasz prestiż rośnie – to są tak zwane korzyści społeczne. Dostajemy podwyżkę, awansujemy – to korzyści materialne. Na skutek tego pobudzenia wydzielają się endorfiny, podobnie jak przy zażywaniu narkotyków, więc jesteśmy w stanie dać z siebie więcej i więcej. Dzisiaj jesteśmy zadowoleni, za tydzień – też, ale po dwóch miesiącach może się okazać, że już nie dajemy rady, że nasze zasoby się wyczerpały.

Zasoby, czyli co?

Na przykład zarywanie kolejnych nocy odbija się na naszym zdrowiu, emocjonalnie nie jesteśmy już w stanie znieść konfrontowania się codziennie z nowym problemem i jesteśmy ciągle podminowani. Możemy też stracić zasoby społeczne – bo na przykład żona cierpliwie znosiła moją nieobecność, ale w pewnym momencie mówi „dosyć" i przestaje ze mną rozmawiać albo się wyprowadza.

Na szczęście świadomość, że nie da się żyć na dłuższą metę w takim rozkroku, powoli się do ludzi przebija. Jak pani myśli, dlaczego dzisiaj powstaje tyle start-upów na świecie?

Zakładają je głównie milenialsi, którzy cenią czas dla siebie i wolą pracować na własny rachunek?

Jest też alternatywne wytłumaczenie. Zakładają start-upy po to, by w swoim biznesie realizować swoje wartości. Być sobą. Bo pierwsze skojarzenie z korporacją jest takie: tam nie będziesz sobą, będziesz musiał chodzić jak w zegarku, a jak będziesz chodził za wolno, to cię wymienią.

A nie jest tak?

Było tak, ale korporacje są mądrymi organizmami, wiedzą, że jeśli chcą przetrwać, muszą się zmienić. Z drugiej strony pamiętajmy, że kultura korporacji nie jest bytem przez kogoś wymyślonym, tylko tworzą ją też pracownicy. Zwalanie winy na korporację, że wszystko jest nastawione na zysk, że ludzie są złośliwi, że plotkują, może być wymówką, bo przecież to nie korporacja jest nastawiona na zysk, nie korporacja jest złośliwa i plotkuje, tylko ludzie, którzy ją tworzą.

Ale poza tym, że korporacje tworzą szeregowi pracownicy, to są jeszcze pracownicy wyższego szczebla. Czy to nie oni mają większy wpływ na to, jaka ta korporacja jest?

Ma pani rację. To od przywódców, tak zwanych liderów, wszystko się zaczyna. Bo to, co decyduje o tym, jaka dana korporacja jest, to tak zwana kultura organizacyjna. To jest fundament firmy. Z jednej strony to są spisane normy i regulacje, jak postępować, z drugiej – te wszystkie wartości i cele, które się znajdują pod powierzchnią. Nie są wyrażone wprost, ale powodują, że zachowujemy się w ten, a nie inny sposób. Począwszy od tego, jak ludzie są ubrani, a skończywszy na tym, jak i o czym rozmawiają – czy mają na przykład czas i przyzwolenie na to, żeby porozmawiać o życiu prywatnym. Kultura organizacyjna w dużej mierze zależy od tego, czym ci przywódcy przyciągają ludzi do pracy. Jeśli mówią: „Przyjdźcie do nas, to zarobicie pieniądze", to będą mieli ludzi, którzy przyszli, by zarabiać.

Mogą też powiedzieć: „Nie zarobicie pieniędzy, ale za to damy wam wartości".

Mogą. Są takie firmy. I to jest genialny przykład, bo jeśli ktoś nie ma motywacji zewnętrznej, na przykład w postaci pieniędzy, to w swojej pracy kieruje się motywacją wewnętrzną.

Jednak motywacją wewnętrzną nie spłaci się kredytu.

Ale ma się za to poczucie sensu, bycia w zgodzie ze sobą, przekonanie, że – mówiąc górnolotnie – zmienia się świat. To jest bardzo ważna motywacja.

Szkolnictwo wyższe, nauczyciele, pielęgniarki – tutaj ten mechanizm widać najwyraźniej.

Jednocześnie te zawody, w które wpisana jest chęć zmieniania świata, są najbardziej zagrożone wypaleniem zawodowym. Dlaczego?

Wypalenie, czyli poczucie wyczerpania emocjonalnego, które wiąże się z brakiem woli do działania, ale też cynizmem, instrumentalnym traktowaniem ludzi i wydarzeń oraz poczuciem, że nic się nie osiągnęło, jest efektem stresu w pracy, czyli nadmiaru wymagań w stosunku do zasobów, które się posiada.

Ale jest też druga koncepcja, która mówi, że wypalenie to reakcja na sytuację, w której nie udaje nam się zrealizować naszych celów.

Na przykład jakich?

Jeśli jestem młodym lekarzem i mój cel jest taki, żeby pomagać innym, a okazuje się, że pod gabinetem czeka dwudziestu pięciu pacjentów, a dodatkowo zapisanych jest pięciuset i wszyscy mają do mnie pretensje o to, jak działa służba zdrowia, to trudno mi będzie realizować swoje cele. Wtedy odpoczynek przyda mi się do tego, żeby je przedefiniować, bo może były zbyt ambitne albo oderwane od realiów. Mogę też celów nie zmieniać, ale zastanowić się, czy są jakieś inne drogi, które do nich prowadzą: może mogę się zatrudnić na przykład w mniejszej przychodni? A może wolę przyłączyć się do Lekarzy bez Granic i pracować w Afryce albo samemu założyć firmę?

Jeśli nie znajdę chwili wytchnienia, żeby sobie odpowiedzieć na te pytania, kiedy stres mnie przygniata, to może mnie zaprowadzić do wypalenia zawodowego.

Nie zawsze ma się taką możliwość wyboru.

A mnie się wydaje, że to często bardzo dobre usprawiedliwienie, żeby nic nie robić. Przekonanie „nie da się", „tak już musi być" blokuje jakąkolwiek zmianę. Czasem jest tak, że ilość wymagań, spotkań, jakie trzeba odbyć, informacji, które trzeba przetrawić i przekazać dalej, przerasta możliwości jednego człowieka czy jednego stanowiska. I ważne jest, żeby sobie z tego zdać sprawę. Ludzie zwykle w takich sytuacjach stosują jedną z trzech strategii radzenia sobie.

Pierwsza jest taka, że podchodzą do tego zadaniowo i mówią: „Poradzę sobie", a następnie szukają środków, żeby sobie poradzić, na przykład delegują zadania na innych albo proszą o inny rodzaj przepływu informacji, nie tak angażujący. Jest to strategia skuteczna wtedy, gdy mamy kontrolę nad tą sytuacją i kiedy wiadomo dokładnie, kto, ile i kiedy ode mnie wymaga.

Drugi sposób to strategie emocjonalne, czyli: jest trudno, wiem o tym, ale muszę sobie przede wszystkim poradzić z emocjami, które rodzą się we mnie, więc idę z kolegami na piwo, ponarzekam z koleżanką z pracy, może pojadę na wakacje. W ten sposób radzę sobie ze skutkiem, nie walczę z przyczyną.

Trzecia strategia polega na unikaniu: „Problem? Jaki problem?". Funkcjonuję z dnia na dzień, nie odpisuję na przykład na ważne maile, kiedy ktoś mi zwróci uwagę, przejmuję się tym pięć minut, a potem i tak zapomnę itd. Mogę sobie nawet nie zdawać sprawy z tego, że nie realizuję swoich celów i że mnie to niszczy. Te dwie strategie – unikania i emocjonalna – mogą być skuteczne wtedy, kiedy nie mamy kontroli nad sytuacją, kiedy nic nie możemy zmienić.

W jakim sensie te strategie są skuteczne?
Pomagają nam przetrwać. Jakiś czas.

Powiedział pan, że korporacje się zmieniają. Jak?
Pojawia się coraz więcej programów dla pracowników, które mają służyć poprawie jakości ich życia. To świadczy o tym, że korporacje zauważyły, iż jakość życia pracowników jest istotna dla ich funkcjonowania w pracy.

Eureka.
To swojego rodzaju „eureka", bo sytuacja rynkowa jest dzisiaj taka, że jeśli chcę przyciągnąć do siebie dobrych pracowników, to muszę im zaoferować coś więcej niż pieniądze, bo oni te same pieniądze dostaną gdzie indziej.

I co się kryje pod tym, że życie prywatne tego pracownika jest ważne z punktu widzenia pracodawcy?
Choćby to, że jak pracownik ma problemy w domu, to przyniesie je do pracy i będzie rozprawiał o swoich problemach rodzinnych, zamiast rozwiązywać zadania. Oczywiście przenosimy też problemy z pracy do domu, ale z tym już korporacja nie musi sobie radzić. Natomiast sporo czasu musiało minąć, aby korporacje zobaczyły, że to jest relacja dwukierunkowa.

I co w związku z tym proponują poza karnetem na siłownię i pakietem medycznym?
Na przykład interwencje prowadzone przez psychologów, które pomagają pracownikom zrozumieć specyfikę ich zawodu. Nasz zespół badawczy z SWPS-u brał udział w takiej interwencji, która była skierowana do osób pracujących z ludźmi doświadczającymi traumy – ratowników medycznych, strażaków itp. Podczas tej interwencji pomagaliśmy im zrozumieć, że osoba, która ma doświadczenia traumatyczne, przenosi je na osobę, która jej pomaga, i w związku z tym i jedna, i druga może mieć objawy stresu potraumatycznego. Edukowaliśmy ich i wspieraliśmy.

Kilkanaście lat temu jedna z amerykańskich firm farmaceutycznych miała problem ze swoimi reprezentantami medycznymi, którzy dużo podróżowali po kraju, ale ich efektywność spadała. Szefowie zaczęli rozmawiać z nimi i zorientowali się, że kiedy są oni w ciągłych rozjazdach, to pracują gorzej, bo zamartwiają się różnymi sprawami związanymi z domem.

I co zrobiono? Ograniczono im liczbę wyjazdów służbowych?

Tego nie wiem, ale przede wszystkim zapytano współmałżonków i dzieci pracowników, jak się czują z tymi ciągłymi wyjazdami swoich bliskich. I okazało się, że oni też są zestresowani, też się martwią. W dodatku dzieci czuły się niepewnie z tym, że na przykład nie tylko nie potrafią powiedzieć kolegom, gdzie mama czy tata pracuje, ale nie potrafią sobie nawet tego wyobrazić. Gdzie dzisiaj są rodzice? W Chicago, Nowym Jorku, w Seattle?

W końcu firma zorganizowała warsztaty dla całych rodzin, podczas których rodzice opowiadali, na czym polega ich praca, a potem dzieci pojechały z nimi w podróż służbową, by mogły się przyjrzeć tej pracy z bliska. W ten sposób oswoili nieznane, a efektywność pracowników wzrosła.

Mnie jednak trochę to oburza, bo w tym wszystkim chodzi o jedno – żeby pracownik jeszcze lepiej pracował.

Taka jest perspektywa pracodawcy. Motywacja jest jednostronna i raczej na pewno związana z maksymalizacją zysków.

Czytałam w amerykańskim „Forbesie", że niektóre firmy chcą zaoferować swoim pracownicom zamrożenie jajeczek, by mogły odroczyć zajście w ciążę. Niby to też się wpisuje w ideę dbania o jakość życia pracowników, ale niewątpliwie związane jest również z korzyścią dla pracodawcy.

Może to dziwne, co powiem, ale nie wyobrażam sobie, żeby pracodawca to sam wymyślił. Sądzę, że to była odpowiedź na zapotrzebowanie pracowników.

Naprawdę? Jak mogło to brzmieć? „Hej, jesteśmy grupą kobiet w wieku rozrodczym, ale chcemy u was najpierw zrobić karierę. Może sfinansujecie zamrożenie naszych jajeczek"?

Może nie aż tak dosłownie. Rzeczywistość amerykańska jest taka, że po studiach większość studentów ma do spłacenia kredyt za naukę, od 30 do 60 tysięcy dolarów, więc często priorytetem młodych kobiet nie jest zakładanie rodziny, tylko intensywna kariera, żeby móc ten kredyt spłacić, a potem zwykle chcą jeszcze odłożyć trochę pieniędzy na edukację swoich dzieci.

Których jeszcze nie mają.

Stąd może ten pomysł. Kobiety zorientowały się, że nie tak łatwo jest zostać matką w późniejszym wieku, ale nie chcą z macierzyństwa rezygnować, tylko je odroczyć, i chcą, by pracodawca partycypował w kosztach tego odroczenia.

Każda duża amerykańska korporacja w ramach programu wspierania pracowników (employee assistance program) może oferować im różnego rodzaju rzeczy. Już to, że mają taki program, świadczy o tym, że się troszczą o pracowników. To mogą być wspomniane karnety na siłownię, dopłaty do wakacji, finansowanie szkoleń, współfinansowanie leczenia. Jednak, jak już wspomniałem, jeśli to pracodawca wymyśla, jak będzie pomagał pracownikowi, to nie będzie skuteczne. Skuteczne będzie to wtedy, gdy firma zapyta pracowników: „Czego byście od nas chcieli? Na czym wam zależy?".

To sprytne, bo odpowiadając na potrzeby pracowników, pracodawca jeszcze bardziej ich ze sobą wiąże.

Nie wiem, czy taki jest cel, ale taki jest skutek. Myślę też, że jeśli jakaś firma chciałaby realizować potrzeby swoich pracowników, nie mając w tym swojego interesu, to właściciele akcji mogliby się, delikatnie mówiąc, obrazić na zarząd.

Zna pan jakiś przykład polskiej firmy, w której zadbano o jakość życia pracowników?

Kiedyś prowadziłem szkolenie w pewnej korporacji, z której szef wychodził o siedemnastej.

Bo był szefem?

Jego podwładni również. On z nimi rozmawiał tak: „Słuchaj, my tutaj pracujemy od ósmej do siedemnastej. O siedemnastej zaczyna się czas dla ciebie i twojej rodziny, bo jeśli ty nie będziesz o tej porze z rodziną, to nie będziesz też następnego dnia o ósmej w pracy. Będziesz fizycznie, ale mentalnie nie, bo przez dwie godziny będziesz rozwiązywał problemy domowe, zamiast zajmować się pracą". Uprzedzę kolejne pytanie – finansowo ta firma radziła sobie świetnie.

Powyżej ilu godzin w tygodniu praca już nie ma sensu?

Są setki takich badań. Problem polega jednak na czymś innym – każdy z nas toleruje inny poziom obciążenia w pracy, dla jednych to będzie czterdzieści godzin w tygodniu, dla innych dwadzieścia pięć. Dla pani napisanie jednego tekstu w tygodniu może być optymalne, a dla kogoś innego – jednego w miesiącu. Dlatego najlepiej byłoby dostosowywać wymagania indywidualnie, do każdej osoby.

Ktoś tak robi?

Na przykład my w SWPS-ie tak robimy.

Jesteście uczelnią, a nie firmą nastawioną na zysk.

Jak to nie? Utrzymujemy się z pieniędzy, które sami zarobimy. Zatrudniamy siedemset pięćdziesiąt osób, które muszą być efektywne.

I jak to wygląda w praktyce?

Każdy z pracowników rozmawia z przełożonym i pisze swój plan aktywności akademickiej. Co by chciał robić, w jakim obszarze i ile. Oczywiście istnieją jakieś standardy i minima, ale wiemy, że nie możemy od każdego wymagać napisania pięciu artykułów do „Journal of Applied Psychology" rocznie. Przełożeni rozmawiają o tym planie, następują różne modyfikacje, na przykład plan się nieco rozszerza albo zmniejsza, bo wielu z nas zbyt wysoko sobie stawia poprzeczkę, a później jest on zatwierdzony przez dziekana. I potem ocenia się pracownika na podstawie jego indywidualnego planu, a nie narzuconej „normy". Przecież przełożony jest też odpowiedzialny za pracownika i jeśli pracownik będzie chciał robić więcej, to przełożony musi go w tym wesprzeć, na przykład dając mu czas na odpoczynek albo ograniczając liczbę wykładów, żeby mógł napisać zaplanowane artykuły. Tak naprawdę ideą tego systemu jest to, żeby ludzie nauczyli się rozmawiać o swoich celach z przełożonymi i żeby ci mieli poczucie, że nie odpowiadają tylko za siebie, za swoją karierę, ale również za tych ludzi, którzy z nimi pracują.

Polscy przełożeni nie potrafią rozmawiać ze swoimi podwładnymi?
To ich pierwsza wada. Druga to prokrastynacja, czyli patologiczne odraczanie rzeczy ważnych. Nie ważnych „tu i teraz", tylko ważnych strategicznie.

Ta nieumiejętność komunikacji – na czym dokładnie polega?
Na tym, że często nie potrafią przekazać, co jest strategią firmy, jak ją realizować. Zamiast tego mówią: „Zrób tak, bo ci każę" albo „Zrób tak, bo ja wiem", albo nic nie mówią – niech tam robią, a jak źle zrobią, to ich rozliczymy. Ten sposób komunikowania się wiąże się z czymś, do czego jesteśmy w tej części Europy przyzwyczajeni – z hierarchizacją. Budujemy struktury pionowe: jest wszechwiedzący przywódca, nie specjalista, nie lider, ale właśnie przywódca, i są wyrobnicy. Może kiedyś się to sprawdzało, ale dzisiaj już nie, bo podwładni często mają większą wiedzę, lepsze wykształcenie niż ich szef.

Dobry szef powinien mieć takie umiejętności społeczne, które pozwolą mu z wiedzy pracowników tak korzystać, żeby osiągać wspólne cele. To jest jego zadanie.

Podał pan przykłady miejsc, gdzie pracuje się inaczej. O takich firmach, głównie ze Szwecji albo Stanów, lubią też pisać media – krótszy tydzień pracy, krótszy dzień pracy, możliwość pracy z domu – ale wydaje mi się, że jednak ten etos, by się zaharować, po to by wyrobić zyski, będzie silniejszy i wygra.
Mam kilka myśli na ten temat. Czy wolno nam czerpać wiedzę z wyjątków? Czy to ma sens? Czy na tej podstawie można tworzyć sensowne modele na przyszłość? To jest w zasadzie pytanie badawcze. Czy trzydziestopięciogodzinny tydzień pracy albo zakaz wysyłania maili służbowych po osiemnastej jest dobry? To też pytanie badawcze. Mogę się założyć, że ludzie woleliby sami decydować o tym, czy będą pracować trzydzieści pięć godzin, dwadzieścia czy czterdzieści, czy jeden dzień z domu, czy tylko

w pracy. Druga rzecz jest taka, że gdybyśmy nawet uznali, że te wyraziste przykłady są drogą, którą chcemy podążać – to kto ma nią podążać? Kto ma podejmować te decyzje? Jak to ma się stać? To nigdy się nie stanie w takim sensie, że wprowadzimy ustawę czy rozporządzenie. To jest marzenie polityków, jedno z najbardziej irracjonalnych i blokujących zmiany społeczne – że poprzez przepisy i ustawy coś się zmieni. Tak naprawdę to się zmienia oddolnie.

Czyli poprzez ludzi?
Grupę ludzi albo lidera, który powie: „Nie czekam na innych, zmieniam to, bo tak jest niedobrze, tak mi się nie podoba", i spróbuje na przykład zmienić funkcjonowanie swojego zespołu. Jeśli okaże się, że ta zmiana działa, to będzie promieniować dalej.

W „Gazecie Stołecznej" na drugiej stronie jest rubryka z listami. Czytelnicy często piszą tam o różnych zdarzeniach z miasta – a to że świateł nie ma, a to że przejście podziemne jest potrzebne, że dziura w jezdni. Najczęstsza konkluzja brzmi tak: „Niech ktoś coś z tym zrobi". Tylko takie „niech ktoś" nigdy niczego nie zmieniło. Zmiany dokonuje ktoś, kto bierze odpowiedzialność i sam zaczyna działać, angażując innych ludzi do działania, a nie tylko do mówienia.

Na czym zbudować przyjaźń?

Ramię w ramię

Rozmowa z EWĄ CHALIMONIUK

Fajnie by było mieć poczucie, że kiedy znajdziemy się w jakiejś opresji na końcu świata, to nasza przyjaciółka rzuci wszystko, wsiądzie w samolot i nas z niej uratuje, ale nie można tego od niej wymagać, a na pewno nie może to być warunek przyjaźni.

Do zbudowania prawdziwej, solidnej przyjaźni, tak jak do zbudowania innych głębokich związków, **potrzebna jest dojrzałość. Z obu stron.**

Jest dziś coraz więcej osób, które się nie wiążą, tylko używają ludzi do pewnych zadań. **Jeden jest od chodzenia do teatru, drugi od rozmawiania o książkach, a trzeci od imprez.** Jak jesteś, to fajnie, a jak cię nie ma, to zastąpię cię kimś innym.

Trzeba przeżyć rozczarowanie, uznać, że to nie przyjaźń, tylko znajomość. I nic nie stoi na przeszkodzie, jeśli uważamy, że to ciekawy człowiek, żeby od czasu do czasu się z nim spotkać, ale już bez nadziei na coś więcej.

Pamięta pani "Łowcę jeleni"?
Oczywiście. Bardzo poruszający film o przyjaźni.

Obejrzałam go niedawno jeszcze raz i byłam pod wrażeniem sceny, gdzie jeden z głównych bohaterów wraca do Wietnamu, żeby wyciągnąć stamtąd przyjaciela, który w wyniku przeżyć wojennych postradał zmysły. Wpada do speluny, w której nielegalnie grają w rosyjską ruletkę, bierze go za fraki i mówi: "Przeleciałem 18 tysięcy kilometrów, żeby cię stąd wyciągnąć. Wracaj ze mną. Kocham cię". Pomyślałam sobie wtedy: "No, to jest miara prawdziwej przyjaźni".
Te 18 tysięcy kilometrów?

Raczej to „kocham cię".
Tak, to rzeczywiście jest jakaś miara. Tylko proszę pamiętać, że ich relacja zawiązała się na polu walki i była poddana niebywałej próbie, której mało kto ma okazję doświadczyć. To było coś więcej niż zjedzenie przysłowiowej beczki soli – tego, co nam przeciętnie życie funduje.

Świadomość, że mogę na kogoś liczyć w najgorszych tarapatach, nie jest miarą przyjaźni?
Świadomość to jedno, ale ważna wydaje mi się też jakaś realność, bo z biegiem lat to nasze życie się coraz bardziej komplikuje. Pojawiają się inne ważne relacje i zobowiązania. I oczywiście fajnie by było mieć poczucie, że kiedy znajdziemy się w jakiejś opresji na końcu świata, to nasza przyjaciółka rzuci wszystko, wsiądzie w samolot i nas z niej uratuje, ale nie można tego od niej wymagać, a na pewno nie może to być warunek przyjaźni, bo przyjaciółka też ma swoje życie. Na przykład małe dzieci, których nie ma z kim zostawić, albo chorą matkę.

I nie można się na nią obrażać, że nie waruje przy naszym łóżku za każdym razem, kiedy mamy chandrę. Może wystarczy, że zadzwoni, zapyta, jak się mamy. Do zbudowania prawdziwej, solidnej przyjaźni, tak jak do zbudowania innych głębokich związków, potrzebna jest dojrzałość. Z obydwu stron.

Ale co to właściwie znaczy?

Na przykład to, że nie oczekuję, iż przyjaciółka będzie zawsze dla mnie, i jak mam kryzys, to wpadnę do niej w środku nocy bez zapowiedzi, a ona zapyta: „Chcesz pogadać, wódki czy spać?". Tak jak pytała piętnaście lat temu, kiedy mieszkała w pokoju obok w akademiku. Rozumiem, że ma na przykład nową pracę, która ją pochłania, nowego faceta czy malutkie dziecko. Mądra przyjaciółka się nie obraża z tego powodu, że nie jest już pępkiem świata, bo w przyjaźni chodzi przede wszystkim o wzajemność, o wymianę. Więc zamiast mieć pretensje, że ta druga wciąż tokuje o zupkach i kupkach i jedyne, co ma do zaoferowania, to „wpadnij do mnie", mogę rzeczywiście do niej pojechać, zająć się dzieckiem, żeby ona mogła się wykąpać, zrobić zakupy. I nie czuję się wtedy ani wykorzystana, ani odsunięta, bo wiele było takich sytuacji w życiu, kiedy ona była dla mnie. I wiem, że jeszcze takie będą. Albo kiedy mąż przyjaciółki mnie nie lubi i ona mówi mi: „Słuchaj, ja się z tobą chętnie zobaczę, ale jak Józia nie ma w domu, bo nie chcę się z nim kłócić", to nie robię scen, nie zrywam tej relacji ani nie traktuję Józia jak rywala, tylko to akceptuję, bo ta przyjaźń ma dla mnie większą wartość.

Chyba że uważam, że Józio nie jest najlepszym partnerem.

To wtedy mogę powiedzieć: „Słuchaj, wiem, że kochasz tego faceta, ale uważam, że się przy nim zmieniłaś, że on cię zamyka na świat, ogranicza" albo „Zrobisz, jak uważasz, ale ja widzę, że on cię źle traktuje, że pije, i nie podoba mi się to".

Wydaje mi się tylko, że z tą szczerością w kobiecych przyjaźniach różnie bywa. Wiele z nich opiera się na takim przytakiwaniu: „Tak, świetnie wyglądasz", „Tak, jesteś wspaniałą mamą", „Tak, jesteś cudowną szefową". Boimy się powiedzieć prawdę.

Bo dużą sztuką jest powiedzieć coś krytycznego czy zwrócić uwagę w taki sposób, żeby kogoś nie zranić. Ale jeśli coś nam się w życiu naszej przyjaciółki nie podoba, to powinnyśmy podjąć taki wysiłek – bo jeśli nie my, to kto jej ma o tym powiedzieć? Może przez moment będzie jej przykro, może ją to zaboli, ale wartość z usłyszenia prawdy od kogoś, komu na nas zależy, kto nas – jak to pani mówi – kocha, jest większa niż chwilowe zranienie.

Tylko jak to powiedzieć, żeby nie zranić?
Kiedy moja przyjaciółka przeżywa jakieś problemy z córkami, wtedy pytam ją: „Chcesz, żebym ci powiedziała, co o tym myślę? Bo jeśli nie, to OK. To jest twoje życie, ja jakoś wytrzymam".

I to jest dobre pytanie. Bo daje wybór.
Inna przyjaciółka, która nie potrafi się odseparować od swojego trzydziestoletniego syna, wręcz mnie o to sama prosi: „Mów mi, jak to widzisz, bo wtedy mam więcej siły, żeby tak na niego nie chuchać i nie dmuchać. I nie zalewa mnie aż takie poczucie winy, kiedy mu odmawiam". Więc powtarzam jej jak zdarta płyta: „Zostaw go! Nie leć do niego, kiedy tylko zakwili. Niech spróbuje sam stanąć na nogi. Nigdy nie zbuduje własnego życia, jeśli zawsze mu wszystko podasz na tacy. To jest dobre nie tylko dla ciebie, ale też dla niego itd.". Ale mam również przyjaciółkę, która wieki temu jasno zakreśliła granicę tej szczerości. Powiedziała: „Jeśli kiedykolwiek się dowiesz, że mój mąż mnie zdradza, to mi nic o tym nie mów, bo ja tego nie przeżyję". I to jest dla mnie święte. Chociaż gdyby dzisiaj, po trzydziestu latach jej małżeństwa, coś takiego miało miejsce, wolałabym się upewnić, czy ta nasza umowa nadal obowiązuje.

Czasem wydaje nam się, że chcemy tę prawdę usłyszeć, a kiedy ją słyszymy, to się jednak obrażamy. I koniec przyjaźni.
Ale to też świadczy o nas – bo na czym my w takim razie tę przyjaźń budujemy? Szczerość jest dobrodziejstwem, które warto doceniać. To zwykle przychodzi z czasem. Możemy też dojść do wniosku: „Ja wiem, że ty uważasz Marka za palanta, ale ja go kocham i już". Prawdziwa przyjaciółka to uszanuje, bo ona wie, że nie jest od tego, aby nam meblować życie. Jeśli chcemy żyć z takim człowiekiem, w ten, a nie inny sposób wychowywać dziecko czy latać na każde skinienie własnej matki – nasz wybór. Ona może jedynie powiedzieć, co o tym myśli. Jeśli tego chcemy.

Życie ciągle chyba te nasze przyjaźnie poddaje różnym próbom.

Weryfikuje je po prostu. Zwykle im dalej, tym mniej ich zostaje, bo okazuje się, że wartości nam się rozjeżdżają, że to coś, co nas wiązało, się rozpuściło, że pewne przyjaźnie rozbiły się o kolejne etapy życia, ale warto się też tej weryfikacji przyjrzeć.

Co ma pani na myśli?

U mnie w gabinecie czasem pojawia się problem poczucia opuszczenia czy też zawodu w przyjaźni. Zgłaszają go zwykle osoby dość samotne, nieufne, którym bardzo trudno jest wejść w relację, ale jak już w nią wejdą, to zawieszają na niej wszystkie swoje oczekiwania, pragnienia, marzenia. I kiedy przyjaciółka się oddala, bo wchodzi w związek albo zaprzyjaźnia się z kimś innym, to mają poczucie straty, wręcz zdrady – jakby się małżeństwo skończyło. Zdarza się też, że to poczucie bycia opuszczoną, zostawioną przez przyjaciółkę bierze się z różnicy oczekiwań.

Co to znaczy?

Ktoś nas uważa za przyjaciółkę, bo okazałyśmy jej ciepło, potraktowałyśmy po ludzku, wysłuchałyśmy być może pierwszy raz w życiu, ale my się na żadną przyjaźń nie czujemy umówione. I kiedy odchodzimy do własnych spraw, ta druga strona czuje się zdradzona i rozczarowana.

I co wtedy? Warto by to było chyba jakoś wyjaśnić?

Nie da się tego wyjaśnić, dopóki nie dojdzie do otwartego konfliktu i nie dowiemy się, że ta osoba miała zupełnie inne wyobrażenie o tej relacji. Dopiero wtedy możemy powiedzieć: „Słuchaj, ale ja się nigdy nie czułam twoją przyjaciółką".

Zdarza się też, że taką relację ciągniemy z obowiązku, chociaż wiemy, że ona jest niesymetryczna.

Tylko że wtedy trzeba nauczyć się jasno określać swoje granice, bo ta druga osoba, w poczuciu, że jest naszą przyjaciółką, będzie oczekiwać od nas więcej niż zwykła koleżanka i będzie uważała, że ma do tego prawo.

Jak odróżnić przyjaźń od dobrej znajomości?

Przyjaźń to jest bardzo silna więź. Silniejsza od zmieniających się okoliczności. Jeśli my się rozwijamy, to ona się rozwija razem z nami. Przyjaciółce mam ochotę powierzać swoje największe tajemnice, bo jej ufam. Mogę się wyrażać wprost, nie muszę owijać w bawełnę, bojąc się, że ją urażę. Mamy podobną hierarchię wartości, podobne granice. To, czy się często spotykamy, czy nie, nie jest takie istotne. To jest ważne tylko na początku, kiedy się ta przyjaźń zawiązuje. Ale kiedy już te fundamenty są solidne, możemy się spotykać raz na miesiąc czy nawet raz na rok, wysyłając sobie czasem sygnał, że pamiętamy, tęsknimy albo że chętnie byśmy ją widzieli obok siebie, bo coś nam się dobrego przydarzyło w życiu. Za to kiedy się już spotkamy, to mamy takie uczucie, jakbyśmy się widziały wczoraj. Nic się między nami nie zmienia.

I nie przeszkadza to, że nie jesteśmy na bieżąco z własnym życiem?

Nie, chociaż zwykle się przecież te dane podczas takich spotkań aktualizuje, przegadując całą noc albo dwie. Ważna jest też swoboda. Takie poczucie, że nie trzeba niczego udawać, że możemy się razem pośmiać, popłakać, ale też pomilczeć. Czujemy się akceptowane i akceptujemy tę drugą osobę taką, jaka ona jest – z jej różnymi słabościami, defektami, wyborami. Chociaż są pewne granice.

Jakie?

Pamiętam historię pacjentki, która opowiadała mi, jak próbowała pomóc przyjaciółce, która po rozwodzie się rozsypała, straciła pracę i po kryjomu zaczęła pić. Przyjaciółka próbowała ją wspierać, pomagała jej na różne sposoby, robiąc na przykład zakupy, ale kiedy zapraszała ją na wspólne spotkania z innymi przyjaciółkami, tamta wymyślała różne wymówki, żeby nie przyjść. „Bo źle wygląda, a one są takie piękne" albo że „jej nie stać". Kiedy przyjaciółki oferowały, że zapłacą za kawę, ona mówiła, że „to dla niej upokarzające", a kiedy zapraszały do domu, ona mówiła, że nie przyjdzie, „bo ma brzydko w mieszkaniu i jest jej wstyd, kiedy widzi, jak one mają ładnie". W końcu doszło do konfrontacji, w której moja pacjentka powiedziała jej prosto w oczy, że problem nie polega na tym, że ona źle wygląda, nie ma pieniędzy czy że w domu ma bałagan, tylko na tym, że ma problem z alkoholem i powinna się leczyć.

I jak to przyjęła?

Początkowo przyznała przyjaciółce rację, zgodziła się pójść na terapię, ale nigdy na nią nie doszła. Było jeszcze kilka prób ratowania jej, ale tamta w końcu przestała odpowiadać na jakikolwiek kontakt. Odcięła się. I to pokazuje, że są jakieś granice ratowania przyjaciółki, która nie chce być ratowana. To znaczy chce, ale bez własnego wysiłku.

Zdarza się też tak, że my tę pomoc oferujemy, ale to nie jest to, czego nasza przyjaciółka potrzebuje najbardziej.

Zdarza się. Dlatego zamiast żyć w świecie wyobraźni, warto ją zapytać: „Czego ode mnie potrzebujesz?", „Co byś chciała?". To mi przypomina inną pacjentkę, która od jakiegoś roku jest na etapie weryfikowania grona swoich przyjaciółek, które za wszelką cenę chciały ją wyciągnąć z depresji – skonsultowały się w tym celu z psychiatrą, zafundowały jej coacha, który ocenił jej kompetencje zawodowe i stwierdził, że nadal je posiada i może znów spróbować swoich sił na rynku pracy. Naprawdę się postarały, tyle że nie były w stanie przyjąć do wiadomości, że ona potrzebuje czegoś zupełnie innego.

Czego?

Żeby ją ktoś przyjął z tą jej bezradnością, zaopiekował się nią i pochylił nad nią jak dobra matka nad niemowlęciem.

No, ale to już niemożliwe w dorosłym życiu.

To prawda, ale w kryzysie czasem tego właśnie nam trzeba, takiej matczynej troski. Choćby na chwilę. Ona jest nam potrzebna po to, żebyśmy jednocześnie mogli się godzić z tym, że na dłuższą metę taka „adopcja" jest już niemożliwa. Moja pacjentka właśnie się z tym godzi i zaczyna też rozumieć, że to, iż przez całe życie była dla innych, rezygnując często z własnych potrzeb, nie oznacza, że kiedy sama jest w kłopocie, to do niej wróci, i to dokładnie w takiej formie, w jakiej by sobie życzyła. Jej przyjaciółki z kolei mają ogromny kłopot z przyjęciem jej bezradności, bo prawdopodobnie boją się swojej własnej. Nie są w stanie zaakceptować tego, że jej depresja jest wynikiem konfrontacji z traumą, której doznała w dzieciństwie, że wychodzenie z takiej traumy wymaga czasu, i na wszelkie sposoby próbują ją dopingować, mobilizować i pospieszać. Nie rozumieją, że ona chce wrócić do pracy, ale do takiej, w której nie będzie czuła, że się „nadużywa", czyli niekoniecznie do korporacji. Pojawiają się też nieporozumienia związane z pieniędzmi, bo one mają ich dużo, a ona prawie wcale, więc w wielu ich wspólnych przedsięwzięciach nie może uczestniczyć. Ciągle musi im przypominać, że jej na to nie stać. One próbują to zrozumieć, ale nie do końca chyba potrafią się z tym pogodzić.

I to pani zdaniem wciąż jest przyjaźń?
No właśnie teraz to się waży. Ona pracuje nad tym, żeby przyjąć rzeczywistość taką, jaka jest, żeby mówić o tym, że jakieś zachowanie ją złości, ale żeby się nie obrażać. To jest trudne, bo one żyją w zupełnie innych rzeczywistościach. Dla nich na przykład zdanie „spotkamy się niedługo" oznacza za miesiąc, bo mają mnóstwo obowiązków, a dla niej – za parę dni. W wyniku tych znaczących różnic zachodzi wiele nieporozumień.

No ale ile razy ona ma przypominać o tym, jak wygląda jej sytuacja?
Tyle, ile trzeba. Chociaż można by oczekiwać, że przyjaciółki same będą o tym pamiętać i oszczędzą jej przypominania o czymś, co jest dla niej upokarzające. Ale jeśli tak się nie dzieje, to lepiej zapytać po raz kolejny: „A co ze mną?", zamiast zasklepiać się w niedomówieniach i czarnych scenariuszach: „A może one mnie już nie chcą, tylko nie umieją mi tego powiedzieć?".

Zapytać jak?
Wprost. Jeśli przyjaciółki proponują na przykład wspólny wypad na koncert w innym mieście, to ona powinna dopytać, czy pamiętają, jaka jest jej sytuacja, czy ta propozycja oznacza, że one się mogą zrzucić na bilet dla niej, czy ma im powiedzieć: „Bawcie się dobrze, zobaczymy się kiedy indziej!".

One nie mają obowiązku jej tego biletu fundować.
Nie mają, choć mogą, jeśli je na to stać i chcą. Mogą też czasem zaproponować taką formę wspólnego spędzania czasu, która będzie dla niej komfortowa, mogą ją zaangażować na przykład do organizacji

całego wyjazdu, do poszukania noclegu, czegoś, na co same nie mają czasu, a ona go ma. Różnica pomiędzy przyjaźnią a związkiem polega między innymi na tym, że przyjaciółki nie są odpowiedzialne za naszą egzystencję, nie muszą dbać o to, żeby nam komornik nie wszedł na głowę, kiedy mamy trudności finansowe. Nie muszą sobie znacząco obniżać standardu życia, żeby nas wspierać. Powinny nas wspierać, ale mądrze – dając przysłowiową wędkę, a nie rybę. Chociaż oczywiście mogą się zdarzyć wyjątkowe, podbramkowe sytuacje w życiu, kiedy nic nam po wędce, tylko na gwałt potrzebna jest ryba.

Na przykład?
Na przykład wtedy, kiedy przyjaciółka szuka schronienia przed brutalnym partnerem. To nie oznacza, że mamy się rozwieść z mężem, żeby koleżanka miała gdzie spać, ale na pewno możemy jej pomóc szukać mieszkania czy poszukać dobrego prawnika, jeśli tego potrzebuje. Te wyjątkowe sytuacje są też jakąś próbą tej przyjaźni.

Czasem w tych naszych relacjach mamy poczucie bycia wykorzystywaną. My dajemy dużo, ale w zamian dostajemy niewiele.
Ja myślę, że te osoby, które inwestują w przyjaźń, które dają z siebie dużo, mają lepiej. Nawet jeśli w pewnym momencie usłyszą: „Ale ja ci nie mogę tyle dać" albo „Przykro mi, ale ja nie mam dla ciebie tyle czasu". Bo one podejmują jednak wysiłek zbudowania więzi, są ciekawe drugiego człowieka, są skłonne coś mu ofiarować. Ale są też osoby – i powiedziałabym, że jest ich dziś coraz więcej – które oczekują, że ten drugi człowiek będzie tylko dla nich. One się nie wiążą, tylko używają ludzi do pewnych zadań. Jeden jest od chodzenia do teatru, drugi od rozmawiania o książkach, a trzeci od imprez. Jak jesteś, to fajnie, a jak cię nie ma, to zastąpię cię kimś innym.

A jeśli odejdę?
To nic. Taka osoba nie tęskni. Nie podejmuje wysiłku, żeby tę relację naprawić. Nie ma potrzeby, żeby dać sygnał, że ktoś był ważny czy że go brakuje. Są takie osoby i zdarza się, że stają się dla nas ważne, myślimy, że to nasi przyjaciele, bo bierzemy odpowiedzialność za tę znajomość, podtrzymujemy ją, ale jak przestajemy wkładać wysiłek w jej podtrzymywanie, to po drugiej stronie nie ma nic. Cisza.

I co wtedy?

Trzeba przeżyć rozczarowanie, uznać, że to nie przyjaźń, tylko znajomość. I nic nie stoi na przeszkodzie, jeśli uważamy, że to ciekawy człowiek, żeby od czasu do czasu się z nim spotkać, ale już bez nadziei na coś więcej.

Na ile sposób, w jaki wchodzimy w relację z przyjaciółkami, odzwierciedla naszą relację z matką?

Te nasze wczesne relacje w ogóle, nie tylko z matką, tworzą taki wzorzec, który na skutek różnych życiowych doświadczeń – tych dobrych i tych złych – się uelastycznia i zmienia, ale mamy tendencję, żeby do niego wracać. I potem podobnie wchodzimy w relacje z ludźmi: w sposób ufny, jeśli ta pierwotna więź była ufna, z dużą rezerwą, jeśli była nieufna, albo z lękiem – jeśli ta więź była zdezorganizowana, raz bliska, raz odrzucająca i raniąca. Ale oczywiście w przypadku wchodzenia w relacje z innymi kobietami ta więź z matką odgrywa szczególnie ważną rolę. Bywa, że matka jest bardzo oddana córce, kiedy ona jest mała, wspiera ją, ale kiedy dziewczynka chce się od mamy oddalić i zawiązać swoje pierwsze dziecięce przyjaźnie, to się okazuje, że matka jest zazdrosna i zaborcza. I wtedy dziewczynka jest w konflikcie lojalności – z kim mam prawo być bliżej, z matką czy z przyjaciółką? W zależności od siły temperamentu, wsparcia innych osób i ciekawości świata – albo będzie mimo wszystko lgnęła do koleżanek, ukrywając przed matką te relacje lub wchodząc z nią w konflikt, albo zrezygnuje z eksplorowania świata kobiecej przyjaźni na długie lata, żeby tylko mama była zadowolona. Takie dziewczyny dają sobie wmówić, że przyjaźń z własną matką jest wystarczająca, jedyna w zasadzie, a reszta kobiet jest „nie dość dobra" albo „nie zasługuje na ciebie".

Od kobiet, które miały bardzo trudną relację z matką, słyszę czasem, że one by się nawet chciały zaprzyjaźnić z inną kobietą, ale nie mają do kobiet zaufania.

Bywa tak, że z tym lękiem, iż zostaniemy przez inną kobietę zranione i wykorzystane tak samo jak przez własną matkę, nie da się nic zrobić. Wtedy wchodzimy w relacje z przyjaciółkami z dystansem, z poczuciem, że bliskość z kobietą to nie jest wcale pewna rzecz. I że trzeba zachować czujność.

A jak się robi za blisko, to uciekamy?
Czasem nie uciekamy dosłownie, tylko na przykład wchodzimy w role, te same, które jakoś pozwalały nam w relacji z matką przetrwać – na przykład w rolę terapeutki. I tak jak byłyśmy całe życie powierniczką matki, która utyskiwała na ojca, na pracę, na życie w ogóle, tak teraz zostajemy powierniczką naszej przyjaciółki. Same nie odsłaniamy się do końca, niewiele chcemy z tej relacji, tylko wysłuchujemy, pocieszamy, wspieramy.

I w pewnym momencie mamy dość.
Do pewnego momentu mamy jednak taką podświadomą nadzieję, że jak będziemy takie oddane, słuchające i rozumiejące, to ona nas w końcu kiedyś doceni i odwdzięczy się tym samym, kiedy będziemy w potrzebie. I czasami mamy takie szczęście, że tak się dzieje. Przychodzi jakaś życiowa zawierucha, my, mimo swoich tendencji, wchodzimy w rolę tej słabej, rozpadamy się i nagle się okazuje, że ta przyjaciółka, której latami dawałyśmy wsparcie, jest obok i jest dla nas. To ma wtedy taką korygującą funkcję, dzięki której zaczynamy wierzyć, że można się otworzyć na inną kobietę, być blisko niej, a ona tego nie wykorzysta potem przeciwko nam. Takie doświadczenie może wtedy przeformułować tę naszą matrycę, otworzyć nas na inne kobiece przyjaźnie. Ale też, niestety, zdarza się, że podobnie jak w relacji z matką znowu zostaniemy „użyte". Przyjaciółka nie będzie nas widzieć, tylko będzie się w nas przeglądać, a kiedy przestaniemy jej być potrzebne do czegokolwiek, zniknie. I to z kolei może nas zamykać na kolejne próby zaprzyjaźnienia się z kobietami.

Jaki jeszcze wczesny wzorzec możemy powielać w przyjaźni?
Na przykład ten oparty na rywalizacji, że bliskość realizuje się tylko w takim scenariuszu, w którym się ciągle udowadnia, ile jest się wartą. To może się różnie przejawiać. Na przykład tak, że dziewczynka jest traktowana w rodzinie jak królewna, wszyscy koło niej skaczą – rodzice, dziadkowie, wujkowie – więc ona podobnie dobiera sobie przyjaciółki, żeby stanowiły wokół niej taki dwór, który będzie ją podziwiał. Zwykle dorosłe życie takie tendencje osłabia, bo okazuje się, że tych fajnych królewien jest

więcej, ale może się też okazać, że z tej relacji królowa – podwładne wyłoni się jakaś prawdziwa przyjaźń, bo się okaże, że tam jest coś więcej, jakiś wspólny świat.

Zdarza się też, że tak sobie dobieramy przyjaciółki, żeby zawsze korzystniej przy nich wypadać, żeby nasze życie było zawsze na ich tle pasmem sukcesów.

W takich układach zwykle chodzi o odtwarzanie rywalizacji z matką. O podświadomą chęć udowodnienia innej kobiecie, że ja to bym lepiej wychowała jej dzieci, że byłabym lepszą żoną dla jej męża. Takie rojenie ma służyć dowartościowaniu się. A jeśli nie działa, to przestaje bawić.

Co to znaczy, że nie działa?

Jeśli na przykład przyjaciółka nazwie to, skonfrontuje nas z tym otwarcie, mówiąc na przykład: „Przestań mi ciągle udowadniać, jaką jestem beznadziejną matką" albo „Przestań mi ciągle dogryzać przy tym moim mężu, pożyłabyś z nim rok, a nie parę godzin, tobyś zobaczyła, co to znaczy". Może się też okazać, że ani ci mężowie, ani te dzieci też tej gry nie kupują. Trochę inny rodzaj rywalizacji polega na tym, że ktoś z domu wyniósł takie przekonanie, że aby czuć się wartościowym, musi cały czas wygrywać: walczyć o prestiż, majątek, o lepiej ustawionego męża. To głównie dotyczy osób, których poczucie wartości opiera się na tym, co mają, a nie na tym, kim są. Zabrakło im bezwarunkowej miłości.

Mają szansę zbudować zdrową przyjaźń?

Szanse są zawsze. Jeśli spotkają na swojej drodze kogoś, kto będzie w stanie docenić ich za to, kim są, a nie, co mają, i jeśli będą mieć odwagę się na to otworzyć. To może być początkiem prawdziwej przyjaźni.

Po czterdziestce?

Dlaczego nie?

Dlaczego lepiej spotkać się twarzą w twarz, a nie na Facebooku?

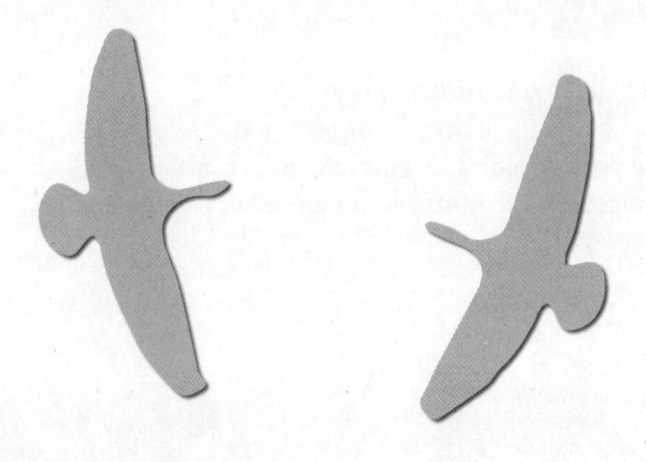

Zbuduj sobie wioskę

Rozmowa z **SUSAN PINKER**

Osoby, które są aktywne towarzysko – spotykają się w stałym gronie chociażby tylko po to, żeby coś zjeść i poplotkować, ale robią to regularnie – **mają większe szanse na dłuższe życie** niż te, które rzuciły palenie, schudły czy regularnie ćwiczyły.

Wielu ludziom wydaje się dziś, że kontakt online i kontakt twarzą w twarz to jedno i to samo. Myślą: „Co za różnica, czy rozmawiam z koleżanką na Messengerze, Skypie, czy siedzę naprzeciwko niej w tym samym pokoju?". A różnica jest ogromna!

Coraz częściej zamiast zebrania na żywo w firmach organizuje się telekonferencje, bo to przecież to samo, za to taniej. Tyle że takie rozmowy czy negocjacje będą miały zupełnie inny przebieg, a tym samym ich efekt będzie inny. Relacje będą płytsze i obdarzone mniejszym zaufaniem.

Wczoraj w metrze usiadłam koło dziewczyny, która wyjęła telefon i zaczęła korespondować z trzema koleżankami naraz. Z pierwszą „rozmawiała" o świętach, z drugą – o zakupach, a ta trzecia zwierzyła się, że właśnie rzucił ją chłopak. Zrobiło mi się jej żal. Pomyślałam, że pewnie nie wie, iż przyjaciółka poświęca uwagę nie tylko jej, i zastanawiałam się, ile warte jest takie wsparcie. Sama nieraz czuję, że osoba po drugiej stronie telefonu czy komputera robi coś innego – odpisuje komuś na maila, przegląda Facebooka, wysyła SMS-a...

Pani obserwacja dotyka bardzo ważnej kwestii w temacie relacji międzyludzkich w XXI wieku. Badania pokazują, że chociaż nigdy jeszcze – dzięki nowym technologiom – nie byliśmy otoczeni tak dużą siecią kontaktów, to czujemy się coraz bardziej osamotnieni. W połowie lat 80. przeciętny Amerykanin miał średnio trzy bliskie osoby, którym mógł się zwierzyć i prosić je o wsparcie w trudnych sytuacjach. Dzisiaj to poniżej dwóch, a około 20 procent Amerykanów nie ma nikogo, na kim może polegać! Trend się nasila, chociaż teoretycznie przyjaciół na Facebooku ciągle nam przybywa. Tyle że tych głębokich relacji mamy coraz mniej.

Osamotnione osoby to głównie ludzie starsi?

No właśnie nie. To przede wszystkim osoby w średnim wieku. Tak jest w Stanach, w Polsce również. W grupie czterdzieści pięć--czterdzieści dziewięć lat poczucie osamotnienia deklaruje ponad 30 procent osób. Ale na przykład w Wielkiej Brytanii najbardziej samotni czują się młodzi dorośli, pomiędzy osiemnastym a trzydziestym piątym rokiem życia. W sondzie dla brytyjskiej

Fundacji Zdrowia Psychicznego (Mental Health Foundation) aż jedna czwarta respondentów we wszystkich grupach wiekowych odpowiedziała, że z nikim nie czuje więzi emocjonalnej!

Szokujące.
To są alarmujące dane, które powinny nas skłonić do podjęcia konkretnych działań. My – mam na myśli również lekarzy, ekspertów od zdrowego życia – przywiązujemy dużą wagę do diety, ruchu, jakości snu i życia seksualnego, a przecież wiadomo już, że najsilniej na zdrowie, szczęście i długowieczność wpływają związki z innymi ludźmi.

Skąd to wiadomo?
Z rozlicznych badań, które opisuję w książce „Efekt wioski. Jak kontakty twarzą w twarz mogą uczynić nas zdrowszymi, szczęśliwszymi i mądrzejszymi". Zacytuję te najnowsze. W 2010 roku Julianne Holt-Lunstad, psycholog z Brigham Young University, wraz z zespołem przeprowadziła metaanalizę 148 badań dotyczących relacji i umieralności. W badaniach tych wzięło udział w sumie 309 tysięcy osób w średnim wieku, których styl życia i zdrowie wzięto pod lupę, a następnie zbadano je ponownie po siedmiu i pół roku.

Holt-Lunstad wypytała uczestników o wszystko: czy ćwiczą, czy palą, co jedzą, jak dużo piją, na co chorują, jakie leki przyjmują, czy się szczepią, czy są w związku, czy się rozwiedli, jaka jest jakość ich życia towarzyskiego. Niech pani zgadnie, który z tych czynników był decydujący, jeśli chodzi o obniżenie ryzyka zgonu uczestników?

Brak nałogów?
Nie.

Szczęśliwy związek?
Ciepło, ale niezupełnie. Najbardziej decydujące było to, w ilu bliskich relacjach była dana osoba. Ale to niekoniecznie musiał być związek miłosny. To mogły być relacje przyjacielskie, z rodzeństwem, rodziną – chodzi o ludzi, na których zawsze można liczyć, którzy okazują troskę, życzliwość i zainteresowanie. Na

drugim miejscu było zaangażowanie społeczne, to znaczy czy badany poza bliskimi relacjami posiadał też siatkę luźniejszych kontaktów. Czy przynależał do jakiejś wspólnoty, na przykład Kościoła, klubu sportowego, rady rodziców, grupy sąsiedzkiej, kółka zainteresowań. Wniosek był taki: osoby, które są aktywne towarzysko – spotykają się w stałym gronie chociażby tylko po to, żeby coś zjeść i poplotkować, ale robią to regularnie – mają większe szanse na dłuższe życie niż te, które rzuciły palenie, schudły czy regularnie ćwiczyły.

Czyli zamiast po raz kolejny rzucać palenie, lepiej po prostu poszukać przyjaciół?

Nie, to nie oznacza, że używki czy siedzący tryb życia nam nie szkodzą. Szkodzą. Byłoby lepiej, gdyby ludzie, którzy nadużywają alkoholu lub palą, zerwali z nałogiem. Ale życie w izolacji szkodzi nam jeszcze bardziej.

Bardzo mało osób chyba zdaje sobie z tego sprawę?

Bo to są stosunkowo nowe odkrycia. Z badań opublikowanych w marcu 2015 roku wynika na przykład, że poczucie izolacji społecznej zostawia ślad na każdej komórce naszego ciała. I nie chodzi tylko o to, że osoby samotne czują się źle psychicznie. Udowodniono, że jeśli ktoś, nawet z własnego wyboru, wiedzie samotniczy tryb życia – mieszka sam, stroni od ludzi, ma ograniczone z nimi kontakty – długość jego życia skraca się przeciętnie o około 30 procent w porównaniu z człowiekiem, który jest genetycznie obciążony podobnymi chorobami, ma taką samą dietę i jest tak samo aktywny, za to prowadzi bujne życie towarzyskie.

A jeśli ten „pustelnik" ma kilkoro przyjaciół, z którymi w miarę regularnie kontaktuje się przez internet, to coś zmienia? Nadal grozi mu przedwczesna śmierć?

I tu dochodzimy do sedna sprawy. Wielu ludziom wydaje się dziś, że kontakt online i ten twarzą w twarz to jedno i to samo. Myślą: „Co za różnica, czy rozmawiam z koleżanką na Messengerze, Skypie, czy siedzę naprzeciwko niej w tym samym pokoju?". A różnica jest ogromna! To tak jakby porównywać zjedzenie tabliczki czekolady w samochodzie w drodze na delegację ze zjedzeniem domowego obiadu u przyjaciół. I jedno, i drugie dostarcza około pięciuset kalorii, ale ich oddziaływanie na nasze ciało i nasz umysł jest kompletnie różne.

Komunikując się na odległość, również przekazujemy sobie garść faktów, ale umyka nam przy tym wiele informacji pozawerbalnych, jak ton głosu, rytm wypowiedzi, wymowa spojrzenia, mimika twarzy czy język ciała. To tak zwane szczere sygnały, które często mają większe znaczenie niż sama treść. Nawet na Skypie czy FaceTimie dostrzeżenie tych niuansów jest często utrudnione, prawdziwy kontakt wzrokowy jest niemożliwy, bo na przykład przekaz jest niesynchroniczny. Nie wspominając o dotyku. Nawet delikatnie poklepanie po plecach robi różnicę i ma wpływ na nasze samopoczucie.

W bezpośrednim kontakcie zalewa nas kaskada hormonów i neuroprzekaźników, które uwalniają się tylko wtedy, kiedy jesteśmy fizycznie blisko kogoś. Siedząc naprzeciwko siebie, odzwierciedlamy sposób mówienia naszego rozmówcy i tak budujemy z nim więź. Tylko taki rodzaj kontaktu pozwala nam ocenić, czy druga osoba jest godna zaufania, czy jest między nami tak zwana chemia, czy warto w tę znajomość inwestować.

W tej kaskadzie hormonów co się znajduje?

Między innymi oksytocyna – hormon więzi. To ona sprawia, że mamy przyjemność z przebywania z drugim człowiekiem, że czujemy się z nim bezpiecznie. Tego wszystkiego nie da się uzyskać, siedząc przed ekranem. W każdym razie jeszcze nie.

W „Efekcie wioski" cytuje pani wyniki badań, które dowodzą, że pokrzepiający SMS w trudnej sytuacji tak naprawdę jest dla naszego samopoczucia obojętny.

Sama byłam tym zaskoczona. Wtedy jeszcze nie zdawałam sobie sprawy, że ta różnica jest aż tak bolesna. We wspomnianym badaniu grupę nastolatek, które przystąpiły do pewnego stresującego zadania, podzielono na cztery podgrupy. Pierwszą po zakończonym teście matki pocieszały osobiście. Drugą – telefonicznie. W trzeciej dziewczynki dostały, jak to pani ujęła, „pokrzepiającego SMS-a". A w czwartej nie było żadnego odzewu od matek. Okazało się, że poziom kortyzolu – hormonu powiązanego ze stresem – najbardziej spadł u dziewczynek, które po wykonaniu zadania zobaczyły się ze swoimi mamami. Na drugim miejscu znalazła się grupa, która miała okazję porozmawiać z matkami przez telefon. A na ostatnim – ex aequo – były dwie grupy – ta, w której dziewczynki dostały SMS-y od matek, i ta, z którymi matki się w ogóle nie kontaktowały.

Jeśli więc chodzi o łagodzenie stresu, to SMS i brak jakiejkolwiek reakcji przyniosły taki sam skutek, czyli nie przyniosły żadnego. Przywykliśmy już do myśli, że kontakt offline i online mają taką samą wartość, ale podobne badania pokazują, że znacznie różnią się one wpływem na naszą psychikę i na ciało.

A przecież tyle jest wirtualnych grup wsparcia dla osób z rozmaitymi poważnymi problemami...

Na pewno sprawdzają się one jako źródło informacji, ale na przykład amerykańscy badacze Paula Klemm i Thomas Hardie porównali grupy wsparcia dla pacjentów z rakiem, które spotykały się w realu, z tymi, które spotykały się tylko w internecie. Okazało się, że obie formy kontaktu podobnie oddziałują na pacjentów, poza jedną sferą – aż 92 procent członków grup wsparcia online zgłaszało bardzo zły stan psychiczny, na co nie uskarżali się członkowie grup, które spotykały się twarzą w twarz.

Czy to znaczy, że jest pani przeciwniczką nowych technologii?

Nie, skąd! Nowe technologie są świetne, jeśli chodzi o zdobywanie informacji: gdzie można coś dobrego zjeść, co warto przeczytać, co obejrzeć, dokąd pojechać. Dobrze służą też do komunikowania się w codziennych sprawach, na przykład znajomym. Sprawdzają się również, jeśli na przykład żyjemy w małym miasteczku, mamy bardzo specyficzne zainteresowania i szukamy osób do siebie podobnych. Internet to świetne narzędzie do zrobienia pierwszego kroku, ale potem trzeba wyjść do ludzi! Bez tego nie dowiemy się, kim tak naprawdę jest człowiek po drugiej stronie. Natomiast technologie mają swoje ograniczenia, jeśli zależy nam na tym, żeby pogłębić relację, rozwiązać złożony ludzki problem czy zbudować zaufanie.

Coraz więcej ludzi jednak wybiera taki sposób podtrzymywania więzi, bo „brakuje czasu", bo „jesteśmy wszyscy tacy zagonieni".

Tak jest wygodniej, po prostu. Spotkanie twarzą w twarz rzeczywiście wymaga wysiłku, zaangażowania i czasu. W budowanie i podtrzymywanie więzi trzeba, jak to się mówi, „zainwestować". Pewne badania pokazują, że jeśli nie spotkamy się z bliską osobą w okresie od półtora roku do pięciu lat, to ta więź się rozpadnie. A my, z naszymi napiętymi grafikami i niekończącą się listą spraw do załatwienia, coraz rzadziej mamy czas i chęci, żeby pielęgnować więzi. Kontakt online jest nie tylko łatwiejszy w wielu przypadkach, lecz również tańszy, gdy na przykład przyjaciele przenieśli się na drugi koniec kraju.

Coraz częściej, zamiast organizować zebrania na żywo w centrali firmy, organizuje się telekonferencje, bo „to przecież to samo, za to taniej". Tyle że takie rozmowy czy negocjacje będą miały zupełnie inny przebieg, a tym samym ich efekt będzie inny. Relacje będą płytsze i obdarzone mniejszym zaufaniem.

Zamiast więc wysyłać chorej koleżance pełnego współczucia SMS-a, lepiej się zmobilizować i po prostu do niej pojechać.

Czy to, że nam się nie chce czy też nie mamy czasu, to rzeczywiście tylko i wyłącznie kwestia wygody?

Coraz częściej ludzie po prostu boją się głębokiego zaangażowania. Boją się okazać komuś prawdziwe wsparcie, wysłuchać go. Boją się wziąć odpowiedzialność za drugiego człowieka. Kontakt online często wydaje się bezpieczniejszy, bo w każdej chwili można się wylogować. Większość ludzi nie myśli jednak o konsekwencjach. Podobnie było z samochodami. Kiedy stały się powszechnie dostępne, ludzie siadali za kierownicą tylko po to, żeby pojechać po karton mleka do sklepu za rogiem. Trzeba było kilku pokoleń, żeby dostrzec, że rewolucja motoryzacyjna ma również skutki uboczne – zakorkowane miasta, zanieczyszczone powietrze, ofiary śmiertelne wypadków drogowych, dziurę ozonową, ale też zanikający kontakt z sąsiadami, których się widziało jedynie wjeżdżając do garażu i wyjeżdżając z niego.

Z nowymi mediami jest podobnie. Bardzo ułatwiają życie. Nikt, na pewno nie ja, już z nich nie zrezygnuje, ale warto nauczyć się korzystać z nich świadomie i z umiarem, zastanawiając się, w jakich sytuacjach są przydatne, a gdzie kontakt twarzą w twarz ma nad nimi przewagę.

Co ciekawe, najwięcej osób świadomych zagrożeń wynikających z utraty bezpośredniego kontaktu z drugim człowiekiem pracuje w Dolinie Krzemowej.

Jak to?
Na przykład wysoko postawieni menedżerowie w wiodących firmach komputerowych często posyłają swoje dzieci do drogich alternatywnych szkół, nie korzystających z najnowocześniejszych „zdobyczy cywilizacji", tylko oferujących kameralne klasy, w których uczniowie mają nieograniczony dostęp do nauczyciela.

Ich rodzice, pracując w takim, a nie innym środowisku, już wiedzą, że kontakt z drugim człowiekiem jest tak ważny, iż są w stanie za niego więcej zapłacić.

Niedawno miałam wykład w głównej siedzibie Google'a w Kalifornii. Przestrzeń zaaranżowano w taki sposób, żeby pracownicy mieli jak najwięcej okazji, by odejść od monitorów i spotkać się. Były tam strefy odpoczynku, salki seminaryjne, w stołówce stały stoły na sześć-osiem osób, a jedzenie było pyszne i darmowe, co zachęcało do korzystania z niej. To wszystko wynika ze świadomości, jak istotna dla zdrowia i dla rozwoju firmy jest interakcja z innymi. Tylko że świadomość to jedno, a budżet – drugie. Niestety, wciąż na alternatywne rozwiązania stać jedynie nielicznych. Większość z nas nie ma wyboru. Wielu pracodawców nie przejmuje się aranżacją przestrzeni, a dzieci posyłamy do szkół, w których największą oznaką prestiżu i postępu jest program „Laptop dla każdego dziecka". Badania pokazują jednak, że jeśli chodzi o osiągnięcia uczniów w nauce, żadna technologia wymyślona do tej pory nie przebije dobrego nauczyciela z powołaniem.

Jednak decydenci coraz częściej wolą zainwestować w nowy sprzęt niż w szkolenia nauczycieli.
Bo ludziom bardzo trudno jest uwierzyć, że inwestycja w coś tak nienamacalnego jak kształcenie nauczycieli może przynieść większy zwrot niż inwestycja w sprzęt. Jeśli wyda pani mnóstwo pieniędzy na trzysta komputerów, to może pani każdy z nich

wyjąć z pudełka, obejrzeć, dotknąć. To jest konkret. Natomiast szkolenie dla kadry pedagogicznej to abstrakcja. Trudniej zobaczyć korzyści.

Co się stanie, jeśli zignorujemy te wszystkie dane, o których pani mówi?

Interakcje społeczne to taka sama umiejętność jak każda inna. Wymaga praktyki. Nowe technologie raczej nie zagrażają tym, którzy są dobrzy w podtrzymywaniu relacji, kolokwialnie mówiąc – zwierzętom stadnym. Im nowe technologie mogą pomóc w poszerzaniu sieci społecznych, podtrzymywaniu kontaktów, wręcz je zintensyfikować, bo w ich wypadku zwykle przekłada się to na częstsze spotkania na żywo.

Gorzej z tymi, którym wchodzenie w relacje przychodzi z trudem, którzy żyją w odosobnieniu albo są bardzo nieśmiali. Ci zapłacą za to największą cenę. Jeśli zastąpią kontakty z żywymi ludźmi relacjami w sieci, ich izolacja będzie się pogłębiać.

Innymi słowy: bogatsi staną się jeszcze bogatsi, a biedni zbiednieją. Wiele osób dzisiaj bezwiednie wpada w tę pułapkę. Traktują relacje online jako zamiennik prawdziwej relacji. To może być niebezpieczne, zwłaszcza że badania pokazują, że wszyscy potrzebujemy kontaktów z ludźmi, nawet introwertycy. To taka sama biologiczna potrzeba jak głód czy pragnienie.

Co jeśli przestaniemy ją zaspokajać?

Badania nad nastolatkami pokazują, że im więcej czasu spędzają w sieci, tym bardziej są nieszczęśliwe. To jest tak zwany paradoks internetu – niby miał łączyć, ale nie do końca tak jest. Oczywiście, nie wiadomo, co było pierwsze – jajko czy kura. Czy jest tak, że osoby z natury mniej szczęśliwe, bardziej samotne po prostu spędzają więcej czasu online, czy też obecność w internecie pogarsza ich stan? Niemniej jednak taki związek występuje.

Wiemy również, że brak poczucia społecznej przynależności i prawdziwych, głębokich relacji sprawia, że nastolatki zaczynają myśleć irracjonalnie. Osamotnienie utrudnia im widzenie świata takim, jaki jest, i powoduje, że ich interpretacja rzeczywistości się zniekształca.

To znaczy?

Na przykład badania przeprowadzone na nastolatkach, które się samookaleczały albo miały próby samobójcze, dowodzą, że to między innymi społeczna izolacja zaburzyła ich sposób myślenia i nasiliła poczucie osamotnienia. Mimo że tuż obok było na przykład ich rodzeństwo czy rodzice. I to jest niestety bardzo niepokojący trend, przynajmniej w Stanach Zjednoczonych. Nie wiem, jakie są dane dla Polski, ale amerykańskie dzieci w wieku szkolnym spędzają przed ekranem ponad osiem godzin dziennie, większość w samotności.

Wielu rodzicom wydaje się, że jeśli dziecko jest w domu – nieważne, co robi – jest bezpieczniejsze niż na podwórku czy pobliskim placu zabaw, ale najnowsze badania podają to w wątpliwość.

Pisze pani o tym, że nie tylko podtrzymywanie najbliższych relacji ma znaczenie. Te dalsze są równie ważne – jak choćby regularny kontakt ze znajomym sklepikarzem.

To są osoby, które należą do tak zwanej środkowej warstwy kontaktów międzyludzkich: listonosz, kioskarz, pani w sklepie, sąsiad, nauczycielka naszych dzieci. Krótka wymiana zdań – co słychać, jak się ma pies, jak dziecko, co z tą pogodą? – może znacząco poprawić nasze samopoczucie. Niestety, cyfrowa rzeczywistość odbiera nam coraz więcej możliwości takich spotkań. Po co iść do banku, kiedy transakcję można przeprowadzić online? Po co na pocztę, kiedy można zrobić przelew? Po co kupować gazetę w kiosku, kiedy można ją przeczytać na laptopie? Po co radzić się bibliotekarki, kiedy recenzja książki jest w sieci?

Powiedziała pani, że kontakty społeczne wpływają na długość naszego życia. A co ze zdrowiem? Czy istnieje jakiś związek między jednym a drugim?

Jest mnóstwo badań na ten temat. Począwszy od tego, jak często zapadamy na przeziębienie, jak szybko nasz układ odpornościowy radzi sobie z chorobami – wirusami i chorobami przewlekłymi, a skończywszy na tym, jak nasz organizm obchodzi się z rakiem.

Kalifornijska badaczka Candyce Kroenke na przykład objęła badaniem trzy tysiące pielęgniarek ze świeżo rozpoznanym inwazyjnym rakiem piersi, które wypełniły szczegółowe kwestionariusze dotyczące swojego życia i relacji przed diagnozą. Zespół Kroenke monitorował ich stan zdrowia przez kolejnych dwanaście lat. Okazało się, że kobiety aktywne towarzysko miały czterokrotnie większą szansę na przeżycie niż te, które wiodły samotny tryb życia.

Nie możemy przeprowadzić eksperymentu na ludziach, który polegałby na tym, żeby przy urodzeniu odseparować dziecko od matki, pozwolić mu rosnąć w kompletnym odosobnieniu i zobaczyć, co się z nim będzie działo, ale podobny eksperyment przeprowadzono na szczurzych samicach. Okazało się, że ich zachorowalność na raka była aż osiemdziesiąt cztery razy wyższa niż samic wychowanych w grupie.

Jakie korzyści ze stadnego życia mają ludzkie dzieci?

Dwie, które przychodzą mi do głowy w tej chwili, związane są z rozwojem kompetencji językowych i z sukcesami w nauce. Wie pani, co najbardziej o tym decyduje?

Czytanie dzieciom książek od najwcześniejszych lat?

To jest niewątpliwie bardzo ważne, ale to nie jest numer jeden.

Dostęp do zabawek i programów edukacyjnych?

Nie! Wspólne rodzinne posiłki. Jednak ważniejsze od tego, czy na talerzu jest pizza, czy brokuły, jest to, czy przy stole toczy się rozmowa, podczas której dzieci i rodzice mają okazję opowiedzieć o tym, jak się mają, jak minął im dzień.

Inne badania z kolei udowodniły, że wspólne spożywanie posiłków obniża ryzyko wystąpienia zaburzeń odżywiania u nastolatek, nadużywania przez nie substancji psychoaktywnych, a nawet depresji.

To są wszystko niezwykle ważne odkrycia w czasach, kiedy prowadzimy coraz bardziej samotnicze życie, nawet mając rodzinę. W Stanach Zjednoczonych to zjawisko niestety się nasila. Nasze domy są coraz większe, coraz rzadziej spotykamy się w jednym pomieszczeniu. Już nawet telewizję rzadko ogląda się wspólnie. Coraz częściej wygląda to tak, że każdy udaje się do swojego pokoju i zalega przed własnym monitorem, a zamiast rozmawiać, wysyła SMS-y do członka rodziny w sypialni obok.

Może fizyczna bliskość z drugim człowiekiem staje się w tak zwanym rozwiniętym świecie coraz bardziej nie do zniesienia? W książce „Efekt wioski" opisuje pani społeczność małego miasteczka Villagrande w górach Sardynii. Tamtejsi mieszkańcy żyją statystycznie o dwadzieścia-trzydzieści lat dłużej niż Europejczycy czy Amerykanie. Wielu po przekroczeniu dziewięćdziesiątki jest nadal aktywnych, wielu dożywa setki. Ale ci seniorzy nigdy nie są sami, są włączeni w życie społeczności. Dla wielu Polaków takie życie w nieustannym kontakcie byłoby bardzo trudne.

Część mieszkańców Villagrande przyznaje otwarcie, że życie w takiej blisko związanej ze sobą społeczności ma swoją cenę, jak choćby brak prywatności: każdy wie wszystko o wszystkich. Kiedy mówię o wiosce, nie mam na myśli konkretnej wsi. Chodzi mi o metaforę typu kontaktów społecznych, do których powinniśmy dążyć. Każdy z nas może spróbować stworzyć dla siebie taką wioskę, czyli otoczyć się ludźmi, z którymi zbuduje więź i na których wsparcie będzie mógł liczyć. To da się zrobić również w dużych miastach – jak Montreal czy Warszawa.

W mojej „wiosce" mieszkają mój mąż, dorosłe dzieci, rodzeństwo, moja 81-letnia mama, przyjaciele, ale też członkowie mojej drużyny pływackiej, klubu książki i grupy, z którą chodzę na piesze wycieczki.

Jak trafiła pani do Villagrande?

Moja poprzednia książka „Paradoks płci", w której przyglądałam się różnicom między kobietami a mężczyznami, pozostawiła mnie z jednym ważnym pytaniem: dlaczego kobiety na całym świecie żyją dłużej od mężczyzn? W pewnym momencie dotarło do mnie, że być może sekret tkwi w tym, że kobiety z reguły dużo więcej czasu i energii wkładają w to, żeby pielęgnować relacje – budują swoje „wioski" w miejscach pracy, w szkołach swoich dzieci, w sąsiedztwie. A korzyści, które płyną z takich inwestycji, służą nie tylko im, ale również ich bliskim.

Komu na przykład?

Ich mężom. Słyszała pani kiedyś o efekcie wdowieństwa? Polega on na tym, że jeśli mężczyzna w starszym wieku traci żonę, ryzyko, że umrze w czasie od sześciu miesięcy do roku po niej, jest znacznie większe, niż jeśli to mężczyzna umrze pierwszy. Ponieważ tracąc żonę, taki mężczyzna równocześnie traci tkankę społeczną, którą ona tkała przez całe życie – wysyłając kartki świąteczne do znajomych, zapraszając przyjaciół na kolację, organizując ich wspólne życie towarzyskie etc. Kiedy więc na jednej z konferencji naukowych przypadkiem usłyszałam, że w pewnej miejscowości na Sardynii mężczyźni oraz kobiety dożywają tak samo sędziwego wieku, natychmiast tam pojechałam, żeby poznać tych staruszków i dowiedzieć się, w czym rzecz.

Nagrałam tam dokument radiowy „Zagadka długowieczności" dla kanadyjskiej stacji CBC. Pierwsze, co rzuciło mi się w oczy, to to, że ci staruszkowie nigdy nie byli sami – zawsze był przy nich ktoś z rodziny, codziennie wpadał z wizytą ksiądz, sklepikarz albo ktoś z urzędu miasta.

Myśli pani, że tradycja traktowania ludzi starych jako skarbu przetrwa w tej społeczności?

Prawdopodobnie nie. Jeszcze ludzie z mojego pokolenia – w okolicach pięćdziesiątki – uważają to za naturalną kolej rzeczy, ale nie jest oczywiste, że ich dzieci i wnuki będą mieć takie same wartości. Coraz więcej mieszkańców opuszcza wyspę w poszukiwaniu pracy, więzy rodzinne się rozluźniają. Kiedy zapytałam szesnastoletnią prawnuczkę jednego z nich, czy zajmie się swoimi rodzicami, kiedy będą się starzeć i niedołężnieć, odpowiedziała bez ogródek: „Żartuje pani? Niech Rosjanki się tym zajmą".

W Polsce naszymi starzejącymi się rodzicami coraz częściej opiekują się Ukrainki...

W Kanadzie to głównie imigranci, na przykład Filipinki. Opieka nad ludźmi w podeszłym wieku to często nisko opłacana, ciężka i niepewna praca. W wielu miejscach na świecie prowadzi się zaawansowane badania nad robotami, które mogłyby ją przejąć – szczególnie w Japonii, gdzie liczba starych ludzi rośnie, a młodych, którzy chcieliby się nimi zająć, jest coraz mniej. Mycie włosów, karmienie, podawanie lekarstw, nawet konwersacja – to czynności, które już w niedalekiej przyszłości będą mogły wykonywać za nas maszyny.

Co pani o tym myśli?

Jako naukowiec? Uważam, że to interesujące zjawisko społeczne. Prywatnie myślę, że to oznaka braku szacunku. Gdyby starsze osoby były szanowane i w pełni zintegrowane ze społeczeństwem, nie wymyślalibyśmy takich maszyn. Specjaliści od robotyki u szczytu kariery nie wymyślają robotów, które miałyby myć czy obcinać ich własne włosy albo podawać im posiłki, żeby nie musieli chodzić do tych wszystkich restauracji z modnymi kucharzami. Uważają natomiast, że takie rozwiązania są odpowiednie dla seniorów! W ten sposób odcina się od społeczeństwa najbardziej kruche jego części, które są naszym dziedzictwem. Łączem z poprzednimi pokoleniami, które nas ukształtowały.

Jak zrezygnować z tego, co nam szkodzi?

A co masz do stracenia?

Rozmowa z **ALANEM BERNSTEINEM**

Większość z nas żyje dość automatycznie, nie mamy czasu na refleksje, ale one się jednak zdarzają i warto wtedy zadać sobie te wszystkie istotne pytania. Co ja tak naprawdę chcę robić? Jak chcę żyć? Kim jestem? Co jest dla mnie ważne?

Zmiana to proces, który wymaga wysiłku i czasu. Jest przeciwieństwem stereotypowego „rzucania" z trzaskaniem drzwiami.
To się sprawdza w filmach, w życiu – nie.

Wiele osób dokonuje pozornych zmian. Pod wpływem chwili rzucają pracę, której nienawidzą, znajdują nową, ale myślami trzymają się tej starej:
„A może powinienem był zrobić tak i tak",
„A może powinienem był odejść dużo wcześniej"...

Każda zmiana powinna się w pierwszej kolejności wiązać z uwolnieniem umysłu od wcześniejszego zaangażowania.

Dlaczego tak wielu ludzi jest opornych na zmiany? Wolą tkwić w czymś, co ich unieszczęśliwia, niż ruszyć do przodu.

Problem polega na tym, że to nie jest kwestia woli. W większości przypadków ten opór bierze się z rozmaitych nieświadomych mechanizmów, presji społecznej, wychowania. „Rzucanie" czegoś jest afirmowane tylko wtedy, kiedy mowa o nałogach. W innych przypadkach rezygnacja z obranego celu – na przykład pracy, związku, choćby najbardziej toksycznego – wiąże się zwykle z ogromnym bagażem emocjonalnym. Powinniśmy się z tego wytłumaczyć – rodzinie, znajomym, ale przede wszystkim samemu sobie. Poza tym, jak mawiają Anglosasi, lepszy diabeł oswojony niż obcy, co oznacza, że wielu ludzi woli męczyć się w czymś, co dobrze zna i z czym nauczyło się żyć, niż ruszyć w nieznane i zafundować sobie uczuciowy galimatias. Gabinety terapeutów pełne są takich osób. Emocjonalnie jesteśmy zaprogramowani na wytrwałość. I nawet jeśli upadamy, to czujemy wewnętrzny przymus, żeby wstać, otrzepać się i działać dalej.

Nawet we współczesnym świecie, który tak promuje elastyczność i zachęca do częstych zmian?

Jest pani pewna? A co z tymi wszystkimi hasłami typu „damy radę", jak chociażby „Yes, we can!" z kampanii wyborczej Obamy? To przesłanie idealnie trafiło do wyborców. Nie wiem, jak w polskiej kulturze, ale stanowisko amerykańskiego społeczeństwa jest w tej kwestii dość nieprzejednane. Słowo „quitter" [od ang. „quit" – rzucić coś] jest jednym z dosadniejszych epitetów. To synonim nieudacznika, lekkoducha, który poddaje się zbyt łatwo i nie umie ważnych spraw doprowadzić do końca. W ten epitet jest wpisany osąd moralny.

Proszę mnie dobrze zrozumieć. Nie zależy mi na tym, żeby ludzie teraz zbiorowo i bezrefleksyjnie porzucali pracę, partnerów czy zobowiązania, „bo tak im podpowiada intuicja". Ona akurat nie jest dobrym przewodnikiem w podejmowaniu ważnych decyzji. Razem z Peg Streep, dziennikarką, próbujemy w naszej książce [„Daruj sobie. Przewodnik dla tych, którzy nie potrafią przestać", PWN, Warszawa 2015] pokazać, że sztuka świadomego wychodzenia z sytuacji, które już nam nie służą, jest czymś, czego trzeba się nauczyć. Ważne zmiany wymagają zachodu, przygotowań i planowania. Warto też zdać sobie sprawę, że nie jest tak, iż to my mamy kontrolę nad wszystkim. Nasz umysł stosuje wiele sztuczek, by zachować status quo.

Te ważne życiowe zmiany nazywa pan „odangażowaniem się".

Tak, ponieważ każda zmiana powinna się w pierwszej kolejności wiązać z uwolnieniem umysłu od wcześniejszego zaangażowania.

Na czym to polega?

Odangażowanie się i ponowne zaangażowanie w nowy cel przebiega jednocześnie na czterech poziomach: kognitywnym, emocjonalnym, motywacyjnym i behawioralnym. To proces, który wymaga wysiłku i czasu. W naszej książce nazywamy go sztuką i to jest sztuka, którą każdy może posiąść. Tak przeprowadzona zmiana jest przeciwieństwem stereotypowego „rzucania" z okrzykiem „Mam dość!" i trzaskaniem drzwiami. To się sprawdza w filmach, w życiu – nie.

Co się dzieje na tych czterech poziomach?

Na poziomie kognitywnym podejmuje się po prostu decyzję o zmianie i wyznacza nowy cel. Na poziomie emocjonalnym – pomimo doświadczanych uczuć wstydu, smutku i żalu – człowiek powinien dopuścić do siebie również pozytywne emocje, które kojarzą się z nowym celem i pozwalają utrzymać kurs na nowo obrany kierunek. Motywacyjny aspekt odangażowania to po prostu wybranie celu, który jest osiągalny, i aktywne działanie służące jego realizacji. Poziom behawioralny polega na tym, że człowiek jest w stanie przewidzieć, co mu może to utrudnić, więc stara się o tym pamiętać i tak działać, żeby mimo wszystko osiągnąć wybrany cel.

Nasz umysł wcale nam jednak tego wszystkiego nie ułatwia. Jakie sztuczki ma w zanadrzu, żeby zatrzymać nas w znanym miejscu, chociaż nam ono szkodzi?

Powszechną sztuczką jest tak zwana pułapka utopionych kosztów. Każdy, kto ma samochód, pojmie w mig, o czym mówię. Powiedzmy, że ma pani kilkunastoletnie ukochane auto. Przeczuwa pani, że kolejne naprawy nie mają sensu, ale mimo że samochód psuje się coraz częściej i pochłania coraz więcej pieniędzy, po raz kolejny jedzie pani do mechanika, zamiast pozbyć się gruchota, póki ktoś jeszcze chce go kupić.

Mnóstwo osób tak robi. Dlaczego?

Bo włożyli w te samochody już tyle czasu, pieniędzy i wysiłku, że trudno im się pogodzić z myślą, że to było na nic. Wolą się łudzić, że w końcu spotka ich jakaś nagroda – na przykład auto w cudowny sposób przestanie się psuć. Ten sam mechanizm uruchamia się również wtedy, gdy ludzie mają jakieś akcje, których wartość leci na łeb na szyję, i wiadomo już, że szanse na odbicie są bliskie zera. Zamiast je szybko sprzedać, trzymają je, bo a nuż... Ludzie naprawdę nie znoszą przegrywać, więc za wszelką cenę będą się starali uniknąć strat.

No ale właśnie tracą. To nielogiczne.

Uprzedzałem, że to sztuczka umysłu. Często to właśnie efekt utopionych kosztów jest odpowiedzialny za to, że mimo iż jesteśmy nieszczęśliwi, decydujemy się pozostać w długoletnim związku albo latami chodzimy do pracy, której nie cierpimy.

Kiedyś współpracowałem z młodą, zdolną prawniczką, którą szef, właściciel kancelarii, traktował okropnie: krytykował, skupiał się wyłącznie na jej błędach, był dla niej opryskliwy i ogólnie nastawiony na „nie". Ona to dzielnie i długo znosiła, bo po pierwsze, miała nadzieję, że on w końcu spojrzy na nią łaskawie. Po drugie, łudziła się, że doceni jej pracowitość i weźmie ją na wspólniczkę. Nie odchodziła, mimo że było coraz gorzej.

To też efekt utopionych kosztów?

Tak, plus coś jeszcze, co jest charakterystyczne dla naszego umysłu w sytuacjach beznadziejnych – przykład na „eskalację zaangażowania". Im gorszy on był dla niej, im wyraźniej wszystko wskazywało, że nic tego nie zmieni, tym ona bardziej się starała.

Bez sensu.
Nasz umysł często przyjmuje taką strategię w sytuacjach, które nie rokują powodzenia – wspinamy się na wyżyny naszych możliwości, mimo że jest to pozbawione sensu. A gdyby jeszcze się okazało, że ten szef raz na tysiąc uwag powiedział jej coś miłego, to jej odejście z kancelarii byłoby prawie niemożliwe. Bo nic tak nie karmi wytrwałości jak „wzmacnianie sporadyczne".

To mi się kojarzy ze szczurami...
I słusznie. Słynny eksperyment profesora Skinnera pokazał, na czym polega to zjawisko. Trzy szczury umieszczono w osobnych klatkach wyposażonych w dźwignie. W pierwszej szczur naciskał dźwignię i za każdym razem dostawał karmę. W drugiej naciskał i nic nie dostawał, więc szybko zrezygnował i sam zaczął szukać jedzenia. W trzeciej klatce szczur naciskał dźwignię i raz dostawał pokarm, raz nie. Nigdy nie wiedział, kiedy to nastąpi. Był zdezorientowany, sfrustrowany, ale warował przy dźwigni dzień i noc.

Ten mechanizm często ma miejsce w związkach, w których ktoś jest źle traktowany przez partnera czy partnerkę. Wystarczy, że ta osoba raz zachowa się inaczej, i już dajemy jej kolejną szansę. I kolejną. I kolejną. Jeśli chciałaby pani kogoś silnie ze sobą związać, jest to przepis idealny – w ten sposób wyhoduje się wiernego niewolnika.

Coś jeszcze?
Na przykład zjawisko „prawie wygranej". W pewnych badaniach nad grami hazardowymi posadzono ludzi przed jednorękimi bandytami i zmierzono aktywność ich mózgu. Okazało się, że kiedy w rządku ustawiały się na przykład dwie wisienki zamiast trzech (wygrana), ludzki mózg interpretował ten wynik jako „prawie" zwycięstwo i reagował tak jak przy trzech wisienkach. To „prawie" wystarczyło, żeby kontynuowali grę, mimo że przecież przegrywali pieniądze. W historii prawniczki, o której mówiłem, „prawie wygraną" była każda reakcja szefa, która nie

była miażdżącą krytyką. Gburowate „OK" interpretowała ja... znak, że jest coraz bliższa zdobycia jego przychylności.

Zakotwiczyć nas w miejscu może też tak zwana heurystyka dostępności, która powoduje, że często podejmujemy decyzje na podstawie błędnych wniosków, przypisując większe prawdopodobieństwo zdarzeniom, które łatwiej przywołać do świadomości.

Łatwiej nam przywołać takie zdarzenia, których doświadczyliśmy?

Byłoby wspaniale, gdyby ludzie częściej korzystali z własnych doświadczeń, ale niestety, tak nie jest. Wystarczy spojrzeć na tych, którzy wciąż wybierają podobny typ partnera – na przykład z problemem uzależnienia – a potem się dziwią, że znowu im nie wyszło.

Heurystyka dostępności to taka sztuczka umysłu, która sprawia, że najczęściej korzystamy z przykładów czy anegdot, które znajdują się pod ręką. Jeśli do kogoś docierają tylko historie o nieszczęśliwych rozwodnikach, którzy po rozstaniu nie mogą się pozbierać, to szanse, że sam się rozwiedzie, mimo że jego związek unieszczęśliwia wszystkich zainteresowanych, są mniejsze.

Podobnie jest z informacjami, które serwują nam media. Jak pani myśli, ofiarą jakich zwierząt najczęściej pada człowiek?

Rekinów?

Otóż nie. Krów. Ataki rekinów są po prostu nagłaśniane. To jest właśnie heurystyka dostępności. Media są pełne opowieści o bohaterach, którzy wytrwali w beznadziejnych sytuacjach i wyszli z nich zwycięsko. Lubimy takie historie, co nie ułatwia nam decyzji o rezygnacji z tego, co jest nie do wytrzymania.

A co z doświadczeniami z dzieciństwa? Jak one wpływają na naszą umiejętność wychodzenia z sytuacji nam szkodzących?

One oczywiście mają znaczenie. W książce podaję przykład dziewczyny, którą przez lata szefowa, znana fotografka, traktowała jak popychadło. Ona jednak znosiła jej humory, bo miała nadzieję, że czegoś się przy niej nauczy i że to jej bilet do lepszego świata. Tyle że coraz gorzej się czuła psychicznie i fizycznie.

A CO MASZ DO STRACENIA?

Dopiero jej starsza siostra, będąca świadkiem ataku szefowej, zauważyła, że identycznie zachowywał się ich ojciec furiat. Dziewczyna idealnie odtworzyła znany sobie model relacji, ale nie zdawała sobie z tego sprawy. Dopiero siostra otworzyła jej oczy. Poza schematami relacji ludzie w dzieciństwie słyszą też różne komunikaty. Jedni są zachęcani do tego, by otworzyć się na nowe doświadczenia, szukać, ryzykować, inni – przeciwnie. Są przestrzegani przed „złym światem", uczeni chodzenia utartymi szlakami, kontrolowani i zniechęcani do samodzielności. I tym drugim trudniej będzie podejmować decyzje o zmianie.

Są ludzie, którzy mają talent do przeprowadzania takich zmian.

Są, ale nie jest ich znowu tak wielu. To ludzie, którzy mają wysokie poczucie własnej wartości, zaufanie do świata, odwagę i poczucie bezpieczeństwa, czyli wierzą, że cokolwiek się wydarzy, będzie dobre. Pomaga też inteligencja emocjonalna – dobre rozeznanie w tym, co się w danym momencie przeżywa.

Wiele osób natomiast dokonuje pozornych zmian. Na przykład pod wpływem chwili rzucają pracę, której nienawidzą, znajdują nową, ale myślami trzymają się tej starej: „A może powinienem był zrobić tak i tak", „A może powinienem był odejść dużo wcześniej" itd. Podobnie jest z parami, które rozstają się pod wpływem wielkich emocji i dwa tygodnie później znowu lądują w jednym łóżku, niczego się nie ucząc, albo z ludźmi, którzy się rozstają definitywnie, ale wciąż międlą w głowach ten poprzedni związek. Nic konstruktywnego z tego nie wynika.

A jak powinno to wyglądać?

Zanim wcieli się decyzję w życie, trzeba się rozejrzeć: co jest dla mnie dostępne? Czego ja właściwie chcę? Jaka jest alternatywa? Jeśli na przykład chce pani zmienić pracę, zawód, warto najpierw porozmawiać z ludźmi, którzy w tym nowym zawodzie pracują. I spojrzeć na to trzeźwo – jakie będą plusy i minusy zmiany.

Ludzie często przeceniają swoje możliwości, kiedy myślą o przyszłości. Rzadko biorą pod uwagę to, z jakimi emocjami będą musieli się konfrontować. Warto być przygotowanym na to, że pojawi się wstyd wynikający z tego, że jednak coś się odpuściło, złość, że straciło się tyle czasu i możliwości, smutek, ale też radość z podjętej decyzji, duma. Te emocje rzadko przychodzą jedna po drugiej, czasami spadają na nas jednocześnie.

Niezły koktajl.
Dlatego kiedy już się zbierze te informacje i zdecyduje, w którym kierunku chce się podążyć, oraz weźmie się pod uwagę wszystkie miejsca potencjalnie trudne, wtedy warto całą psychiczną energię skierować na ten nowy cel i nie roztrząsać już przeszłości. To tak jak z zakładaniem własnego biznesu – w fazie planów lepiej mieć przy sobie pesymistę, który zwróci uwagę na to, co może pójść nie tak, ale kiedy przystępuje się do działania, lepiej to robić z optymistą u boku.

Pan też ma na koncie doświadczenie takiej dużej życiowej zmiany.
Robiłem doktorat na wydziale literatury na jednej z prestiżowych amerykańskich uczelni. Pracowałem już jako wykładowca, do końca został mi rok. Miałem trzydzieści lat, żonę i dziecko. Ale w pewnym momencie zrozumiałem, że to nie jest zawód, w którym zrealizuję swoją najważniejszą potrzebę.

Jaka to była potrzeba?
Chęć pomagania innym, niesienia ulgi w cierpieniu. Uwielbiałem uczyć. Uwielbiałem, kiedy po godzinach wpadali do mnie studenci i rozmawialiśmy na różne tematy, ale cała reszta – badania, pisanie referatów, rady wydziału – to była męka. Zanim odszedłem, zrobiłem research. Porozmawiałem ze znajomymi terapeutami, wypytałem, jak wygląda ich dzień, co lubią w swoim zawodzie, z czym się borykają, a kiedy upewniłem się, że nadal chcę to robić, opracowałem plan działania. Niestety, punkt pierwszy zakładał powrót na studia. To było wyzwanie. W wieku trzydziestu lat znów byłem studentem pierwszego roku, kiedy moi koledzy zostawali profesorami. Gdybym nie skupił się na tym nowym celu, gdybym nie miał wewnętrznej motywacji, wątpię, że udałoby mi się tę zmianę przeprowadzić. I dziś byłbym jednym z tych sfrustrowanych nauczycieli akademickich, którzy

przychodzą na wykłady z plikiem pomiętych kartek i coś tam klepią, niezaangażowani.

Miał pan wsparcie bliskich, kiedy zdecydował się pan zmienić swoje życie?
Miałem wsparcie żony. Warto o takie wsparcie walczyć – wytłumaczyć bliskim, jak sytuacja, w której jesteśmy, nas niszczy i jakie korzyści mamy nadzieję osiągnąć po przeprowadzonej zmianie. Kiedy się nie ma takiego zaplecza, jest dużo trudniej. Ale i tak musiałem się mierzyć z niezrozumieniem otoczenia. Dla wielu osób to było niepojęte, by nie powiedzieć głupie, że rezygnuję z prestiżowej posady profesora literatury i zaczynam wszystko od początku. Pomogło mi to, że żona była niezależna zawodowo, a ja dostałem stypendium na studiowanie psychologii. Finansowo byliśmy bezpieczni.

Co mają zrobić ludzie, którzy takiego wsparcia nie mają albo od ich decyzji zależy wiele osób – dzieci, partnerzy – i na przykład zmiana pracy, nawet znienawidzonej, z ich perspektywy nie wchodzi w grę?
W jednej z audycji radiowych, w której uczestniczyłem, słuchaczka zadała podobne pytanie. Pracowała w firmie rodzinnej, cały biznes wisiał na niej. Czuła się jak w potrzasku. Poradziłem jej, żeby namówiła rodzinę na mediacje albo spotkanie z terapeutą. Bo być może to napięte relacje między poszczególnymi członkami rodziny były źródłem jej frustracji w pracy – nie biznes, którym się zajmowała, i związane z nim obowiązki. Temu też warto się przyjrzeć na początku. Co takiego sprawia, że nie jestem w stanie dłużej znosić tej sytuacji? Może nie szef, ale sposób komunikacji? Może nie mój zawód, ale zadania, które mi przydzielono? A może mam na to jakiś wpływ? Może mogę spróbować to zmienić, zamiast robić w życiu kompletną rewolucję?

Do czego może nas doprowadzić trwanie w sytuacji, która nas unieszczęśliwia?
Do choroby, a nawet do śmierci. Kiedy ludzie zaczynają chorować, bo tkwią w czymś, co ich zżera, to jest ostatni dzwonek, żeby coś zmienić. Życie mamy jedno i dobrze jest je przeżyć najlepiej,

jak się potrafi. Większość z nas żyje dość automatycznie, nie mamy czasu na refleksje, ale one się jednak zdarzają i warto wtedy zadać sobie te wszystkie istotne pytania. Co ja tak naprawdę chcę robić? Jak chcę żyć? Kim jestem? Co jest dla mnie ważne? Czy chcę mieć poczucie, że świat dzięki mnie staje się lepszy, czy może na przykład priorytetem jest dla mnie zachowanie równowagi między życiem prywatnym i zawodowym?

A jeśli cele, które chce się osiągnąć, wykluczają się? Na przykład „chcę zarabiać tyle pieniędzy, żeby było mnie stać na spokojne, wygodne życie" i jednocześnie „pragnę mieć dużo czasu dla rodziny"?

Problem w tym, że ludzie nie są zbyt dobrzy w prognozowaniu tego, co przyniesie im szczęście. Jak pisał amerykański poeta T.S. Eliot: „Rodzaj ludzki rzeczywistości zbyt wiele znieść nie może", więc często, gdy myślimy o przyszłości, tak naprawdę snujemy fantazje – co nie jest pomocne. Wydaje nam się też, że jak już osiągniemy upragniony cel, to będziemy przez całe lata czuli się szczęśliwi. Muszę czytelników zmartwić – wszystko powszednieje, i to, niestety, szybciej, niż nam się wydaje. Natomiast dobra wiadomość jest taka, że zdarzenie, którego się boimy, będzie nas unieszczęśliwiać krócej, niż przewidujemy.

Problem z określeniem celów jest jeszcze taki, że często nie potrafimy odróżnić własnych, wewnętrznych celów od tych, które zostały nam narzucone – są pochodną presji społecznej albo niezrealizowanymi ambicjami rodziców. Wiele osób żyje w konflikcie, ponieważ nigdy nie dokonały świadomego wyboru, które z celów są ich priorytetami.

Wracając do pani pytania – te cele, które pani wymieniła, niekoniecznie muszą być sprzeczne. Może spokojne, wygodne życie nie musi oznaczać wakacji dwa razy do roku, drugiego samochodu i płatnej szkoły. A może któryś z nich jest jednak ważniejszy?

Pewna kobieta, którą opisuję w książce, była w trakcie robienia specjalizacji z pediatrii, kiedy wyszła za mąż. Dla niej priorytetem było zachowanie równowagi między rodziną a pracą. Ponieważ praca jej męża była związana z częstymi wyjazdami, kobieta bez bólu zmieniła specjalizację na radiologię, mimo że nie dawała jej ona tyle satysfakcji, ile pediatria, ale za to potem mogła realizować swój nadrzędny cel – być obecną w życiu dzieci. Nie chodzi o to, żeby w wyniku zmiany być non stop w euforii. To niemożliwe, a nawet męczące. Chodzi o to, by czuć, że żyje się w zgodzie ze sobą, a nie, że marnuje się swój potencjał.

Wydaje mi się, że czasem ludzie wolą tkwić w czymś złym i być nieszczęśliwi, bo wtedy zwalniają się z odpowiedzialności za swoje życie.

Tak się zdarza, choć warto pamiętać, że wtedy nie tylko unieszczęśliwia się siebie, ale też innych. Są osoby, które twierdzą, że nie mogą odejść od partnera despoty ze względu na dzieci... Ale nie odchodzą tak naprawdę dlatego, że to im pozwala utrzymać status kochającego rodzica, człowieka szlachetnego i zdolnego do poświęceń.

Ludzie potrafią się bardzo wkręcić w swoje negatywne życie. Częściowo tłumaczy to eksperyment Zeigarnik.

Pokazuje on, jak trudno jest ludziom „odangażować się" od niedokończonych zadań. W tym bardzo już wiekowym eksperymencie każdego z uczestników poproszono o ułożenie puzzli, następnie przerwano im to zadanie i skierowano ich do innego. Okazało się, że w ogóle nie potrafili się na nim skupić. Ich myśli wciąż „odjeżdżały" do niedokończonej układanki. Jeśli potraktować układankę jako metaforę skomplikowanego życia osobistego, to jest to jakiś trop.

A jeśli po analizie wszystkich „za" i „przeciw" okaże się, że alternatywy są gorsze od tego, co jest?

To należy się cieszyć, bo to oznacza, że nie jest tak źle, prawda. Mówiąc serio, sporządziłbym wówczas listę spraw, które mnie unieszczęśliwiają, i zastanowiłbym się, czy mogę je zmienić. Z kim mogę o nich porozmawiać? Kto może mi pomóc? Jeśli tych spraw do zmiany byłoby na przykład pięć, mogłoby się okazać, że zmieniając tylko dwie z nich, odzyskałbym poczucie sprawczości i optymizmu, a moje życie zbliżyłoby się do tego, jakie chciałbym, żeby było.

Wiele miejsca w swojej pracy poświęca pan poczuciu żalu za tym, co było. Bywa ono obezwładniające. Nie da się go uniknąć?

Nie da. Ono się zawsze pojawi, w mniejszym lub większym natężeniu. Ważne natomiast, by nie utknąć w czymś, co nazywa się ruminacją, czyli nie zasklepić się w poczuciu żalu. Są ludzie, którzy są na nie szczególnie podatni – kiedy dzieje się coś trudnego, przygniata ich poczucie winy, rozterki, żal i obsesyjnie myślą o tym, co by było, gdyby... Jeśli wiemy, że jesteśmy takim typem, warto się na to przygotować, zanim podejmiemy decyzję o zmianie. Można na przykład wyznaczyć sobie czas na zamartwianie się albo uświadomić sobie swoje lęki, spisać je lub skupić myśli na czymś innym. Bez wysiłku się nie obejdzie. Warto jednak pamiętać, że ruminacja nie posunie nas do przodu ani o milimetr oraz że w świetle badań ludzie pod koniec życia najbardziej żałują rzeczy, których nie zrobili.

A jeśli ktoś się odważy na ten, jak pan to nazywa, „skok wiary", zrobi to zgodnie z pana wskazówkami, a po jakimś czasie okaże się, że to jednak nie to?

Jeśli po tygodniu czy miesiącu, to zastanawiałbym się, czy ta osoba rzeczywiście podeszła do tej decyzji świadomie, ale jeśli minęłoby kilka czy kilkanaście lat, to w pewnym sensie jest to naturalne. Rzadko podejmuje się ważne decyzje raz na trzydzieści lat. Dla ludzi twórczych życie nie jest prostą, ciągłą linią – przypomina zygzak. Ja na przykład co osiem-dziesięć lat skupiam się na nowym obszarze życia. Kiedy zaczynałem, doradzałem absolwentom na rynku zawodowym. Pomagałem im zmienić sposób prezentowania się potencjalnym pracodawcom z pozycji żebraka na pozycję kogoś, kto zna swoje atuty i umie je sprzedać. Potem zainteresowałem się osobami przechodzącymi na emeryturę, które czuły, że mają jeszcze wiele do zaoferowania, ale nie wiedziały, co mogą z tym zrobić. Teraz dużo czasu poświęcam ludziom w połowie drogi zawodowej, którzy potrzebują zmiany, ale nie potrafią się do niej zabrać z tych wszystkich powodów, o których rozmawialiśmy. Moje zadanie polega na tym, żeby wyjąć z nich tę część, która się boi, oświetlić ją i spróbować pomóc im odpowiedzieć na pytanie: a co masz tak naprawdę do stracenia?

SPIS TREŚCI

5 WSTĘP

7 PSYCHOTERAPEUCI I PSYCHOLOGOWIE, Z KTÓRYMI ROZMAWIAM

11 KSIĄŻĘ Z BAJKI CIĘ WYKOŃCZY
Dlaczego lepiej wybierać to, co wystarczająco dobre, niż to, co najlepsze?
Rozmowa z Barrym Schwartzem

25 ZERWANE WIĘZI
Jak pożegnać się z trudnym dzieciństwem?
Rozmowa z Ewą Chalimoniuk

39 LOJALNOŚĆ DOBRA I ZŁA
Co zrobić z niewygodną prawdą?
Rozmowa z Zofią Milską-Wrzosińską

55 SPLĄTANE WIĘZY
Czego nas uczą relacje w rodzeństwie?
Rozmowa z Ewą Chalimoniuk

71 NIEDOSYT
Co to znaczy, kiedy życie traci dla nas sens?
Rozmowa z Zofią Milską-Wrzosińską

85 CZARNO TO WIDZĘ
W czym nam może pomóc pesymizm?
Rozmowa z Zofią Milską-Wrzosińską

103 POLE WALKI
Co nam mówi ciało?
Rozmowa z Agnieszką Iwaszkiewicz

117 W PUŁAPCE
Dlaczego uciekamy w bezradność?
Rozmowa z Zofią Milską-Wrzosińską

131 CZŁOWIEK Z ZASADY NIE PĘKA
Jak dbać o odporność psychiczną?
Rozmowa z Magdaleną Kaczmarek

145 ZDALNIE STEROWANI
Jak dobrze wejść w dorosłość?
Rozmowa z Anną Srebrną i Pawłem Pilichem

159 WIĘCEJ I WIĘCEJ
Kiedy ambicja nas buduje, a kiedy niszczy?
Rozmowa z Zofią Milską-Wrzosińską

177 NA ZAKŁAD Z UŚMIECHEM
Jak nadać pracy sens?
Rozmowa z Barrym Schwartzem

189 TAŃCZ I KRZYCZ
Jak żyć z kredytem i się nie zaharować?
Rozmowa z Wojciechem Eichelbergerem

203 NIE ZAPOMNIJ ŻYĆ
Dlaczego odpoczynek jest nam potrzebny?
Rozmowa z Romanem Cieślakiem

219 RAMIĘ W RAMIĘ
Na czym zbudować przyjaźń?
Rozmowa z Ewą Chalimoniuk

233 ZBUDUJ SOBIE WIOSKĘ
Dlaczego lepiej spotkać się twarzą w twarz, a nie na Facebooku?
Rozmowa z Susan Pinker

249 A CO MASZ DO STRACENIA?
Jak zrezygnować z tego, co nam szkodzi?
Rozmowa z Alanem Bernsteinem

LABORATORIUM PSYCHOEDUKACJI Psychoterapia. Rozwój. Zmiana.

ul. Katowicka 18, 03-932 Warszawa
tel.: 22 617 61 64, 22 616 13 72,
501 201 490,
lps@lps.pl
lps.pl

Działamy od 1978 roku

W naszej pracy zakładamy, że człowiek rozwija się poprzez kontakt z innymi ludźmi.

Prowadzimy indywidualną psychoterapię krótko- i długoterminową, a także intensywną psychoterapię w formule ISTDP.

Prowadzimy również psychoterapię grupową w Warszawie w formie cotygodniowych spotkań.

Przyjmują i szkolą u nas **certyfikowani superwizorzy psychoterapii Polskich Towarzystw: Psychologicznego i Psychiatrycznego oraz EAP**
Anna Bersz, Rafał Bornus, Ewa Chalimoniuk,
Marek Czerniak, Justyna Dąbrowska, Jerzy Dmuchowski,
Agnieszka Iwaszkiewicz, Barbara Karyłowska, Bożena Maciek-Haściło,
Monika Miller-Nadolska, Zofia Milska-Wrzosińska, Alina Neugebauer,
Andrzej Wiśniewski, Beata Wolna-Rojek i wielu innych.

Od ponad 35 lat proponujemy krótkoterminową grupową intensywną pracę nad sobą w formie wyjazdowej.
Grupa Otwarcia® to nasza autorska formuła realizowana w formie pięciodniowych wyjazdów. Jest to intensywne doświadczenie kontaktu ze sobą i z innymi.
Może przywracać nadzieję, energię, wolę, poczucie odpowiedzialności, pomóc tworzyć bardziej satysfakcjonujące związki z innymi.
Dotychczas w Grupach Otwarcia® uczestniczyło ponad 11 tysięcy osób z całej Polski.

Więcej informacji na stronie **lps.pl**
Grupy organizujemy w rejonie Warszawy, Wrocławia oraz Krakowa i Katowic.

W podobnej wyjazdowej formule odbywają się autorskie grupy zaawansowane:

- Ewa Chalimoniuk – Rodzeństwo – brzemię czy dar?
- Jerzy Dmuchowski – Intensywne grupowe doświadczenie terapeutyczne
- Agnieszka Iwaszkiewicz – Inny. Doświadczanie i rozumienie odmienności seksualnej.
- Bożena Maciek-Haściło – Zrozumieć problemy z nadużywaniem alkoholu, narkotyków, internetu, seksu, hazardu
- Michael Randolph – Psychoterapia somatyczna – praca z ciałem
- Andrzej Wiśniewski – Rozumienie wpływu rodziny

Terminy i więcej informacji na stronie **lps.pl**